平等劳动、公有资本与社会主义

格致出版社　上海人民出版社

荣兆梓　著

序

社会主义政治经济学的构建需要深刻的理论变革

荣兆梓教授的新著《平等劳动、公有资本与社会主义》，聚焦社会主义与市场经济结合所面临的一系列新问题展开深入而又系统的讨论，以其鲜明的问题导向的时代性、思想探索的创新性和学理逻辑的连贯性，形成了突出特色，相信本著作的出版在中国特色社会主义政治经济学的建设中会产生重要影响。

首先，中国特色社会主义政治经济学的探索和构建进入了一个建设性极为突出的崭新的时代。荣兆梓教授的这部著作突出体现了这一时代性。这种时代性集中反映在两个方面。一方面，"问题是时代的口号"，一个时代会有一个时代特殊的历史命题，要求在时代的思考和理论探讨中集中反映这个时代提出的问题。中国特色社会主义进入新时代，中国特色社会主义经济社会发展进入新阶段，中国式现代化开创人类文明新形态进入新征程，所面临的种种问题是前所未有的，包括对政治经济学提出的一系列亟待研究和阐释的命题。这种伟大的历史实践对中国特色社会主义政治经济学的构建形成了空前的历史需要。另一方面，中国特色社会主义实践，特别是中国经济社会发展所取得的历史性成就、创造的奇迹，对中国特色社会主义制度，首先是基本经济制度的历史必然性和优越性作出了雄辩的证明，为从政治经济学理论上系统地阐释中国特色社会主义基本经济制度，并据此形成系统化的经济学说提供了坚实基础。

事实上，在经济思想史上，之所以曾经存在法国重农主义经济学、英国古典经济学、德国历史学派和国民经济学、美国当代经济学等以国别为标志的经济理论，并不是简单地说经济学可以以国别为学术边界加以界定，而是因为基于这些国家曾经或仍然保持的发展成就及发展领先的事实，这些国家的经济学者形成了学术时代性的优势和超越国别的学术影响，因而在思想史上留下了鲜明的痕迹。如果说，在以往较长的时期里，中国经济社会的积贫积弱和落后于世界现代化进程的历史事实，使得中国经济学难以真正形成并产生影响，那么，中国特色社会主义所取得的发展，无论是所取得的经验还是所面临的问题，都极富建设性和时代性，中国特色社会主义政治经济学也因此而应运而生、应时而进。荣兆梓教授的这部新著所阐释的主要问题和基本出发点，正是紧扣这种时代主题，把握中国特色社会主义政治经济的特殊性质，进而努力回应"时代之问"，使社会主义政治经济学显示出鲜明的时代新意。

其次，中国特色社会主义政治经济学的探索和构建进入了一个对其科学性要求更高的新状态。荣兆梓教授的这部新著突出强调了学术研究的科学性准则。这种科学性的强调集中体现在两个方面。一方面是对所考察的"问题"的明确和提炼。这种明确和提炼之目的是要在伟大的历史实践中发现"真问题"，而不是主观设定的偏好问题，更不是"伪问题"。荣兆梓教授的这部著作，紧密围绕社会主义市场经济中的"劳动""资本"等最基本的生产力要素和经济制度构成等，展开深入讨论，分析其历史特殊性，阐释社会主义市场经济对其形成的基本界定，并在这种界定的分析中分析社会主义基本经济制度的特征和内在联系，分析在微观的企业制度和宏观的社会主义经济体系中资本与劳动的相互关系及其运动形式，既体现了马克思主义政治经济学基本观点和立场、方法的坚持及运用，又体现了对中国特色社会主义实践的历史规律性的尊重。同时，在明确和提炼问题时，荣兆梓教授的这部著作力戒形式上的问题罗列，力求直达问题的实质，努力发现和提出中国特色社会主义经济社会发展和运动中最具典型意义的事实和特征，这也是这部著作留给我们的一个重要启示。

另一方面是在研究方法和范式上的说服力和逻辑严谨性。政治经济学作为社会科学具有历史性，是科学性与阶级性、人文性等各方面的统一，因而在方法和范式上不同于一般自然科学。这既是政治经济学学科性质的重要特点，也是往往引发人们质疑其"科学性"的争议点。这就需要政治经济学的研究在其科学性的体现上必须适应学科特殊性的要求，要顺应科学的基本要求，政治经济学是科学，因而其要义在于发现和揭示经济社会发展运动的客观规律，就认识和阐释客观规律而言与一切科学，包括自然科学并无实质的不同；但政治经济学又是社会科学，因而其考察对象不是一般的自然界和自然现象，而是"社会"。这种研究对象的特殊性就需要研究方法具有相应的特殊性，制度分析和历史分析以及在此基础上的"抽象"就成为不可或缺的方法。虽然量的关系上的研究及证明在经济学（包括政治经济学）中十分重要，尤其在信息化数字时代，更为之提供了有力的分析工具，但取代不了制度和历史分析；因为真正精确的数量关系的阐释，不仅需要科学严谨的数量分析方法和工具，而且需要符合历史实际的制度分析基础，否则便是"空中楼阁"式的"伪论证"，或者陷入"多维陷阱"，经济运动中经济矛盾的变量及不确定性往往是联立方程所不能全部包含的。政治经济学的科学性不是要求在方法和范式上排斥数学工具和计量分析，而是要从学科性质出发，把制度、历史、计量等工具和方法真正统一起来，关键在于形成强有力的说服力和统一的逻辑结构关联，而不是碎片化的分析。荣兆梓教授的这部著作尤其强调了逻辑的连贯性，这是这部著作的又一突出特点。

最后，中国特色社会主义政治经济学的探索和构建进入了一个夯实自主知识体系的新阶段。2022年4月习近平总书记考察调研中国人民大学时，特别强调要加强自主知识体系的建设。自主知识体系是学科体系、学术体系、话语体系的基础，中国特色社会主义政治经济学的构建尤其需要加大夯实自主知识体系的力度，在这一方面我们具有相对优势并在自主知识体系建设上取得积极成效。因为我们已经具备一定的历史实践基础和理论探索条件。从历史实践上看，中国特色社会主义经济社会发展中存在丰富的具有创造性的"事实"亟待从理论上进行概括和升华；从理论探索上看，习近平新时代中国特色社会主义经济思想，以及中国共产党在实践中不断总结概括出的对经济规律性的认识，在改革发展长期探索中中国经济学界的艰苦努力，等等，不仅提升了经济学的理论自信，而且为构建自主知识体系提供了更为主动的思想指引。

荣兆梓教授的这部著作十分关注在自主知识体系方面的探索，特别是强调了自主知识体系建设上的具有基础意义的工作："术语革命"。对"资本"等重要学术范畴进行"术语革命"意义上的分析，开展"术语革命"，一方面需要深刻的学术思想批判性，事实上马克思的《资本论》副标题即"政治经济学批判"，这种批判性以深入掌握已有的理论为前提并在此基础上展开批判。马克思经济学中的"术语"的范畴，包括劳动、生产、商品、价值、价格、市场、货币、资本等都不是马克思的首创，而是从以往资产阶级经济学中继承下来的。但批判的本质在于创新和变革。马克思经济学中最核心的范畴，劳动力商品、剩余价值、可变资本与不变资本、绝对与级差地租等是马克思的"术语革命"形成的新范畴，但正是这种为数不多的革命性新范畴，支撑了马克思主义政治经济学的革命。中国特色社会主义政治经济学体系的构建迫切需要这种批判性的"术语革命"，荣兆梓教授的这部著作体现了对这方面的追求。

总体来说，荣兆梓教授的《平等劳动、公有资本和社会主义》在中国特色社会主义政治经济学的问题导向的时代性、学术阐释的科学性、知识体系的革命性等方面作出了有益的探索，起到了积极的推进作用，具有十分重要的学术价值和实践意义。

在这部新著付梓之际，承蒙荣兆梓教授信任邀我作序。借此机会，我说了点相关认识，以就教于各位学界同事、朋友，如有不妥，还请斧正。感谢荣兆梓教授的信任，祝愿我国经济学建设和发展真正无憾于中国发展的伟大时代。

是为序。

刘　伟

2024 年 3 月 7 日于北京

目 录

绪　论

一、改变世界与解释世界

　　马克思在《关于费尔巴哈的提纲》里有一句名言："哲学家们只是用不同的方式解释世界，而问题在于改变世界。"[①] 一般而言，解释世界与改变世界是相辅相成、相互促进的关系，两项任务总是交替进行，甚至同步展开的。但观察马克思主义政治经济学的发展路径，两者关系在资本主义政治经济学与社会主义政治经济学的发展中却存在差异。马克思亲自创立的资本主义政治经济学体系是理论建设在先，通过理论研究阐释资本主义的矛盾，发现资本主义的规律，揭示资本主义的历史趋势，在解释世界的前提下投身无产阶级革命，走向改变世界的实践。纵观马克思的一生，他的理论研究和革命实践都依循这样一个从理论到实践的秩序。然而，俄国十月革命以后，社会主义政治经济学的任务提上日程，解释世界和改变世界的次序在这里发生了微妙的变化。社会主义政治经济学的研究对象在一开始完全没有成型，这与资本主义政治经济学创立时的情况截然相反。此时，马克思主义将历史任务的重心转移到社会主义上，但社会主义经济还不成熟、不成型，所以它面临的首要任务是创建这个对象本身。社会主义政治经济学的任务只有从改变世界开始，然后再逐步延伸到解释世界，因为解释世界先要有被解释的对象。按照这样的理解，观察一百年的社会主义历史进程，我们可以看到，各个社会主义国家的马克思主义政党把改变客观世界的生产力与生产关系、建设社会主义生产方式作为首要任务。当然，在此过程中，它们也在不断地设法解释这一变化过程。但是我们确实看到，改变世界的任务具有更加突出的首位度与先导性。

　　如果以上理解正确，那么社会主义政治经济学的发展落后于社会主义实践，或者

---

① 马克思：《关于费尔巴哈的提纲》，载《马克思恩格斯选集》第1卷，人民出版社1972年版，第19页。

说滞后于实践，就应该是常态。至少在社会主义现实进程开始的相当一段时间里，这一现象是合乎规律的。政治经济学的理论工作者不应该为当前理论研究落后于实践而过于自责，更不应该因此对马克思主义政治经济学的解释力和生命力有任何怀疑。我们首先要有实践的创造，然后才能有理论的创新。马克思主义政治经济学必须与时俱进，此处的"时"便是时局，便是时势，便是社会主义改革与发展的实践。只要与时俱进，马克思主义政治经济学的生命力必将日益显现。

二、百年实践的探索与创新

一开始社会主义实践完全是没有经验参照的探索过程，改变世界的进程在摸索中推进。俄国共产党人的勇气就在这里，他们勇于创新，勇于探索，披荆斩棘，义无反顾，为世界社会主义的航船破开了坚冰、启动了航程。之后的一百年里，东欧与亚洲各社会主义国家的共产党人陆续参与到这一探索进程中来，无论成败得失，都为社会主义经济制度的建设积累了经验与教训。

社会主义百年探索最大的创新成果是：创造了一个科层机制与市场机制有机结合的社会主义市场经济体制。这样一个社会主义经济制度是十月革命前全世界马克思主义者都未曾想象，也不可能想象出来的。市场经济体制包括两个机制，一个是科层机制，另一个是市场机制。科层机制是金字塔式官僚等级制度。马克思主义者在这之前想象过要建设一个官僚等级制的社会主义吗？应该是没有的。马克思所设想的是一个"自由人联合体"，即由全体劳动者共同占有生产资料。列宁晚至十月革命前夕撰写《国家与革命》，才提出一个比较明确的"国家辛迪加"概念。[1]他根据马克思、恩格斯关于国家所有制过渡形式的理论，提出将生产资料集中到工人国家手中，全体国民成为国家的雇员。但是列宁也说这是国家消亡之前的最后一步，在国家消亡过程中，社会主义就要靠全体工人去管理。等级制、八级工资制并不在他的设计蓝图之中。市场经济是商品生产与商品交换发展的高级阶段，它由价值规律这一"看不见的手"调节。市场经济体制为社会主义所用，是马克思主义者在十月革命前完全无法想象的事情，

---

① 《列宁选集》第 3 卷，人民出版社 1995 年版，第 202 页。

因为"市场经济＝资本主义"几乎是那个年代马克思主义理论的常识。因此说，苏联共产党人的社会主义实践对社会主义政治经济学有两点贡献，这是不应该抹杀的。

苏联共产党在生产资料国家所有制的基础上建设了一个科层体系。列宁 1918 年把"工会国家化"写进俄共（布）党纲，主张直接用工会组织来建设国家机器。后来在实践中发现这条道路根本行不通，于是列宁果断否定这个主张，开始强调"一长制"和委派制，强调企业管理的军事化，等等，[①] 于是形成了大科层体制的雏形。斯大林把这个体制进一步正规化、强化从而巩固下来。在社会主义条件下利用科层等级制是一大创造，甚至是了不起的创造。没有这个创造就没有后来一百年的社会主义发展。当然，这里面也有缺憾，即当年列宁的那一步转变是在战时环境下实现的，工人自治的社会实践还没有展开，也没有时间展开。不到一年时间"工会国家化"就转换成军事化管理，最终形成大科层体系。所以，列宁自己也有担心，他去世前在口授的文章中提出工农检察院的设想，[②] 试图弱化官僚体制的负面影响。另外一位俄国革命的领导者托洛茨基干脆断言，官僚的工人国家将来肯定会蜕变，[③] 因此他被一些人称为"预言家"。关键的问题是俄国革命没有展开工人自治的实验，对它的实现条件和实际效果没有提供经验，这是很可惜的事情。

苏联在社会主义实践中利用了商品、货币关系，这就是列宁所说的"新经济政策"[④]。其具体措施包括：用实物税制代替余粮收集制，在一定范围内恢复自由贸易；对国内外资本家实行租让制；在国营企业实行经济核算，恢复计件工资和奖金制；充分利用现有资本和技术加快国民经济的恢复和发展；等等。列宁提出社会主义国家可以利用国家资本主义的经济形式，主要包括租让制、合作制、代购代销制、租借制等。尽管斯大林后来扭转了"新经济政策"的方向，但他仍然肯定在苏联经济中工业与农业之间还是要有商品交换的。[⑤]

另外，南斯拉夫共产党补上了苏联共产党未能开展的劳动自治的社会实验课，这

①　参见《列宁全集》第 27 卷，人民出版社 1958 年版，第 194、197、245—246 页。

②　列宁：《怎样改组工农检查院》，载《列宁选集》第 4 卷，人民出版社 1995 年版，第 779—783 页。

③　参见托洛茨基：《被背叛了的革命》，三联书店 1963 年版。

④　参见列宁：《论粮食税（新政策的意义及其条件）》，载《列宁选集》第 4 卷，人民出版社 1995 年版。

⑤　斯大林：《苏联社会主义经济问题》（单行本），人民出版社 1962 年版，第 12 页。

是对世界社会主义的重大贡献。尽管这个实验并不完全成功，而是有利有弊，但对社会主义政治经济学的发展非常重要，对社会主义经济制度的探索成型也非常重要。南斯拉夫的经验表明，在商品交换环境下，社会主义可以实行自治劳动体制，但是自治劳动的效果并不像想象中的那么好，尽管与国家所有制相比有某些优势，但也有自己的缺点，主要是企业的劳动者自治不利于剩余劳动积累，导致宏观经济增长乏力。[①] 这对于迫于国内外环境必须实施"赶超战略"的社会主义国家来说显然是不能接受的。但是，南斯拉夫的经验教训对后来的社会主义探索事业，特别是对中国改革开放中的体制选择却有难得的参考价值，这应该是理解其历史贡献的重要视角。

三、社会主义条件下发展市场经济是中国共产党的伟大创举

中国共产党是在前人经验基础上建设社会主义的，它一开始效仿的是苏联模式，最终在自己的实践中逐步确立社会主义市场经济体制的改革目标。参考各国经验，中国共产党在国有企业改革中避开职工自治制度，选择股份公司制的实现形式，建立了公有制为主体、多种所有制经济共同发展的市场经济微观基础。中国共产党在实践中经历了从体制目标定位到体制全面转型，再到体制成熟、制度成型的全过程，站到全世界社会主义探索与创新事业的最前列，承担起全面建成社会主义市场经济体制的历史任务。

习近平总书记指出："社会主义条件下发展市场经济，是我们党的一个伟大创举。"[②] 首先是实践的创举，同时是理论的创新。"我国经济发展获得巨大成功的一个关键因素，就是我们既发挥了市场经济的长处，又发挥了社会主义制度的优越性。"[③] 这是一个艰难曲折而又波澜壮阔的历史过程。首先是改革开放之初，邓小平创造性地提出市场与计划都是经济手段[④]，为改革航程破开坚冰，然后到1984年党的十二届三中全会通过《中共中央关于经济体制改革的决定》，写出社会主义政治经济学的"新话"。从此以后，中国共产党一以贯之地推进这个以市场为取向的改革进程。党的十四大确定

---

① 参见余文烈等：《市场社会主义：历史、理论与模式》，经济日报出版社 2008 年版，第 134—135 页。
②③ 参见习近平：《不断开拓当代中国马克思主义政治经济学新境界》，《求是》2020 年第 16 期。
④ 《邓小平文选》第 3 卷，人民出版社 1993 年版，第 373 页。

社会主义市场经济体制的改革目标，党的十四届三中全会通过《中共中央关于建立社会主义市场经济体制若干问题的决定》，全面勾勒出社会主义市场经济体制的蓝图。过十年，党的十六届三中全会通过《中共中央关于完善社会主义市场经济体制的若干问题的决定》，再过十年，党的十八届三中全会通过《中共中央关于全面深化改革若干重大问题的决定》。这些经济体制改革的文件始终围绕社会主义条件下发展市场经济这条红线，一直到 2019 年，党的十九届四中全会提出关于社会主义基本经济制度的新概括。可以说，在这一过程中全体中国人民的生产方式和生活方式都在社会主义市场经济体制的康庄大道上稳步前行。

中国共产党人带领中国人民经过艰苦奋斗，实现了国家从站起来到富起来，再走向强起来的历史飞跃。今年中华民族走在民族复兴的道路上，创造出经济赶超的奇迹，GDP 总量居全球第二位，人民生活实现全面小康。人民群众对于国家前途充满信心。习近平总书记说："在社会主义条件下发展市场经济，是我们党的一个伟大创举。我国经济发展获得巨大成功的一个关键因素，就是我们既发挥了市场经济的长处，又发挥了社会主义制度的优越性。"[①] 这既是对中国四十多年改革开放经验的总结、对中国七十多年社会主义建设成就的总结，也是对全球范围内社会主义探索与创新全部成果的历史总结。

四、把实践经验上升为系统化经济学说

习近平总书记在讲话中指出，要"深入研究世界经济和我国经济面临的新情况新问题，揭示新特点新规律，提炼和总结我国经济发展实践的规律性成果，把实践经验上升为系统化的经济学说，不断开拓当代中国马克思主义政治经济学新境界"。[②] 这个任务非常艰巨。从习近平总书记提出该任务以来，时间已经过去八年多。在这八年中广大理论工作者付出巨大努力，取得了一系列成绩，但离习近平总书记的要求还有差距。是否因为社会主义经济制度建设的实践还不完善，所以现在提建系统化经济学说的时机还不成熟？这个观点恐怕不符合实际。中国特色社会主义政治经济学系统化重

[①②]　习近平：《不断开拓当代中国马克思主义政治经济学新境界》，《求是》2020 年第 16 期。

构的基本条件已经具备，中国有四十余年社会主义市场经济体制改革的经验，在把市场经济运用到社会主义制度建设的过程中，经历了从制度探索到制度成型，再努力迈向制度定型的渐进过程。在这一过程中我们已经从方方面面展开制度及体制实验，为经济学理论范畴的廓清准备了大量素材，特别是在与基本经济制度相关的一系列根本问题上，实践所积累的经验比任何时候都更加丰富。这应该是把系统化经济学说的任务提上日程的可靠依据。当然，从任务提出到系统化经济学说构建完成还需要时间，但这并不意味着目标任务的提出遥遥无期，还要等到社会主义制度完全成型以后才能提上日程。资本主义经济制度在亚当·斯密的年代、在李嘉图的年代都还并未成熟，并未成型，但这并不妨碍其系统化学说的产生，只不过彼时的系统化学说具有那个年代的局限性，其科学性和完备性都还需要随着时代的进步而不断提升。资本主义经济制度的系统化学说一直到马克思的《资本论》发表才走向成熟，这要有一个过程。因此，我们今天提出中国特色社会主义政治经济系统化学说的任务并非为时过早。

另一方面也必须承认，这是非常艰巨的任务。从学理上看，社会主义政治经济学基本范畴的含义及相互之间关系的研究长期滞后于实践发展，学理性系统化推进还有巨大空间。由实践率先引入的一系列经济范畴或由实践首创，或借鉴其他理论范式，它们的实用性是被证明了的，但在政治经济学范畴体系中的位置，即与原有理论范畴的联系与关系没有得到充分研究，因此理论的科学性还有待论证，系统性还有待构建。首先，学理逻辑不仅要解决客观的经济实际是什么的问题，而且追根求源要弄清楚纷繁复杂的经济现象背后的规律与本质。其次，学理逻辑专注于建立一个完整的范畴体系，试图将清范畴与范畴间的普遍联系与全面关系，不仅要深入分析经济范畴内在矛盾运动，而且要联系从一个范畴到其他范畴的更多规定性，在这种范畴体系的层层展开中再现思维的具体性和思维的总体性。最后，学理逻辑的理论进路与学说史高度相关，表现为理论范畴的演变过程，即旧概念的淘汰或再造与新概念的创造和完善。一个事实是，实际工作中使用的政策语言与政治经济学的理论逻辑有相互冲突的可能；而政策语言的逻辑要理顺，最终要靠系统化经济学说来推进。马克思主义的方法论在这个方面有巨大的包容性和拓展能力，完成系统化建设的任务应该是可能的，但是要把这个可能最终转化为现实，还需要学术界同仁的共同努力。

五、马克思主义政治经济学要有生命力就必须与时俱进

综上所述，在社会主义条件下发展市场经济是一项颠覆性创新。不论你从实践角度还是理论角度来看，这都是社会主义百年探索取得的巨大成就。由于在社会主义经济制度中引入市场经济，社会主义实践取得了举世瞩目的成就。与此同时，社会主义现实与传统理论若干结论的矛盾越来越突出，社会主义政治经济学的理论建设任务也越来越迫切，越来越复杂。要在社会主义与市场经济体制融合的整体框架中重构社会主义政治经济学，需要有理论创新的勇气与智慧。正如习近平总书记所言："马克思主义政治经济学要有生命力，就必须与时俱进。"①

下面围绕社会主义与市场经济体制融合的理论问题，谈谈社会主义政治经济学若干逻辑环节的问题。可以肯定，这些问题如果不能有实质性突破，政治经济学不能在这些缺失的逻辑环节上给出必要的补充与完善，当代中国马克思主义政治经济学的与时俱进会受到阻碍和妨害。要想理论跟上实践的步伐，就要有勇气去解决理论面对实践的问题。我们现在理论构架内部存在一系列矛盾，包括理论观点与经济现实之间的矛盾，包括理论本身范畴与范畴之间的矛盾，等等。一定要直面矛盾，解决矛盾，而且眼睛要向前看，要向着"在社会主义条件下发展市场经济"这个几十年来不变的改革方向去推进实践和理论创新。

（一）关于市场经济消亡的生产力前提问题

无论是市场经济还是社会主义，作为生产关系，它们的基础都是特定历史阶段的生产力，它们产生的历史前提也要追根溯源到生产力上。既然市场经济和社会主义结合到一起，那么，市场经济的生产力基础究竟应该如何界定？它和社会主义经济制度存在的生产力基础有何关联？毫无疑问，资本主义初期原始的、完全竞争的市场经济不适合社会主义，从全球范围内观察这个结论一定是成立的。直到市场经济发展到现代市场经济阶段，资本主义的生产社会化和占有私人性的矛盾已经非常尖锐，在这样

---

① 习近平：《不断开拓当代中国马克思主义政治经济学新境界》，《求是》2020 年第 16 期。

的市场经济条件下，社会主义才有了生产力基础，至少从世界经济的角度来看，社会主义诞生的生产力条件方才具备。但是，这样一个生产力是不是就能够满足市场经济消亡的条件？是否直接构成商品货币关系消亡的生产力前提？现在看来显然还不是。什么时候、什么样的生产力发展阶段，我们才能够使市场经济进而商品货币关系消亡？这个生产力基础和社会主义产生和发展的生产力基础到底是什么样的关系？对于这两个问题我们至今并没有充分讨论，理论上也没有说清楚，而这是基础性的理论问题，如果说不清楚，社会主义政治经济学的学理逻辑就不完整，就缺乏说服力。作为历史唯物主义者，马克思主义政治经济学者坚信历史发展的"生产力一元论"，倘若生产力问题说不清楚，与此相关联的市场经济和社会主义的历史定位问题又怎么能说得清楚？

进一步思虑，社会主义市场经济体制与社会主义初级阶段是什么关系？社会主义市场经济体制是不是只能存在于初级阶段，或者说社会主义的高级阶段就一定是一个没有市场经济的社会主义？这些问题到现在都没有认真讨论，更不用说在理论上弄清楚了。政治经济学如何界定社会主义初级阶段？我们都知道社会主义初级阶段的生产力水平还比较落后，发展还不充分。但是这个落后和不充分在经济学上的确切含义是什么？生产力发展到什么程度才不算落后，才算是充分发展，这里质的标准和量的标准都是什么？如果我们心中无数，我们怎么就知道市场经济只存在于社会主义初级阶段，而与高级阶段完全无缘呢？市场经济体制是生产力发展特定阶段社会分工和劳动组织的必然形式，但是，如果对这个生产力特定阶段的性质和特点不进行研究、不充分讨论，那么我们对社会主义市场经济体制的认识是不可能充分的。

（二）社会主义公有制的历史性质及其与市场经济兼容问题

请注意这里讲的是社会主义公有制，而不是指一般公有制。很可惜直到今日，在政治经济学理论讨论中大多只讲公有制与市场经济的关系，这不准确。公有制有很多种，有原始社会的公有制、共产主义高级阶段的公有制，还有社会主义的公有制。我们应当讨论什么样的公有制与市场经济的关系？答案是社会主义公有制。可以肯定地说，共产主义公有制和市场经济是不能兼容的，这不需要讨论。要讨论的是当前现实中的社会主义公有制，它是一种有社会主义历史特征的公有制，我们讨论这样一种特定历史形式的公有制与市场经济的兼容性问题。如果不明确这一点，那么问题的提出本身就有缺陷。能不能从社会主义公有制的历史性质来说明它与市场经济兼容性的可能性和必然性？笔者的研究结论是，社会主义公有制的历史性质决定了它有两种形式的排他性占有关系，即所谓对公有经济外部的排他性（即外排他性），以及对公有经济内部的排他性（即内排他性）。而公有制的内排他性是指作为生产资料所有者的劳动者整体与作为劳动力所有者的劳动者个人之间的排他性。正是因为社会主义公有制是一种排他性占有关系，它与市场经济的兼容性是不言而喻的：它们天生具有可兼容性质。要研究社会主义公有制就一定要说清楚这个问题。

（三）按劳分配与市场经济的内在联系问题

按劳分配是经典文献中唯一明确的社会主义经济制度区别于共产主义经济制度的基本特征，因此，讨论这个问题与上述第一个问题密切相关。马克思讲按劳分配最详尽的一次是在《哥达纲领批判》中。在《哥达纲领批判》中马克思将按劳分配放在单一公有制加计划经济条件下来讨论，但是笔者认为此处的文本解读需要推敲。因为马克思在《哥达纲领批判》里集中讨论的是共产主义初级阶段的分配问题，他强调这个历史阶段的各个方面都具有过渡性特征，但是没有对除分配过程之外的其他经济过程，包括直接生产过程、流通领域、消费环节的过渡性特征作出专门讨论，到底社会主义生产关系的这些方面有没有过渡历史性质？应该有，但是马克思没去讨论。因此，按劳分配与市场经济究竟是什么关系，这是一个非常值得重新思考的问题。由于按劳分配可能是马恩经典文献中唯一明确的社会主义经济制度与共产主义高级阶段经济制度相区别的基本特征，社会主义是按劳分配，共产主义是按需分配，因此，弄清楚按劳分配与市场经济的历史关系就显得格外重要。可以说，这个问题搞清楚了，前面的第一个问题也就有了答案。

《哥达纲领批判》中关于按劳分配存在的生产力前提的论述特别值得重视。马克思认为，一旦生产力发展到这种程度，"迫使人们奴隶般服从分工的情形已经消失"，"劳动已经不仅仅是谋生手段"，"集体财富的一切源泉都充分涌流"，等等，然后"社会才能在自己的旗帜上写上：各尽所能，按需分配"①。他所说的这样一种生产力状况，其实与他在其他场合所说的商品货币关系消亡的生产力条件基本一致。比如在《资本论》创作的第一个手稿"1857—1858 年手稿"②中，马克思对此有专门讨论，除了内容更为详尽之外，基本要点并没有出入。关键是生产力的发展必须达到这样的程度，使得劳动不再仅仅是谋生手段，而是成为生活的第一需要。这不仅是按劳分配向按需分配转换的前提条件，同时也是商品货币关系消亡的必要前提。经过中国改革开放四十多年的实践，结合马克思对这两个问题的分析，我们更愿意相信，市场经济消亡的生产力条件一旦成熟，按劳分配向按需分配跨越的历史条件也就满足了。两者的历史过程很可能是同步的。进一步思考，为什么按劳分配"通行的是商品等价物交换中也通行的同一原则"③。这个原则对社会主义的流通过程是否适用，对社会主义的直接生产过程是否也适用？说它在社会主义的分配过程中适用，却在生产与流通过程中不适用，这没有道理啊！不是说生产和分配是一枚硬币的正反面吗？循着这个逻辑深入思考，我们之前的有些理解可能是需要重新考虑的。

（四）关于什么是社会主义的最新认识

综合以上三点，我们提出第四个需要讨论的问题，即什么是社会主义。如果能用马克思提倡的创新精神去思考上述三个问题，结合党的十九届四中全会提出的社会主义基本经济制度新概括，就不难理解，将社会主义市场经济体制纳入基本经济制度范畴应该是顺理成章的。社会主义市场经济体制是社会主义经济制度历史特征的重要内容。什么叫基本经济制度？基本经济制度就是一个制度区别于其他制度的那些根本性的历史特征。说只有社会主义才有的制度才能叫基本经济制度，这恐怕不准确。公有制也不是只有社会主义才有，为什么市场经济就不能是社会主义基本经济制度的组成因素？市场经济体制是社会主义与资本主义在历史进程中有所重叠的部分，但它的确是社会主义区别于共产主义的一个根本特征。市场经济体制是社会主义的社会分工形

---

① 《马克思恩格斯文集》第 3 卷，人民出版社 2009 年版，第 435—436 页。
② 《马克思恩格斯全集》第 46 卷下，人民出版社 1980 年版，第 113—114、217—218 页。
③ 《马克思恩格斯文集》第 3 卷，人民出版社 2009 年版，第 434 页。

式、劳动组织方式，它是社会主义经济制度正常运转所必须的制度安排。没有社会主义市场经济体制，公有制为主体、多种所有制经济共同发展放在什么基础上，按劳分配为主体、多种分配方式并存又放在什么基础上？这是一个"三位一体"的公式，合起来才能构成社会主义经济制度区别于其他经济制度的历史特征。笔者不赞成在时间上和空间上过于限制党的十九届四中全会提出的社会主义基本经济制度新概括的理论意义和实践意义，在时间上它的意义未必仅限于初级阶段，在空间上它的意义也未必只限于中国特色。我们今天所达到的关于什么是社会主义的理论认识应该具有世界历史的一般意义，至少部分地具有世界历史的一般意义。这是中国共产党人对社会主义政治经济学作出的重要贡献，也是中国智慧在政治经济学理论创新中的展现。

（五）社会主义政治经济学范畴体系的重构

由于以上一系列理论突破，社会主义政治经济学范畴体系需要重构，涉及本书主题的两个关键词——平等劳动和公有资本，便直接与此相关。社会主义政治经济学是劳动的政治经济学，而社会主义劳动关系的基本特征，可以概括为以劳动为尺度的平等关系，即平等劳动。它是反映社会主义生产关系本质特征的经济范畴，而公有资本则是与平等劳动相对应的物质生产资料的社会形式，二者是"一枚硬币的正反面"。如果说，马克思构建的资本主义政治经济学的主体范畴是资本，或者更准确地说，是私有资本，资本与雇佣劳动的对立统一构成资本主义生产关系的主线，那么，社会主义政治经济学的主体范畴则是平等劳动，平等劳动与公有资本构成社会主义生产关系的主线，其中平等劳动成为矛盾的起支配作用的主要方面。毫无疑问，这将牵动中国特色社会主义政治经济学的"术语革命"。政治经济学之前在这方面的讨论较少，但这确实是社会主义政治经济学系统化学理化构建的关键环节。希望本书的讨论能够对此有所推进。

六、各章内容

本书各章主要理论观点如下：

第一章"社会主义基本经济制度的学理逻辑"。强调社会主义基本经济制度"三位一体"的概括具有相互联系、相互影响，且相互嵌入、互为映射，不可分割的内在关系。基本经济制度新概括是社会主义经济制度历史性质的完整表述，是中国特色社会主义实践的新成果，是中国特色社会主义政治经济学对科学社会主义的最新贡献。

第二章"当代生产力与社会主义市场经济体制"。认为市场经济体制是现代生产力条件下无可替代的社会劳动组织方式，社会主义市场经济体制是社会主义经济的基础性制度安排。现代生产力的基本特征决定：对多数人而言劳动仅仅是谋生手段；劳动者还不能自觉地超出必要劳动时间之外为社会提供剩余劳动。这是劳动者个人利益与社会利益矛盾的生产力根源，因此，市场经济体制需要对劳动施加外在强制，一方面是科层组织的管理性强制，另一方面是市场机制的竞争性强制。但是，社会主义市场经济根本区别于资本主义，它以公有制为主体、以按劳分配为主体，能够克服生产资料私有制与生产社会化的矛盾，实现社会生产力的持续发展。

第三章"社会主义公有制的历史特征"。结合社会主义实践重新认识马克思关于未来社会公有制理论的相关论述。认为：马克思关于在生产资料共同占有基础上"重建个人所有制"的设想与现实社会主义的公有制具有实质性差异，而马克思恩格斯关于"过渡时期"所有制理论却与社会主义实践相吻合。这里所谓"过渡时期"是指从资本主义到共产主义高级阶段的整个历史时期。社会主义公有制有两个不同于未来社会公有制的历史特征，一是生产资料公有制与劳动力个人所有制并存，两种生产条件的占有具有对内的排他性；二是社会主义公有制嵌入多种所有制经济并存的市场环境中，社会主义公有制对外与其他所有制经济具有相互的排他性。

第四章"平等劳动及其内在矛盾"。强调平等劳动是社会主义公有制经济内部人与人的关系的基本特点。认为平等劳动的内在矛盾，一方面表现为劳动者二重人格导致的集体决策悖论，另一方面表现为分工平等与管理平等的矛盾。解决矛盾需要加装特殊的制度构件，一是要营造集体主义的社会意识和决策文化，以保障集体决策符合劳动者的整体利益与长远利益；二是要利用公有产权代理人制度，在保证代理人忠诚尽责的同时，提高公有制经济的管理效率。两方面的制度需要聚焦到同一个制度安排上，那就是中国共产党的领导。这是一种"主动代理"关系：中国共产党代表人民利益，主动承担起建设中国特色社会主义的历史使命，在百年历史中建立了与人民群众的血肉联系，赢得了中国人民的充分信任。

第五章"国企改革：探索公有制有效实现形式"。国有企业改革是在市场经济下探索国有制有效实现形式。国有企业改革分为四个阶段：在以"放权让利"为特征的改革第一阶段，政治经济学发展了社会主义市场经济下的企业理论；在以产权制度改革为特征的第二阶段，政治经济学发展了所有制实现形式理论和股份公司制是国有制有效实现形式的理论；在以国有资产管理体制改革为重点的第三阶段，政治经济学建立公有资本理论，发展了在国有股份资本和公司法人资本两层次上加强资本管理的理论；在新时代进一步深化改革阶段，中国特色社会主义政治经济学更加注重推进社会主义所有制理论的系统化，提出混合所有制是基本经济制度有效实现形式的理论，以及多种资本形态共同发展的理论，新一轮国企改革在坚持"两个毫不动摇"基础上做强做优强大国有企业和国有资本。

第六章"社会主义公有制的资本形态"。社会主义公有制采取公有资本形式，一方面是因为社会主义公有制本身的历史特征，生产资料公有制与劳动力个人所有制相结合；另一方面，社会主义公有制又存在于多种所有制经济并存的市场环境中，公有制经济存在所有者与从业者错位的普遍现象。现实中市场经济的改革导致国有制的资本化：国有经济在公司制改革中采取了国有股份资本形式；劳动者合作经济也在与市场经济的衔接处产生出集体资本。从社会主义公有资本的本质来看，资本已经从属于劳动，但是在社会主义初级阶段，这种从属关系还只是形式上的，要使公有资本在实质上从属于平等劳动，社会主义还需要探索适合自身特殊情况的技术进步路径，发展新质生产力。

第七章"公有制为主体多种所有制经济共同发展"。公有制与私有制为什么会在社会主义经济中并存？二者各自具有什么样的社会功能，又有哪些相对优势和相对劣势？本书给出的答案是，两种所有制经济在不同的市场环境和不同的产业领域，其效率优势具有相对性、社会功能具有互补性，因此能够长期共存。但是，公有制经济必须保持主体地位，作为"普照之光"决定社会性质，引领发展方向。当前条件下，公有制为主体表现在：一方面，国有经济在对国民经济有重大影响力的数千户大企业中占据主导地位；另一方面，土地集体所有制基础上的承包农户加合作经济是农业公有制的实现形式，它规模虽小但数量巨大，具有巨大的发展前景。两种公有制互为前提、相向而行，决定所有制结构的社会主义性质，这就是中国特色社会主义所有制的独特之处。

第八章 "资本一般、资本特殊与资本作用两面性"。社会主义政治经济学的资本范畴需要术语革命。以资本的 "社会的形式规定性" 定义资本一般，而公有资本与私有资本的内容规定性则是资本特殊的新维度。资本作用的两面性植根于资本的形式规定性，因此社会主义不可能完全消除资本的负面作用。资本的负面作用可以从微观和宏观两个层次分析，一是单个资本机会主义行为的经常性、局部性负面作用；二是许多资本行为 "涌现" 的全局性、长期性消极后果。社会主义市场经济条件下驾驭资本，需要从微观和宏观两个层次着手充分利用 "场与结构的耦合效应"。

第九章 "增加价值生产与社会主义的创新激励"。社会主义生产以满足全体人民不断增长的美好生活需要为目的。增加价值是满足需要的净产品的价值形式，它由必要价值和剩余价值两部分组成，体现了劳动者个人与整体、当前利益与长远利益的统一，构成了劳动者的完全利益。增加价值是公有制企业生产的直接目的。增加价值生产存在绝对增加价值生产和相对增加价值生产两种方式，分别对应着由活劳动投入导致的价值增加以及由劳动生产率提高导致的超额增加价值生产。社会主义条件下，创新激励存在追逐超额剩余价值以及追求劳动致富的双重激励。

第十章 "按劳分配与按要素分配的对立统一"。认为按劳分配与多种分配方式并存包含两层含义：其一是多种所有制经济的不同分配制度并存；其二是按劳分配制度与按要素分配的市场机制并存。分配制度与分配机制分属不同理论层次的范畴。所谓按要素分配是这样一种分配机制：生产要素所有者按要素价格在市场交易中获取收入，资本所有者获得利润，土地所有者获得地租，劳动力所有者获得工资；市场经济下这一机制既适用于私有制经济，也适用于公有制经济。按劳分配是仅适用于社会主义公有制的分配制度，它与私有制经济中按资分配的制度一样，以按要素分配为实现形式。一方面，劳动产品的公共扣除通过公有资本的利润和利息以及公有土地的租金等市场机制来实现；另一方面，个人消费品的按劳分配以货币工资为实现形式。

第十一章 "社会主义经济增长一般规律"。创新发展导致的劳动生产率提高形成

"创新红利分享空间"，进而构成共享发展的物质基础。在劳动者主权的社会经济中经济增长的动态路径使得共享发展的可能性转化为现实。中国经济七十多年的发展是沿着符合劳动者整体利益和长远利益的经济增长动态路径逐步展开的，其间高积累率与劳动生产率持续提高相结合，造就了世界瞩目的中国增长奇迹。社会主义经济增长的一般规律是：创新发展与共享发展统一，生产力提高与人的能力发展相互促进。

第十二章"社会主义原始积累与中国增长奇迹"。改革开放前三十年的中国经济史围绕突破"低水平循环陷阱"展开，其基本手段是提高积累率，其历史成就是在此期间建立了独立完整的产业体系。以积累率为支点努力突破"低水平循环陷阱"就是改革开放前三十年中国故事的政治经济学内涵，它为改革开放之后中国经济的高增长准备了必要条件。但是，高积累并不是高速增长的充分条件，市场改革带来的中国经济效率提升方才激活了高积累的潜在动能，并实现了高积累与消费高增长长期并存。高积累加高效率是中国经济增长的原因，而中国之所以能够做到这一点，则是因为社会主义与市场经济相结合，中国道路的根本优势在于社会主义市场经济。

第一章　社会主义基本经济制度的学理逻辑

第一节　学理逻辑滞后于政策逻辑妨碍理解

2019 年 10 月 31 日党的十九届四中全会通过《中共中央关于坚持和完善中国特色社会主义制度　推进国家治理体系和治理能力现代化若干重大问题的决定》(以下简称《决定》)。《决定》关于社会主义基本经济制度的新概括，是推进社会主义政治经济学建设的重大契机。刘鹤在 2019 年的署名文章《坚持和完善社会主义基本经济制度》[①]对新概括的理论意义与实践意义，以及如何坚持和完善社会主义基本经济制度进行了深刻解读，并提供了重要的指导性意见。但该文章的着力点更多放在政策层面，主题是如何坚持和完善社会主义基本经济制度，而对新概括学理层面的问题没有展开讨论。虽然说，经过数十年社会主义实践的探索，《决定》的表述从生产资料占有方式、收入分配方式和生产过程的社会结合方式三个环节全面概括社会主义基本经济制度的历史过渡性特征，在学理上有深厚底蕴，其理论的完备性为社会主义政治经济学体系的重构提供了根本依循；但这毕竟只是一个高度概括，其对学理逻辑的细节没有展开讨论，对范畴体系联系没有进行充分说明。而当前社会主义政治经济学理论建设面临的基本问题是：首先，研究对象还不完善，理论面对不断演化发展的制度实际，还需要不断跟踪研究，不断跟随探索着的实践作出重大调整。而理论本身的更大问题是：学理逻辑的研究跟不上政策逻辑发展，理论滞后于实践。许多实践中早已普遍使用的经济范畴，由政策语言总结和推广，却未能在学理逻辑上得到充分说明，没有形成与实践进程相匹配的科学定位，反而在政治经济学范畴体系中积累了越来越多的逻辑矛盾。这就给正确理解党的十九届四中全会《决定》关于社会主义基本经济制度的新提法造成

---

① 刘鹤：《坚持和完善社会主义基本经济制度》，《人民日报》2019 年 11 月 22 日。

障碍。

当前政治经济学界对社会主义基本经济制度新概括的理论，主要存在三个方面的不理解。

其一是关于社会主义市场经济体制在社会主义经济制度中的功能定位问题。一些学者坚持认为，社会主义市场经济体制属于经济运行机制或管理体制范畴，不应当将之提升为社会主义基本经济制度。他们认为基本经济制度须有三大特征：（1）从经济上说，它是整个社会的根本，表明社会制度的本质特征；（2）它是使一种社会制度与其他社会制度有根本区别的东西；（3）它在一种社会制度发展过程中是不变的，改变了基本经济制度，就变成另外一种社会制度了。按此标准，"体现在基本经济制度中的'社会经济关系'，包括生产资料所有制、人们在生产过程中的地位和相互关系、分配关系三个方面，其中决定性的是生产资料所有制"。因此，"说全了，基本经济制度包括三个方面，抓关键简单地说，就是生产资料所有制"。"市场经济只是经济运行机制范畴"，而"运行机制是经济活动的现象，基本经济制度则是经济活动的本质，经济运行机制是基本经济制度的表现形式，两者客观上是不一样的，不是人为地'提升'就可以混淆成一回事的"[①]。

其二是基本经济制度三项内容的相互关系问题。一些学者认为，公有制为主体、多种所有制共同发展，按劳分配为主体、多种分配方式并存，以及社会主义市场经济体制这三项内容的理论层次有别，制度重要性不能相提并论。而且三个命题的内容相互重叠，将其同时规定为社会主义基本经济制度，存在同义反复的逻辑错误。有学者认为，将党的十九届四中全会关于社会主义基本经济制度的新概括理解为"三项制度并列"是错误的，是对党的十九届四中全会《决定》的"断章取义和曲解"。其认为，"三项制度并列"违反唯物史观指导思想，淡化当代中国社会主义经济成分占主体地位的社会性质特征，混淆基本经济制度和关于经济运行机制的经济管理体制。而且，其中的"社会主义制度"已经含有"公有制为主体"的内容，而其中的"市场经济"也已经含有"多种所有制经济共同发展"，因此犯了同义反复的逻辑错误。[②]

---

① 资料来源：周新城：《关于社会主义基本经济制度问题的若干思考》，昆仑策网，2019年11月20日。
② 何干强：《为维护我国宪法第六条而辩》，乌有之乡网刊，2020年1月12日。

其三是关于社会主义经济制度本质特征的理解问题。一部分学者认为，反映社会主义经济制度本质特征的经济范畴是公有制与按劳分配，因此，党的十九届四中全会关于社会主义基本经济制度的新概括不是社会主义经济制度本质特征的提炼，而只是对存在于当前中国经济中制度现象的一个归纳，即它只回答了"是什么"的问题，而没有回答"应该是什么"。例如，有文章认为，在当今的社会主义社会，存在两类经济关系或制度，一类是建立在社会主义公有制基础上的社会主义经济制度，一类是建立在资本主义私有制基础上的资本主义制度。[1] 因此"社会主义市场经济"这个提法理论上不够准确，准确的提法应当是"社会主义社会的市场经济"。

总而言之，学术界对社会主义基本经济制度新概括的理解存在诸多分歧，加快推进社会主义基本经济制度新概括的学理逻辑研究具有紧迫性。笔者接下来依次针对上述三个问题进行讨论。

一是市场经济体制是生产过程的社会结合方式，或曰劳动组织方式，是社会经济制度的基础性构造。一方面，体制与制度在理论层次上的区隔缺乏学理依据，将市场经济体制仅仅理解为交换方式也没有充分理解其在经济制度中的重要地位，矮化了市场经济体制的基础性作用；另一方面，将市场经济与社会主义对立起来的理论观点根源于对市场经济历史定位的误判，而对市场经济历史定位的误判又源于对所有制关系与劳动组织方式两者相互关系的错误理解。长期以来有一种根深蒂固的理论认识，认为生产资料所有制的变革可以直接决定资源配置方式（其实质是劳动组织方式）的转变。笔者以为，真实的关系是社会劳动组织方式直接受制于社会生产力，它在经济系统中具有比所有制关系更加本源的性质，生产资料所有制的变革必须在适应生产力发展要求的劳动组织方式所限定的制度空间内展开。对两者基本关系的片面理解使一部分人总是希望能尽早结束市场经济，而回归社会主义计划经济的正统。这种根深蒂固的思维定式妨碍一部分人理解和接受关于社会主义基本经济制度"三位一体"的新概括。

二是如果将基本经济制度的三个功能方面理解为三个相互独立、可以任意拆卸的制度构件，就会看不到，更不可能深入讨论三者间相互联系、相互影响、相互映射、

---

[1] 吴宣恭：《警醒！不断增强的资本势力正在破坏中共政治基础》，乌有之乡网刊，2022年2月14日。

相互规约的内在关系。正因为看不到社会主义基本经济制度新概括三个整体性命题所体现的鲜明的结构性、系统性特征，这样或那样地将它们逐一拆分开来理解，所以会从非公有制经济无论如何不能是社会主义经济成分出发，怀疑基本经济制度的表述方式；或者从基本经济制度的提法推导出公有制是基本经济制度，包括民营经济和外资企业在内的非公有制经济也是社会主义基本经济制度的错误结论。这种将一个真理切割为两个谬误的手法，有一定的迷惑性，特别需要认真对待。

三是"什么是社会主义"，是需要政治经济学首先回答的根本问题。邓小平在改革开放之初曾经说过：什么是社会主义，"过去我们并没有完全搞清楚"[1]。四十多年过去了，中国特色社会主义经济制度在实践中已经基本定型。党的十九届四中全会决定关于社会主义基本经济制度的表述，则是对"邓小平之问"的一个清晰回答。但对于应当怎样理解中国特色社会主义的现实状况对马克思恩格斯所说的社会主义或者共产主义初级阶段的一系列修正，仍存在模糊的甚至错误的认识，始终认为实践与理论的所有不同都是实践没有做到位的结果，却从来没有想过，这可能本来就是一个历史阶段不可避免的基本特征，是实践对科学社会主义理论的必要修正，也是历史赋予当代马克思主义者的使命担当。

第二节 经济制度与基本经济制度

理解社会主义基本经济制度"三位一体"的新概括，在学理逻辑上的一个关键环节是，正确理解社会主义市场经济体制在经济制度中的科学定位。这涉及生产方式、生产关系与经济制度、基本经济制度等一系列基础性理论范畴的梳理，更加关系到经济制度范畴内涵与外延的界定。这是一个困扰改革开放四十多年来政治经济学发展的重大理论问题。现在是时候彻底解决了。

一、生产方式、生产关系与经济制度范畴

狭义地看，"生产关系的全部内容也就是所有制形式或财产形式的全部经济内

---

[1] 《邓小平文集》第3卷，人民出版社1993年版，第137页。

容"①。因此，马克思说："给资产阶级的所有权下定义不外是把资产阶级生产的全部社会关系描述一番。"②财产占有关系不仅是"生产条件的占有关系"，而且是劳动产品的占有关系。前者又可以划分为物的生产条件（生产资料）的占有关系和人身的生产条件（劳动力）的占有关系③；后者则表现为国民收入的分配，主要是消费资料的分配：劳动报酬和其他要素回报，也包括新增加的生产资料以剩余价值形式的分配。总之，所有制形式或财产关系是有关人与人之间权利与利益的占有和分配，它决定一社会经济制度的阶级属性，决定社会的统治者和主导力量，决定社会制度的根本性质。

广义地看，生产关系涵盖社会经济过程中全部的人与人的关系，不仅包括财产关系，而且包括生产劳动过程中人与人的相互关系，如分工与协作、组织与协调、决策与监督等，马克思将之统称为"生产过程的社会结合"④，或者"特殊的分工形式""社会分工的一定形式"⑤。这部分生产关系的内容更加直接地与社会生产力相联系，甚至成为直接影响劳动生产力的重要因素，但它同时又是生产过程中人与人的关系的重要内容。张闻天早年曾指出，社会生产关系的这部分内容兼具生产力的属性，具有两重性。⑥

这里有必要简要讨论一下马克思的生产方式范畴。学术界对这个概念的理解一直存在分歧。当前有较多认同的看法是："马克思所讲的生产方式并不是作为生产力和生产关系的统一把这两者包括在自身之内，而是介于这两者之间从而把它们联系起来的一个范畴"，"马克思所讲的生产方式本身有两个含义。第一，它是指劳动的方式；第二，它又是指生产的社会形式"⑦。笔者对此没有太多异议，只是补充一句，事实上马克思的两种含义的生产方式概念，都包括两个方面的内容，都具有生产力与生产关

① 孙冶方：《论作为政治经济学研究对象的生产关系》，《经济研究》1979年第8期。
② 马克思：《哲学的贫困》，载《马克思恩格斯文集》第1卷，人民出版社2009年版，第638页。
③ 马克思：《哥达纲领批判》，载《马克思恩格斯文集》第3卷，人民出版社2009年版，第436页。
④ 《马克思恩格斯文集》第5卷，人民出版社2009年版，第53页。
⑤ 《马克思恩格斯全集》第46卷下，人民出版社1980年版，第468、471页。
⑥ 张闻天认为，生产关系有两重性，它一方面是"直接表现生产力的生产关系"，另一方面则是"所有关系"。"直接表现生产力的生产关系，是指人们为了进行生产，依照生产技术（即生产资料，特别是生产工具）情况和需要而形成的劳动的分工和协作的关系"，这种生产关系是同"特殊的所有关系"相区别的"直接生产关系"。（参见张闻天：《关于生产关系的两重性问题》，《经济研究》1995年第2期。）
⑦ 马家驹、蔺子荣：《生产方式和政治经济学的研究对象》，《中国社会科学》1981年第6期；另见高峰：《论生产方式》，《政治经济学评论》2012年4月。

系的二重性。只不过在表征"劳动方式"的狭义概念中，只包括生产力与生产关系的一部分内容，因此只能是"介于这两者之间从而把它们联系起来的一个范畴"；而指称"生产的社会形式"的广义概念，因为包括一社会生产力与生产关系的全部历史特征，即"把这两者包括在自身之内"，因而是比两者更高层次的理论范畴。与本书主题相关的是，这里关于"劳动方式"概念的内涵应当怎样理解？很显然，这里的"生产方式既表现为个人之间的相互关系，又表现为他们对无机自然界的一定的实际的关系，表现为一定的劳动方式"[①]。它一方面表现为劳动的组织方式，即劳动的分工与协作方式，生产过程的社会结合方式（个人之间的相互关系）；另一方面又表现为劳动的技术方式，包括科学技术在生产中的运用、生产资料的技术特征等（无机自然界的实际关系）。这里之所以选择"劳动组织方式"这一术语，是为了使这部分内容更好地既区别于劳动的技术方式，又区别于所有制形式（财产关系）。高峰似乎认为，这里的劳动方式是指直接生产过程的劳动方式[②]，因此只讨论"工场内部的分工"，而不涉及"社会内部分工"。这种理解是值得商榷的。资本主义的劳动组织方式，或者说现代市场经济的劳动组织方式，是由企业内部分工（科层结构）与社会内部分工（市场结构）共同构成的。其中，社会内部分工是"构成一切商品生产的一般基础"[③]。仅仅讨论企业内部的劳动过程，不可能全面理解资本主义的劳动组织方式；何况马克思讨论生产关系是从生产、交换、分配、消费四个环节进行的，这里的"生产"首先是生产总过程意义上的生产。将与之对应的生产方式范畴局限在直接生产过程，将生产概念的含义切换到直接生产过程，这种逻辑的非对称性也令人费解。资本主义特有的社会分工形式就是市场经济，其全部社会劳动过程就是在这样一种包含了市场与科层相结合的社会系统中展开的。

制度经济学所说的经济制度范畴与这个包含了劳动组织形式和所有制关系的广义生产关系概念所指范围相近，两者的经济学含义也基本相同。可能的区别是，至少从

---

① 《马克思恩格斯全集》第 46 卷上，人民出版社 1980 年版，第 495 页。

② "马克思在《资本论》的研究对象中首先强调资本主义'生产方式'或'劳动方式'，说明他在研究资本主义经济时，把对直接生产过程中经济关系的考察放在了基础位置"。（高峰：《论生产方式》，《政治经济学评论》2012 年 4 月）

③ 《马克思恩格斯文集》第 5 卷，人民出版社 2009 年版，第 406 页。

字面来看，经济制度范畴更加突出生产关系中相对稳定的、具有行为规范特质的、更具规律性的内容。即使存在这一点区别，在概念的实际运用中它也比表面所见要小。因为当我们讨论某一社会生产关系的性质时，理论也只有去粗取精、去伪存真，在纷繁复杂的经济现象中提取具有共通性、规律性的内容；如此，生产关系与经济制度前述的那一点区别也就无关紧要了。

二、基本经济制度

经济制度涉及经济生活中人与人关系的所有方面，涉及所有这些人与人关系中的规范性内容。它包括微观制度与宏观制度、企业制度与市场制度、产业协调制度与区域协调制度，国家的财税制度和宏观调控制度、科技创新制度、对外开放体制，以及不同企业的产权制度、人事制度、劳动工资制度、管理制度和营销制度等；还包括不同行业的生产组织、竞争规则、监管制度、不同地区的地方性经济法规；甚至也包括城乡社区范围的与经济有关的各种乡规习俗；等等。要把握一社会经济制度的基本特征，以及该社会经济制度区别于其他经济制度的历史特征，不需要也不可能将所有这些方面全部罗列一遍。理论需要在抽象中把握现象的本质，在动态中把握历史的方位。因此就需要提炼基本经济制度范畴。基本经济制度是经济制度体系中最具有长期性和稳定性的部分，起着规范历史方向的作用，对经济制度属性和经济发展方式有决定性影响。也就是说，基本经济制度是制度的制度，是经济制度中具有反映一社会经济基本性质、本质特征、历史定位的主要内容。马克思主义政治经济学认为，这里包括经济制度的三个主要方面的基本特质。这三个方面就是：生产条件占有方式（首先是生产资料占有关系）、收入分配方式和生产过程中人与人的相互关系（劳动组织方式）。在这一点上，学术界的分歧不大。

三、作为经济制度功能特质之一的劳动组织方式

任何社会生产都有分工，但分工的社会形式各不相同。古代印度公社的社会分工就不同于资本主义的社会分工。马克思认为，"以交换价值为出发点的全部社会物质变换"是资本主义的特殊的分工形式，并充分肯定了斯图亚特将此"看作社会生产和社

会物质变换的以特殊历史过程为媒介的形式"的观点。[①] 马克思还区分了理解分工形式的三个不同角度：分工单纯表现为交换价值的简单形式，分工表现为一定劳动生产力的形式，以及"表现为一定分工方式的经济形式"[②]。第一个角度是商品经济的表面现象，后两个角度则反映分工形式实质所具有的二重性：生产力与生产关系。这种理解与本章强调的劳动组织方式具有生产力与生产关系二重性的观点完全一致。

劳动组织方式是生产关系中最接近社会生产力的部分，是社会经济制度的基础。劳动生产力与生产关系的划分依据是功能性的，而不是结构性的。社会经济系统的所有环节都具有双重功能，因此很难在现实经济中观察到纯粹的生产力或者纯粹的生产关系，任何经济现象都可以从两个方面理解，并且这两个方面总是相互影响的：或者相互促进，或者相互制约。一方面，生产关系与生产力之间存在劳动组织方式这座相互联通的桥梁。所谓劳动组织方式，包括劳动的分工和协作，劳动的计量和监督，以及劳动的规划与协调等，它涉及劳动力的配置和劳动的组织协调，与劳动的工艺学或者工程学密不可分，是生产力不可分割的组成部分。另一方面，人与人之间的社会交往又脱不开权力和利益关系的网络。劳动投入由谁来计量？生产规划由谁来制订？计量的标准怎么定？规划的目的是什么？这些又由生产资料的所有制决定。因此在劳动组织方式中，生产力和生产关系不可分隔地交织在一起。劳动组织方式是生产关系中最接近社会生产力的内容。

劳动组织方式与财产关系具有相互影响、相互决定的辩证关系。一方面，劳动组织方式是经济制度中最具基础性的内容，它制约财产关系演变的制度空间和历史方向。生产的技术与组织以劳动投入的效率为导向协同进化，成为劳动组织方式演变的主因。这一协同过程尽管也会出现曲折和反复，但从人类社会的整体和历史发展的长期来看，效率进化不会逆转。进而，社会经济的所有制关系必须与劳动组织的这一进化特征相适应。在这里，社会经济诸因素的互动性始终存在，但从全球经济的大范围和历史演化的大时间尺度来看，主导因素和矛盾主要方面毋庸置疑。另一方面，劳动组织方式又离不开生产条件和生产成果的占有，特别是生产资料的所有制关系，这种占有关系

---

① 《马克思恩格斯全集》第46卷下，人民出版社1980年版，第468页。
② 《马克思恩格斯全集》第46卷下，人民出版社1980年版，第471页。

决定劳动组织中权利与利益的分配，是社会中人与人关系的最本质内容，是经济制度的核心与支柱。

四、市场经济体制是当代经济的劳动组织方式

马克思明确指出，商品生产和商品交换是社会分工的一种特殊的历史形式，它以物的普遍联系为纽带，组织起互相独立的生产者之间的全面分工关系。马克思据此将人类社会的发展划分为三个大的历史形态：人的依赖关系是最初的历史形态，以物的普遍联系为基础的人的独立性是第二大历史形态，个人全面发展基础上的自由个人是第三大历史形态。其中，第二大社会形态的特点是：独立的个人通过商品交换的纽带"形成普遍的社会联系和全面的关系，多方面的需要以及全面的能力的体系"①。毫无疑问，这个人类劳动的全面能力体系是依靠价值规律这一看不见的手协调的。列宁也曾经指出，"在深度和广度方面都是自发发展着的国内市场和国际市场"，是资本主义社会"基本的组织力量"②。市场经济体制是社会劳动组织的一种独特的、历史的和暂时的形式。这种形式区别于古代社会的以血缘或宗法联系为纽带的劳动组织，也区别于未来社会的自由人联合体，因而表现出特定社会经济制度的历史特征。马克思强调资本主义的分工形式以交换价值为中介，"各种使用价值或商品体的总和，表现了同样多种的、按照属、种、科、亚种、变种分类的有用劳动的总和，即表现了社会分工"③。

马克思将资本主义市场经济的劳动分工形式区分为"工场内部分工"和"社会内部分工"④。"工场手工业分工以生产资料积聚在一个资本家手中为前提；社会分工则以生产资料分散在许多互不依赖的商品生产者中间为前提。在工场手工业中，保持比例数或比例的铁的规律使一定数量的工人从事一定的职能；而在商品生产者及其生产资料在社会不同劳动部门中的分配上，偶然性和任意性发挥着自己的杂乱无章的作用"⑤，"在资本主义生产方式的社会中，社会分工的无政府状态和工场手工业分工的专制是互

① 《马克思恩格斯文集》第 8 卷上，人民出版社 2008 年版，第 52 页。
② 《列宁全集》第 27 卷，人民出版社 1958 年版，第 219—220 页。
③ 《马克思恩格斯文集》第 5 卷，人民出版社 2009 年版，第 55 页。
④ 《马克思恩格斯文集》第 5 卷，人民出版社 2009 年版，第 406 页。
⑤ 《马克思恩格斯文集》第 5 卷，人民出版社 2009 年版，第 412 页。

相制约的"①。这两种分工形式的结合正是现代市场经济劳动组织方式的主要特点。所谓"社会内部分工"就是以市场为联结的社会分工，是市场经济条件下社会分工的基本形式。这种分工形式服从价值规律的调节。

马克思认为即使在消灭商品货币关系的未来社会，价值规律中包含的劳动时间节约规律仍然发挥作用。这其实也就是社会劳动的组织和协调功能，只不过未来社会劳动组织的社会形式将发生根本变化。市场经济体制是当代经济的劳动组织方式，它决不单纯是交换关系，决不仅仅在流通过程中发挥作用；它也不仅是物质资源的配置方式，不仅是劳动力商品的市场配置，而且是隐藏在全部经济资源社会配置背后的社会劳动的组织（分工与协作）和劳动时间的节约（价值规律的作用）。

第三节　市场经济体制何以成为社会主义基本经济制度

政治经济学的理论史表明，经济范畴的形成大多要经过"极其艰难地把各种形式从材料上剥离下来并竭力把它们作为特有的考察对象固定下来"②的过程。邓小平关于计划经济和市场经济认识上的突破，首先是离析市场经济对资本主义制度的依附关系，"剥离"出市场经济这一"抽象要素"，这就是邓小平一再强调的"计划多一点还是市场多一点，不是社会主义与资本主义的本质区别"③的含义。正如马克思所说："一切生产阶段所共有的、被思维当作一般规定而确定下来的规定，是存在的，但是所谓一切生产的一般条件，不过是这些抽象要素，用这些抽象要素不可能理解任何一个现实的历史的生产阶段。"④市场经济作为"抽象要素"，只有在与一定社会的基本经济制度结合时，才具有现实性。邓小平的理论创新，一方面把市场经济与资本主义基本经济制度相离析，形成抽象意义的市场经济范畴；另一方面又强调市场经济体制必然要与一定社会的基本经济制度"结合起来"，从而提出社会主义市场经济体制的崭新概念。⑤

① 《马克思恩格斯文集》第 5 卷，人民出版社 2009 年版，第 413 页。
② 《马克思恩格斯全集》第 31 卷，人民出版社 1998 年版，第 266 页。
③ 《邓小平文选》第 3 卷，人民出版社 1993 年版，第 373 页。
④ 《马克思恩格斯文集》第 8 卷，人民出版社 2009 年版，第 12 页。
⑤ 顾海良：《社会主义市场经济的实践创新和理论创新》，《经济学动态》2020 年第 1 期；顾海良：《社会主义市场经济体制是如何上升为基本制度的？》，《红旗文稿》2020 年 1 月。

　　社会主义市场经济体制内在地包含基本制度的规定性，但是，在社会主义市场经济体制形成之初，这一经济体制在实践中还没有充分地展现其制度性规定。1992年10月，党的十四大在确立社会主义市场经济体制改革目标模式时指出："在九十年代，我们要初步建立起新的经济体制，实现达到小康水平的第二步发展目标。再经过二十年的努力，到建党一百周年的时候，我们将在各方面形成一整套更加成熟更加定型的制度。"[①] 从体制"建立"的定位到制度意义上的"定型"，还需要在体制改革实践中艰难探索，还需要社会主义市场经济体制的逐渐发展完善，还需要社会主义市场经济体制在社会主义经济关系"总体"构架中的不断融入。社会主义基本经济制度的新概括是实践发展趋于定型的产物，是理论认识逐步升华的结果。

　　尽管理论的认识已经从体制"建立"的定位到制度意义上的"定型"实现了重大跨越；但是，市场经济体制在政治经济学范畴体系中的学理定位仍然是一个需要进一步明确的问题。市场经济体制固然是经济制度的内容、基本经济制度重要的功能性特征，但其劳动组织方式的制度功能仍需要明确界定。既有理论概念中最接近市场经济制度性功能解释的，当属市场经济是"资源配置方式"。这个提法的确表达了市场经济的重要功能特征，问题是，"资源配置"这个概念是从西方新古典经济学的理论范畴中借鉴过来的，其与马克思主义政治经济学原有的概念体系如何衔接还需要进一步研究。市场经济体制具有资源配置功能，这肯定没有问题，而且市场经济的历史特征恰好就是：以物的普遍联系来维系人与人之间的全面社会分工关系。将市场经济的制度功能界定为资源配置，无意中契合了市场经济的这一历史特征。但是，马克思主义政治经济学的范畴体系不会满足于这个"准确表达"了市场经济现象性特征的理论范畴，它一定还需要有一个能够进一步揭示事物本质规定性的理论范畴，这个范畴就是社会劳动的组织方式。

　　这样一来，社会主义市场经济体制在基本经济制度中的重要性就容易理解了。作为社会劳动组织方式，社会主义市场经济体制是社会主义经济制度中最具基础性的制度安排。劳动组织方式与社会生产力有密不可分的联系，由此出发，我们对经济制度

---

① 《改革开放三十年重要文献选编》（上），人民出版社2008年版，第676页。

与生产力发展状况的联系和关系也会有更加直接的观察及更加深刻的理解。社会主义经济的所有制结构与社会主义市场经济体系不仅相互联系，而且相互决定；不仅市场经济体制的性质是由公有制为主体、多种所有制经济共同发展的所有性结构决定的，而且这个所有制结构的形成与演化也受市场经济体制的约束和引导，归根结底，也就是由社会主义历史阶段生产力发展状况所决定的。

第四节　社会主义基本经济制度的系统表述

一、社会主义基本经济制度三命题的相互联系

党的十九届四中全会关于社会主义基本经济制度所概括的三个命题，应当视为对同一事物三个不同角度的观察结果，第一个是所有制关系的角度，第二个是收入分配方式的角度，第三个是劳动组织方式的角度。这里只有一个观察对象，那就是社会主义基本经济制度，而没有三个可以相互拆分的部件。因此，三者具有相互联系、相互嵌入、相互映射的关系。这种范畴与范畴、命题与命题之间的普遍联系和全面关系，正是作为一个社会系统的经济制度最合适的观念形态的再现。公有制为主体、多种所有制经济共同发展，按劳分配为主体、多种分配形式并存，以及社会主义市场经济体制，是社会主义基本经济制度的三重功能特征。三者的关系不是机械装置的三个可随意拆卸的组件，而是有机体的三个相互影响、相互联结的器官。其中任何一个离开整体就会丧失生命；而且反过来说，因为这些器官对于主体极具重要性，割除其中任何一个，主体本身也就失去了活力。

"科学社会主义和空想社会主义的一大区别，就在于它不是一成不变的教条，而是把社会主义看作一个不断完善和发展的实践过程。"[①] 社会主义基本经济制度"三位一体"新概括形成社会主义经济制度历史特征的系统表述，与以往的理论表述相比，具有以下三个方面的显著特点。

首先，社会主义市场经济体制成为社会主义经济制度的基本特征之一，并与公有制为主体、多种所有制经济共同发展，按劳分配为主体、多种分配方式并存一起，成

---

① 习近平：《坚持和完善中国特色社会主义制度推进国家治理体系和治理能力现代化》，《求是》2020 年第 1 期。

为社会主义基本经济制度的三大功能特征。市场经济体制并不是社会主义经济制度的一个可供选择的手段，抑或是阶段性的管理措施，而是与社会主义阶段的生产力水平相适应，贯穿很长历史时期的社会主义基本经济制度的重要特征。

其次，从生产资料所有制关系、收入分配关系和生产过程的社会结合（劳动组织方式）三个方面全面概括社会主义基本经济制度的内涵。三者不仅相互联系、相互影响，而且相互嵌入，互为映射，具有"你中有我，我中有你"的不可分割的内在联系。公有制为主体、多种所有制经济共同发展，与按劳分配为主体、多种分配方式并存，是"一枚硬币的正反面"。社会主义市场经济体制也与前两者相互决定、互为映射。一方面，社会主义市场经济体制对所有制结构和收入分配体系都有特定要求；同样，公有制为主体、多种所有制经济共同发展，或者按劳分配为主体、多种分配方式并存，都只能在社会主义市场经济体制下实现。我们从三位一体表述的任意一个方面，都可以自然而然地联想到其他两个方面。完整表述这种相互映射的制度特征，逻辑上绝对不是"同义反复"，恰恰相反，这是对事物内在规律的揭示。就好比，数学上说一加一等于二，不是"同义反复"；天文学说太阳从东边升起表明地球由西向东自转，也不是"同义反复"。

最后，社会主义基本经济制度三个方面中每一个方面都必须从系统性、结构性的视角去理解。社会主义与资本主义之间的差异不再仅仅是纯粹制度构件上的差异，即不再仅仅是公有制企业与私有制企业、按劳分配与按资分配之间的区别。中国特色社会主义实践表明，社会主义不仅有公有制经济，也存在大量私有制企业；不仅有按劳分配，非公有制经济的分配方式也占据很大比重。与此同时，资本主义国家的现实也不排除国有经济与合作经济的存在。因此，应当从制度系统的角度来理解社会主义经济制度与资本主义经济制度之间的根本性区别。这个区别体现在混合经济内部的结构性差异，即混合经济内制度元素主辅关系的差异上。社会主义基本经济制度是以公有制为主体、按劳分配为主体的市场经济制度，资本主义基本经济制度是以私有制为主体、按资分配为主体的市场经济制度。尽管两者的制度组件具有相似性，但因为主辅结构不同、主导因素不同，制度系统的性质也就有根本区别。因此说，社会主义的所有制关系是"公有制为主体、多种所有制经济发展"，而不应当分开说，公有制是社会主义基本经济制度，私有制是社会主义基本经济制度。将公有制理解为社会主义基本经济制度，或者将多种所有制理解为社会主义基本经济制度，都是错误的。它们都是社会主义经济的构成元素，但只有在适当的系统结构中才表现为社会主义经济的基本特征。按劳分配与多种分配方式也具有同样的关系。不能说按劳分配是社会主义基本经济制度，也不能说多种分配方式是社会主义基本经济制度，只有在适当的系统结构中社会主义分配制度的基本特征才能得到界定。如果不理解社会主义基本经济制度理论表述的这种系统性、结构性特征，不能从传统社会主义理论的"经济成分论"，转换到中国特色社会主义的"系统结构观"，理论界一些学者的困惑是很难消除的。

二、社会主义经济制度的历史特征

社会主义基本经济制度新概括的三个相互联系、互为映射的命题，是社会主义经济制度历史性质的完整表述。社会主义经济制度具有从资本主义到共产主义高级阶段的历史过渡性质。它的基本经济制度既区别于资本主义经济制度，又区别于共产主义高级阶段。这一点从基本经济制度的三个方面都可以清楚地看出来。公有制为主体是区别于资本主义所有制关系的特点，多种所有制经济共同发展则明显区别于共产主义高级阶段；而且，社会主义的生产资料公有制以其双重排他性占有为特征，也与共产主义高级阶段的公有制有根本区别。按劳分配为主体固然是社会主义分配制度与资本主义的根本区别，但它其实也与共产主义高级阶段的按需分配有实质性差别，而且，社会主义的收入分配有多种分配形式并存，这也与共产主义高级阶段有明显区别。市场经济体制在共产主义高级阶段将必然消亡，当然是社会主义经济制度与共产主义高级阶段的重要差别，但由于坚持公有制为主体和按劳分配为主体，社会主义市场经济也与资本主义市场经济有根本区别。三个方面共同确定社会主义经济制度的历史方位。在这里，三者同样是社会主义经济"与其他社会制度根本区别的东西"，不仅与资本主义制度相区别，而且与共产主义高级阶段相区别。

社会主义作为过渡性历史阶段，兼具资本主义及共产主义高级阶段的某些制度特征，但绝不是两者若干零部件的随意拼合。社会主义经济制度是一个系统概念，只适用于英语单词"system"，而不是任何一种孤立的制度安排，不适用于英文单词

"institution"。它是在社会主义实践探索中终于发现的有关制度优越性的"合理配比"，是社会主义经济制度由量变到质变的根本性质的体现。它不仅是制度现象的简单描述，而且是社会历史走向的慎重选择。

这是一种由量变产生质变的制度理论。量变包含制度的动态性，包含社会主义经济制度改革发展、自我完善的可能性。但同时，制度的量变也可能走向相反方向。那么社会主义基本经济制度的相对稳定性如何保证？笔者认为，由于三重制度功能的相互映射和相互制约，制度结构的稳定性仍然是可以维系的。研究这种制度稳定性的机理，是社会主义基本经济制度研究的重要方面。

当前需要弄清楚的一个问题是，社会主义经济制度必然随着生产力的发展走向社会主义高级阶段，学理逻辑上如何区分社会主义初级阶段与社会主义高级阶段？这里的量变与质变关系是怎样的？党的十五大把公有制为主体、多种所有制经济共同发展的制度确立为社会主义初级阶段的基本经济制度，而不是直接提社会主义基本经济制度，这是从实践经验提炼新的理论观点时应有的谨慎——毕竟当时改革开放还不到二十年，同时也为理论的进一步发展留有余地。党的十九届四中全会关于社会主义基本经济制度的新概括，首先是基于此后数十年中国特色社会主义实践的新经验，同时也与社会主义政治经济学在此期间的理论拓展有关。如前所述，我们从四十多年社会主义市场经济体制的改革实践中越来越深刻地体会到基本经济制度三项功能性特征的相互映射和不可分割。因此，有必要对社会主义初级阶段与社会主义高级阶段的学理涵义给出更明确的界定。

在社会主义初级阶段生产力水平当然是相对落后的，因此，社会主义生产关系的发育也不够充分。但是，从初级阶段向高级阶段演进所必需的生产力条件是怎样的？生产关系又会发生什么样的变化？学术界对此的讨论很少。事实上，有观点仍然认为，发达的社会主义经济制度还应当符合旧的"三位一体"公式："公有制＋按劳分配＋计划经济"。这就是为什么持这类观点者总是将市场经济当作社会主义的异己成分，并且不愿意将非公有制经济与按要素分配纳入社会主义基本经济制度系统特征的构成要素。由于社会主义阶段划分的学理研究尚未展开，上述观点的存在可以理解。但是，这里至少有两点疑问。其一，社会主义高级阶段按劳分配是否仍然通行等价交换的原则？

如果是，那么这个原则在生产过程与流通过程中是否同样通行？其二，社会主义高级阶段实行按劳分配的生产力前提是否仍然与马克思在《哥达纲领批判》中所述相同？如果是，那么在这样的生产力条件下，社会劳动的组织方式是否有可能从社会主义市场经济体制转变为社会主义计划经济体制？如果对这两个问题都不能给出确切回答，那么还有什么底气说，社会主义生产力的持续发展一定会通往一个符合旧"三位一体"公式的"高级阶段"？其实，实践逻辑与理论逻辑的新发展都在指向相反的结论：中国特色社会主义的基本经济制度具有比之前以为的更多的世界历史的一般意义。社会主义初级阶段生产力发展的不充分、不平衡，会在高级阶段得以改变，但这离商品交换、货币关系消亡的历史条件还会有相当距离。公有制为主体、多种所有制经济共同发展，按劳分配为主体、多种分配方式并存，以及社会主义市场经济体制这三大基本特征将会在社会主义经济制度中长期共存，社会主义的社会生产力将在具有如此特征的社会主义经济制度中持续发展。这应该是中国特色社会主义经济理论对科学社会主义的最新贡献。

第二章　当代生产力和社会主义市场经济体制

第一节　当代社会生产力及劳动的历史性质

一、工业化进程及其阶段性

近现代历史中最重要的历史现象就是工业化，工业化是现代社会生产力发展的基本特征。有人说工业化已经过去，现在已经进入数字化阶段。其实，从 14 世纪和 15 世纪的西方资本主义发展以来，生产力发展的基本过程仍然可以用工业化来概括。当然，工业化发展可以分为若干阶段，但有一些基本特征是贯穿始终的。

其一，工业化是社会劳动力持续由农业部门向工业部门转移且生产力水平快速提升的过程。在人类社会走出农耕社会以后经历的几百年高速增长时期，生产力发展的基本特征就是工业化。工业化首先是一个社会劳动力持续从农业部门向工业部门转移的过程，这是一个基本特点，也是最明显的特征。大约一万年以前，地球上若干地点的人类社会从采集狩猎社会过渡到农耕社会。大约四五百年以前，世界上一些地方开始转向工业社会。工业社会的第一个特点就是有越来越多的社会资源和社会劳动力向非农部门尤其向工业部门转移。这当然与农业生产力的发展有关，但更重要的可能是与世界贸易的发展、新大陆的发现有关。由于世界贸易的发展，一些国家的工业能以世界市场为对象发展生产，从而实现大规模生产这个前提。有大的市场、大的市场需求，才能发展出大的工业，而有工业就需要也更加有可能快速发展生产力。与农业相比，工业生产力的提高有着更加灵活的选择、更加广阔的空间。这是因为工业与土地、自然之间的联系相较于农业要小，它可以把生产集中在一个很小的空间内，然后逐步扩大它的协作范围和分工范围，并用机器进行生产。因此，工业化进程也是一个快速提升生产力的过程。工业经济与农业经济随着时间的推移和人的知识积累都会提高生产力，两者的区别在于工业生产力有着农业无法比拟的提升速度，这是由工业本身的特点决定的。当然，工业化发展最终反过来也加速了农业生产力的发展。

在工业化进程中，产业结构始终表现为农业的比重在缩小，非农产业特别是工业比重不断提高。因为工业与农业相比，其劳动生产力提高速度要快得多，工业比重的增加也就意味着整个社会劳动生产力的提高。经济学上把这种工业化进程中由结构变化导致的全社会生产力提高叫作生产力发展的结构效应。在工业化前提下的社会生产力提高中，结构效应发挥了主要作用。当然，工业劳动生产力提高本身也是有其原因的，那就是工业生产技术和制度的变革。马克思在《资本论》中讨论相对剩余价值生产的篇章里，用三章的篇幅讨论了工业化早期生产力提高的三个手段，即协作、分工和大机器生产。所以工业化进程不仅是一个产业结构的变化过程，而且是一个社会劳动生产力加速提高的过程。《共产党宣言》中提到，"资产阶级在它的不到一百年的阶级统治中所创造的生产力，比过去一切世代创造的全部生产力还要多，还要大"[1]，事实也是如此，工业化进程中社会劳动生产力的提高确实有着令人惊叹的加速度。

其二，工业化发展的阶段性及国别差异性。工业化过程是分阶段的，从世界历史来看，工业化过程到今天还没有完成。这里可以按照工业化进程本身，将工业化过程分为工业化初期（启动阶段）、工业化中期（加速阶段）、工业化晚期，以及后工业化阶段。后工业化阶段其实仍是工业化的一个阶段，只不过该阶段的工业化技术有一些新的特点。有人认为现在不是机器生产，而是智能化阶段。其实计算机也是一种机器，是一种替代人的脑力劳动的机器。如果可以用一种人造的工具去替代人的劳动从而提高劳动效率，那么它就是机器。机器不仅有蒸汽机带动的机器、电力带动的机器，还有计算机系统控制的机器、物联网连接的机器。也有人从另一个角度去归纳工业化发展阶段，如工业化过程中工具的变化、能源的变化等。[2]从工具变化角度来看，一开始是手工劳动的工业化，然后是机器的工业化。机器的工业化也经历了若干阶段，从蒸汽机带动的工业化，到电力带动的工业化，再到今天以计算机技术为标志的工业化，

---

[1]　马克思、恩格斯：《共产党宣言》，人民出版社2014年版，第32页。
[2]　C.弗里曼、F.卢桑：《光阴似箭——从工业革命到信息革命》，中国人民大学出版社2007年版。

一步步发展起来。因此，从劳动手段、生产资料变化的角度也可以探讨工业化发展的不同阶段，而且每一阶段都有各自的特征。这就是工业化进程中社会生产力质态的跃近，新质生产力不断取代旧质生产力的过程。

虽然工业化是一个世界历史性事件，每个国家的进步发展都要求走工业化道路，但是各个国家工业化过程的特点并不一样。以中国为例，刚开始工业化时整个国际市场早已被帝国主义列强瓜分完毕，彼时中国沦为半殖民地半封建社会，要发展工业化首先要实现"站起来"，要有独立自主的发展权利。除此之外，中国的工业化起步也跟其他国家不同，因为当时的中国并不具备发达资本主义国家在资本原始积累阶段所具备的那些条件——没有一个巨大的外部市场，没有新大陆的发现，也没有大西洋的三角贸易（来自欧洲的工业品，来自非洲的奴隶，以及用奴隶到美洲去换取工业原料，等等）①，而贸易是资本主义列强原始积累的一个很重要的外部条件。彼时中国不但没有这样的外部条件，而且面对的是外部帝国主义列强的封锁。新中国成立后，中国的工业化起步只能依靠苏联的援助，而且后来发现这些援助也是带有条件的，并不符合中国独立自主、自力更生的愿望。在这种情况下，中国的工业化进程就与其他国家的工业化进程产生了差异。因此，工业化进程是有国别特征的，中国的工业化进程与西方国家不同，而日本、韩国的工业化进程也与其他西方国家不同。即使是英国和美国，两者的工业化进程也不一样，美国作为相对于英国的后发国家，其实有很多技术来自英国。总之，各国的工业化进程是存在差异的。

二、贯穿工业化全程的生产力特征及其新变化

其一，工业化进程中社会生产力发展的基本特征是分工深化与机器生产。关于这两点，马克思在《资本论》里已经概括。这个过程到今天仍未结束，生产力进步仍然体现这两个基本特征。

分工深化首先是工业和农业的分工，即工业从农业当中分化出来。工业产品相比农业产品更加多样化，工业不断发展出新的产业、新的产品及新的分工，工业化进程

---

① 参见艾里克·威廉斯：《资本主义与奴隶制度》，北京师范大学出版社1992年版。

本身就意味着加速分工。而且工业化过程使得几千年的家庭农业劳动转变为工场手工业的劳动，发展出大规模协作，从而为工厂内部分工准备了条件，促进了工厂内部的分工细化，这是分工不断深化的过程。工厂技术分工的细化导致劳动生产率的提升，对此亚当·斯密在《国富论》中就有很精彩的描述，他讲的扣针制造业的分工就是一个分工不断深化的过程。[①] 当然，分工深化不仅发生在工厂内部，还有一个非常重要的方面就是所谓社会内部分工[②]，即通过商品交换形成各种不同商品生产者之间的分工，以满足越来越多样化的社会需要。所以工业化进程是一个分工不断深化的过程，这个过程几百年来从没有停止，而且它还在加速。随着现代生产力及新技术的发展，工业化进程会有新的发展。现在很多岗位分工、产业形态是之前几十年没有出现过的，它们都是新生事物。在生产力发展和分工深化的互相推进下，整个生产过程的产业分工链不断延伸。这就是分工与劳动生产率之间的辩证关系。从亚当·斯密提出分工以来，政治经济学关于这个问题的讨论有很多且十分深入。

与分工深化相伴随的机器生产也是工业化进程的必然产物。因为在分工深化过程中，人的动作越来越细化，而分工越细化就越呆板，也就越来越适合机器去做。这就为机器的发明、机器替代人的劳动准备了条件。[③] 因此，在工场手工业内部分工发展的前提下，机器生产逐步发展起来。伴随机器替代人的劳动，生产过程的自动化水平越来越高。机器替代人的劳动是必然趋势，当然一开始不是全部自动化，可能是机器做一部分工作，渐渐越来越多的人类劳动被机器所替代，生产过程就越来越接近自动化。马克思观察第一次产业革命的历史事实，深刻理解了工业化进程中社会生产力发展的新特征，并且预测这一发展过程必将对人类社会产生深远影响。他认为，机器替代人的劳动这个过程可以一直发展下去，所有可以被机器替代的劳动都会被替代，因为这是资本主义生产发展的必然逻辑。[④] 机器替代人的劳动以后，资本与劳动之间的力量对比就会发生倾斜；而且机器确实提高了劳动生产率，使企业可以不断地从中得到超额利润。所以这个过程不以人的意志为转移，它一定会不断往前推进。在马克思之后

①　参见亚当·斯密：《国富论》第1章，商务印书馆2015年版。
②③　《马克思恩格斯文集》第5卷，人民出版社2009年版，第406页，第403页。
④　参见马克思：《资本论》第1卷第13章"机器和大工业"，人民出版社2004年版。

的一百多年里，机器替代人的劳动的过程（机械化和自动化）从未停止过，一直在不断地向前发展，而且发展的速度越来越快，已经超出马克思当年所看到的机器操作对人的体力劳动的替代水平。随着计算机技术的发展，机器已经达到一定程度上替代人的脑力的水平，很多程序化、重复性的脑力劳动已完全可以被机器替代，例如，数控机床其实就是机器对人的脑力的部分替代。而在物联网的发展和推动下，未来的直接生产过程都将实现高度自动化，甚至出现真正的无人车间。生产正由自动化升级为智能化，不仅是那些简单重复劳动会为机器所替代，而且机器的"学习"能力越来越强，所以机器替代人的脑力劳动的范围正伴随人工智能的发展而日益拓展。如果说马克思当年仅从大机器生产就看到机器替代人的劳动这一未来前景，那么我们今天其实看得更清楚，机器可以替代人的劳动，并且其边界正在不断扩展。在一个无人或者有很少操作工人在车间活动的直接生产过程中，劳动者成为生产过程的"看管人"而立于生产过程的旁边。① 这个变化正在从一个部门逐步扩展到更多部门，这个过程就是自动化生产的发展过程。总之，之所以说现代生产力发展到目前为止仍处于工业化过程，根据就是前述两个基本特征。目前，这仍是社会生产力发展的基本方向，分工深化和机器生产及机器替代人的自动化过程一直没有停止。因此，在现在的大多数国家里，人们还在工业化进程当中，从世界范围来看也是如此。

其二，随着科学技术的发展及科技在生产领域的运用，当前的工业化进程呈现新的特点，即信息科学和生物科学的应用发展，而当前生产力的发展也主要由这两门科学的发展作为先导。其中，信息科学的发展有力推动了生产过程在信息层面的创新突破，表现为电子计算机技术、网络技术、机器人技术等在物质生产过程中的广泛应用及生产智能化过程的加速。不仅如此，基于信息技术和数字技术的突破还极大丰富和提高了科学研究本身的手段与能力，加速了科技与产业的相互促进进程。很多人预言人类今天正处在新的技术大变革的前夜，未来三十年自动化、智能化的发展及新能源技术、新材料技术等的相应变革，必然带来新质生产力的发展和社会生产方式的系统性甚至颠覆性突破。同时，信息技术和生物技术的交叉融合使机器系统和生物系统的

---

① 《马克思恩格斯全集》第 46 卷下，人民出版社 1980 年版，第 218 页。

界限逐渐模糊。随着仿生学、脑科学、基因技术等生物技术，与物联网、大数据、云计算、智能机器人技术、穿戴式智能技术等信息技术加速融合，可以想象一个兼具机械装置和生物体双重特征的具有自组织、自学习功能的机器——生物大系统，将成为人与自然和谐相处的全新样态。甚至未来人和机器之间也可能会慢慢融合，两者不再有明确的界限，这个过程将是人的能力和潜能进一步发掘、发挥的过程。人类社会关系将随着这些新技术的成长而发生系统性变化，政治经济学学者要看到这个大趋势，保留足够的想象力，紧跟工业化的加速发展进程。

其三，工业化过程还远没有完成，即马克思所说的机器完全替代人的劳动的过程还远没有完成。一方面，这个过程还会继续推进，而且是加速推进；但另一方面，这个过程还远没有完成。这个过程没有完成可从三个层面来理解。第一，即使是世界上生产力最发达的经济体，其工业化仍未达到完全的自动化水平。从生产力最发达的西方发达经济体的生产力现状来看，在这些国家手工劳动者、简单的体力劳动者仍然普遍存在，自动化过程并没有把所有直接生产过程中的劳动者排挤出去。当然，这里既有技术因素，也有制度因素，但是不管什么因素，机器替代人的劳动的过程还没有普遍化，没有达到相应高度。目前只能说，一些先进的机器正在朝这个方向发展，但是仍然有很多生产部门没有实现自动化，甚至距离自动化还很远。更何况，随着生产力的发展，服务业也迅速发展，有越来越多的家务劳动为服务劳动所替代，而服务劳动的机械化、自动化难度更高。这些新的领域产生了新的产品需要，而这些产品的生产也对机械化和自动化发展不断提出新的难题。虽然人类目前能够创造很多种类的机器人，如家政机器人，但是说其完全替代人的劳动还为时尚早，它们只是呈现出这个发展势头，但当前尚未达到这一高度。可见，即使是生产力最发达的经济体，其生产自动化过程也还远未完成。第二，重要的是从经济全球化发展来看，全球经济是高度不平衡的，尽管发达国家的经济发展水平已经很高，但是很多发展中国家还处在农业社会或者工业化初期阶段。要把全球经济都带动起来，都实现生产力的高度发展，那就是更加遥远的事情了。最后，还要强调一点，当前一些看似发达的生产力其实并不具备可持续性。比如，基于不可再生能源的自动化生产力，当能源消耗尽之后如何保持这种高度自动化呢？机械化、自动化的发展过程最终必然要完成，但它必须建立在能源结构发生根本性变革的基础之上，必须是生态环境可承载的，必须是可持续的生产力发展。新质生产力一定是绿色生产力。马克思讲的未来前景一定是一个可持续的经济社会；因此，从这个角度来看，今天的工业化进程还有极大的发展空间，远未走到尽头。

也许有人会问：讲中国特色社会主义政治经济学为什么要专门讨论生产力？为什么如此强调生产力？因为要解决中国特色社会主义所面对的问题，即社会、经济、政治、文化等方面的一系列矛盾，归根结底还是要靠生产力的发展。发展才是硬道理。要真正实现马克思所设定的理想社会，生产力就要发展到某种状态，而现在离到达这个状态还很远。如果说人们对这个过程的漫长性和艰巨性未能充分认识，那么其中对当今世界的生产力状况以及共产主义社会对生产力的要求的认识不到位应该是主要原因。我们强调工业化生产力的发展空间，强调分工深化和机械化、自动化还要继续发展，强调当今世界生产力的基本特征及其与理想社会的生产力水平还有较大的差距，都是理解社会主义经济制度历史特征的根本依据。马克思所预期的未来社会还需要很长时间才能到来，对此必须保持清醒认识。

三、劳动仅仅是谋生手段

由工业化阶段社会生产力的发展特征可以引出三点结论。

第一，直接生产过程中的劳动时间过长。在现代生产力水平下，要满足社会物质文化需要，劳动时间就不能太短，因为社会生产力还没有达到一定高度。当然，现在的社会生产力水平已经相对较高了。同马克思所处年代大多数工人的日劳动时间达到10—12小时相比，现在大多数国家实行8小时工作制，且每周有5个工作日。当然，由于物质财富相对匮乏，工作日不可能过度缩短。试想一下，假如现在人们每天只工作2个小时，恐怕物资会匮乏到大家都要饿肚子。作为劳动时间对立面的自由时间是人的全面发展的必要条件，但现在工作时间仍然较长，自由时间自然相对太短，这是一个基本的限制。而且还要注意到，劳动时间较长问题还要从一国的发达水平来看。发展中国家，尤其是处于向中等发达国家跨越的关键时期的发展中国家，其发展不能松劲，否则不仅发展受到影响，甚至可能落入所谓的"中等收入陷阱"。有些人不理解发展中国家的处境，只从发达国家的角度看待这一问题，是失之偏颇的。发展中国家的工作时间相对长，放在全球范围来看是完全可以理解的，因为全球发展并不平衡，发展中国家及其劳动者要真正实现发展，只能付出更多的劳动。

第二，现在的生产力发展需要依靠分工深化，尤其是职业的专门化分工。这种分工深化能够提高社会生产力水平，但是它也必然导致劳动过程单调。在当前的生产力水平下，如果每个人都自由地选择自己想从事的职业或工作，那么社会劳动必然无法有效地组织起来。因此，职业的专门化分工、工作岗位的专门化、劳动纪律的约束等都是当前生产力发展所必需的。

第三，在现在的直接生产过程中人还是机器的附庸。目前，机器尚未发展到足够的自动化水平，所以生产过程中还需要人来弥补机器的缺陷并充当机器的助手。当然，尽管现在类似于卓别林的电影《摩登时代》里描述的那种生产流水线在减少，但是很多岗位的劳动者依附于机器的情形并没有改变。人在直接生产过程中并不能站在生产之外，作为生产的控制者、生产过程的指挥者去发挥作用。多数情况下，现在人在生产过程中还是机器的附属物。

以上三点决定了当代经济中绝大多数劳动者对劳动的态度：不是将劳动看作人生的需要，而更多将它视为谋生的手段。劳动者的工作时间较长，而且将劳动更多视作谋生的手段，他们通过劳动获得生活来源，甚至不愿超出养家糊口所必需的劳动时间再去提供剩余劳动。这不是思想觉悟问题，也不是社会制度（是资本主义制度还是社会主义制度）决定的，也不与是私有制企业职工还是公有制企业职工相关，它直接由社会生产力发展水平决定，与特定生产力状态下劳动的特点相关。马克思明确提出，共产主义第一阶段一定是实行按劳分配，因为劳动更多是谋生的手段，这是生产力不够发达、物质财富尚未充分涌流的结果。有人认为这只是一个为谁工作的问题，它会随着生产资料所有制的改变而改变。其实并非如此，因为社会生产力的上述特征不可能在短期内改变，所以多数劳动者将劳动更多视为谋生手段也不可能在短期内改变。当然，现在社会里已经有人不把劳动看成谋生的手段，比如一些艺术家、科学家，他们可能因为所从事的创造性劳动而感受到其中的乐趣和自我价值所在，因而把工作视为自己的事业甚至当作自己的生命。但是这类人毕竟是少数，多数劳动者是无法做到的。

第二节　作为社会劳动组织方式的市场经济体制

一、生产社会化及其发展趋势

工业化进程同样是生产社会化的发展过程，资本主义的基本矛盾也体现为生产资料的私人占有和生产社会化之间的矛盾。那么到底应该怎样理解生产社会化呢？有人说生产社会化就是指生产的规模越来越大。企业规模扩大不是指单纯的机器使用规模越来越大，而是企业（或公司）的规模越来越大，甚至通过企业（或公司）联合的方式实现规模扩张。但这只是生产社会化的一个方面，而且还不是根本性的方面。生产社会化的根本性方面，应当是马克思在分析人类历史发展的三大历史形态时所说的第二大历史形态的根本特征：物的普遍联系构成社会的全面能力体系。这是市场经济条件下生产社会化发展的最根本特征。

之前的生产主要是家庭劳动、庄园劳动，在这种生产模式下人们自给自足，不需要全面的社会联系，更不可能发展出全球化体系。但是随着市场经济的发展，生产力发展体现为生产的全面社会联系的不断拓展，即依靠商品交换的物的普遍联系，整个人类社会的全面能力体系被组织起来。在市场经济下，每一个商品生产者的能力都没有得到全面发展，而是受到旧式分工的束缚，只能终身从事某一个（或某几个）特定行业、特定分工岗位的工作，因而其能力是片面发展的。但是，在这个分工体系中具有片面能力的劳动者通过市场交换、通过普遍的物质联系而形成的社会能力体系是全面发展的。这是在此之前从未出现过的。随着分工的深化，人的能力的方方面面都在各种不同的岗位上发展起来，而且这些具有不同能力的个体被市场体系有机组织起来，从而实现人类社会能力体系的全面发展。尽管单一个人的能力没有实现大的发展，但从整个人类社会来看，通过商品交换，千百万职业专门化人才已经形成普遍联系，组织起全面能力体系。这种普遍联系越是频繁和紧密、体系覆盖的范围越大，生产的社会化程度也就越高。生产社会化作为一种趋势，其发展的必然结果就是全球化。也就是，随着生产的社会化，生产规模不断扩大，从地方性、城市内部分工，逐步扩展到区域性分工，再到一个民族国家范围内的分工，进而拓展到国家与国家的联系、区域性国家联盟的分工，一直扩展到世界范围内的分工。随着资本主义市场经济的高度发展，生产社会化通过商品货币交换的普遍联系扩展到全世界，这是生产社会化发展的最突出表现和最基本含义。因此，生产社会化的最终表现就是经济全球化，这是生产社会化发展的高级阶段，在此阶段整个人类社会组织成为一个全面的能力体系。

此外，市场的充分发育和企业规模的不断扩大是相互关联的两个方面。19世纪中叶之前的资本主义市场经济基本是以小企业为主，而且国际化程度不高。经过半个世纪的发展，到19世纪末20世纪初，世界主要资本主义国家都进入现代资本主义、现代市场经济的发展阶段。该阶段的重要标志就是生产的社会化程度越来越高，国家在社会经济中的作用逐步加强、对社会经济的干预逐步增加，国有企业也开始发展，等等。这些都属于生产社会化发展的内容，也都属于从传统市场经济向现代市场经济发展的内容。

二、劳动外在强制的必然性及其形式

以上讨论还可以引出一个推论，即工业化过程中劳动的外在强制性。如前所述，在当代生产力条件下，劳动更多是谋生的手段，因此，劳动者个人不愿意超出必要劳动时间提供剩余劳动。这是多数劳动者的一般情况，也是社会范围内的基本事实，而且这个客观事实将在很长一个历史时期无法得到彻底改变。同时，从社会整体来看，整体的长远利益以生产力的持续发展为前提，这就需要剩余劳动的积累。这是一个基本的矛盾：从个人利益出发，劳动者不愿超出必要劳动时间去提供剩余劳动，但是社会发展不能没有剩余劳动。这里所说的还不是公共消费和政府开支之类，而是说社会发展的根本在于积累。作为劳动资料的机器要通过投资才能不断提升其科技含量，作为生产外部环境的基础设施要通过投资才能不断得到改善，社会整体利益、长远利益的实现都需要剩余劳动的积累。因此，个人当前利益与社会长远利益的矛盾将在整个第二大历史形态里始终存在，而这也是社会主义历史阶段必须充分重视的一个基本事实，进而也是社会主义阶段存在劳动的外在强制的客观原因。传统政治经济学对此缺乏专门研究。

进入社会主义历史阶段，阶级矛盾已经不再是社会主义主要矛盾，但劳动者个人利益与社会利益的矛盾始终存在。共同拥有生产资料的劳动者为什么还存在个人利益

与社会利益的矛盾呢？因为生产力状况决定了劳动更多是谋生的手段，至少对于大多数劳动者来说是这样的。但是社会要进步和发展，就只有通过对劳动实施某种形式的外在强制，从而使劳动者的个人利益服从社会利益。马克思在《资本论》手稿中就提出，资本有一个历史方面或者说历史使命，那就是迫使劳动者超出必要劳动时间提供剩余劳动。[①] 因此，就资本主义社会而言，尽管资本体现了阶级剥削关系，但其的确存在推动历史进步的作用。而在社会主义市场经济中，为了解决个人利益与社会整体利益、长远利益的矛盾，公有资本同样需要对劳动实施一定的外在强制，但这不是阶级对阶级的强制，而是劳动者整体意志对个人的强制。

市场经济中劳动的外在强制主要有两种形式。一种是科层等级制，通过金字塔形科层组织的命令—服从机制实现劳动强制，即要求下级服从上级、全体服从最高层。作为一种现代等级制，科层制度并不建立在人的身份等级甚至血缘关系纽带的基础上，但劳动者只要进入企业就要服从资本所有者的指挥。因此科层制度是一个严格的命令—服从机制，是一种外在强制。这种命令—服从机制表面上看是针对人懒惰的“天性”。如前所述，这种所谓“天性”其实是与现代生产力发展水平相关的，即生产力状况决定了劳动仅仅是谋生手段，劳动者不愿意超出必要劳动时间提供剩余劳动。另一种对劳动的外在强制手段就是市场竞争。尽管市场经济表现出人人平等、等价交换的特点，但事实上，其对劳动的外在强制形式更加严格。市场竞争讲究优胜劣汰，而这种强制力对于市场竞争失败者来说是非常直接的；虽然没有一双“看得见的手”，但有一双“看不见的手”，以一种近乎“自然选择”的方式实施强制。如果在竞争中失败就要被淘汰，这是一种无形但严酷的外力强制。总之，在市场经济体制下采取科层等级制和市场竞争两种形式实施劳动的外在强制。

三、市场经济体制的劳动组织方式

市场经济体制首先是人类社会在第二大历史形态中的社会劳动组织方式。这种劳动组织方式或者说劳动的社会结合方式是主要依靠科层制度和市场制度共同构建起来

---

① 《马克思恩格斯全集》第 46 卷上，人民出版社 1979 年版，第 287 页。

的一种现代经济体制。正如马克思所言,市场经济存在两种分工形式。其中一种是工场内部分工,即由资本家统治的企业劳动组织;另一种分工形式被马克思称为社会内部分工,是指企业边界之外市场主体之间的分工,这是依靠物的普遍联系、通过商品交换组织起来的社会分工。这两种分工形式相互联系、不可分割。在谈到市场经济体制时,不是只有等价交换和买卖关系,它要通过两种构造来组织劳动:一种是科层机构,另一种是市场交易。

现代意义上的科层组织是一个具有金字塔形组织结构的集中统一管理组织。在内部,它实行的是信息自下而上传递、命令自上而下发布,也就是下级向上级汇报情况,上级通过汇总下级的信息了解全局、形成决策,然后向下发布的命令—服从规则体系。马克思在《资本论》第1卷里把这种分工叫作工场内部分工,因为在他那个年代可以看到的许多企业生产形式都是工场手工业。当然,实际上在大机器生产的工厂内分工也同样采用这种形式。这种分工形式有很强的计划性和高效性,所以其合理性在《资本论》里得到充分肯定。[①] 马克思认为,相比于市场制度的无政府状态,这种分工形式有它的优势。因此,它不需要经过盲目的无序状态、在事后不断的试错过程中找到秩序,它的效率应该会更高。马克思甚至表示,未来可以把工场内部分工的这种优点运用到社会生产过程的监督和调节中。[②]

市场交易的特点是通过大量独立经济主体之间网络式联结的、平等交换的经济结构来组织生产,而不是通过一个金字塔形结构。从可能性上说,每一个市场个体与市场上其他所有个体都可以进行交换,所以市场经济是一个密密麻麻的网络,而且网络里的每个单元从理论上说都是平等的。在市场上要想实现自由平等交换,就得服从等价交换原则。当然,市场价格在供求中会出现波动,但是这种波动存在均衡点,即均衡价格,尽管均衡价格必须在交易过程中通过不断试错才能达到。

从劳动分工的组织方式来看,两者的区别很明显:科层制度是以"看得见的手"来调整的,而市场制度是以"看不见的手"来实现的。那么市场经济体制的这两种劳动组织方式之间是什么关系呢?市场经济体制下的科层组织和市场交换处于并存互补

①② 马克思:《资本论》第1卷,人民出版社2004年版。

的混合状态，两者相互依存。原子式市场是西方经济学在进行均衡价格讨论时的一个基本假设——市场分工很细，交换单元很多，每个人都是一个独立的市场主体。在这种情况下，市场处于完全竞争状态。实际上这种原子式市场只是理论的想象，现实中从来没有出现过。在现实市场中有很多大小不一的企业，不只有人与人之间的交换，还有许多人组织成一个个科层组织再出现在市场上进行交换，所以原子式市场只是一个理论假想。反过来说，由一个超大型的科层组织实施覆盖全社会的计划经济，实现起来也是非常困难的，在迄今为止的历史中还没有哪个地方真正实现过。哪怕是苏联经济，其农业经济还是要搞集体经济，并没有把生产资料全部集中到国家层面，因为当时苏联农业生产力状况决定其很难进入这个大科层体系。因此说，现代市场经济体制下科层组织与市场结构一定是相互依存的关系。

制度经济学家罗纳德·科斯曾形容，市场经济就像"一桶牛奶里面漂浮着点点黄油"。这里的"点点黄油"就是指企业，企业是漂浮在一桶牛奶里面的，而"牛奶"就是市场。但市场经济体制是一种制度结构，而不是单纯的牛奶或者单纯的黄油。当然，在市场经济发展的不同阶段，科层组织与市场结构的比重会有差异。在传统市场经济中，科层组织较小，重要性也较低，更接近于原子式市场这个假设；而在苏联式计划经济体制下，社会经济近乎完全被组织成一个科层组织；可见，两者之间的差异是非常明显的。即使是资本主义市场经济体制，在其发展的不同阶段，两者的比重也有很大差别。在现代市场经济条件下，科层制度的作用正逐步增强，不只是企业规模越来越大，一个大企业就是一个大科层组织；而且作为全部社会经济中最大的科层组织——政府，在社会经济中的作用也越来越重要。科层组织与市场结构的关系，可以从两个角度加以考察。从微观角度来看，企业作为市场主体是市场经济这片汪洋大海里面的一个个小岛，其外部经济联系要靠市场来实现。从宏观角度来看，这里存在凌驾于市场之上的政府这个最大的科层组织。对于中国特色社会主义政治经济学来说，政府与市场的关系是其中很重要的内容。

第三节　社会主义市场经济体制的性质与特征

传统政治经济学教科书里没有明确的社会主义基本经济制度概念，但是关于社会主义的基本经济特点有一个统一的说法，可以概括为"三位一体"的公式："公有制＋计划经济＋按劳分配"。改革开放后政治经济学的一个最明显的改变就是对市场经济与社会主义制度之间关系进行了重新认识：社会主义的经济制度里面包括社会主义市场经济体制。

一、社会主义市场经济理论在实践中形成

十月革命以后，列宁开始探索苏维埃国家的管理体制、社会主义企业的管理模式，其发现劳动者个人利益与社会利益之间的矛盾冲突。他在很多场合对工人群众、对党内同志讲演时指出，由于工人刚刚从旧社会中走过来，还受到许多旧社会恶习的影响，这是不能忽视的一个基本事实。[①] 列宁认为工人仅仅考虑个人利益是旧社会恶习，还未认识到个人利益与社会利益矛盾的背后还有生产力原因，不能把问题完全归因于旧社会恶习。如果这一恶习只是旧社会的痕迹，那为什么社会主义经历了百年时间还会有这种痕迹存在呢？事实上，生产力本身的状态决定了生产的社会化发展方式，即必须在对劳动的两种外在强制的框架下构建社会主义市场经济体制，发挥其社会劳动的组织功能。建设社会主义不是生产资料所有制的变革那么简单，不是说生产资料归劳动者共同所有，整个社会就没有个人利益与社会利益的矛盾，就不需要劳动的外在强制了。因此，从这个意义上讲，社会主义的社会化生产还是需要市场经济体制来组织，这是毫无疑问的。而且社会主义不可能跨越市场经济，这是经历了很长时间探索才逐渐认清的。

在列宁领导的苏联社会主义建设之初，苏联共产党打算消灭商品货币关系，但在实践中发现没有商品交换和货币就无法组织社会经济并使之运行。列宁很快意识到这点，意识到工业经济与农业经济的联系、工人与农民之间的经济关系在没有市场交换的情况下是没有办法建立起来的，因此提出"新经济政策"。[②] "新经济政策"的核心就是要利用商品货币关系来组织生产，促进工业与农业、工人与农民之间的商品交换。斯大林主持编写的苏联版《政治经济学教科书》（社会主义部分）肯定了这一

---

① 《列宁全集》第 34 卷，人民出版社 1985 年版，第 342—346 页。
② 《列宁选集》第 4 卷，人民出版社 1995 年版，第 488、533 页。

点。① 工业与农业之间存在交换关系，农产品依旧是商品，社会主义不可能完全消灭商品货币关系。但是苏联共产党人始终没有从这里再往前走，提出社会主义市场经济的概念。他们始终没有意识到市场经济通过商品交换来组织社会劳动的历史使命还没有完成，因而苏联主要依靠一个大科层体制来组织社会生产。在工业化初期，社会生产还比较简单，需求的多样化、产业链条的延长还没有达到一定阈值，计划经济体制能够发挥组织社会生产的功能。但是随着经济的发展和经济关系的日益复杂化，计划经济体制在组织生产方面的不足就愈发凸显。究其原因，在于市场经济存在"两只手"，一只是科层制度，另一只是市场制度。但苏联的计划经济体制只偏重于科层制度"一只手"，将市场制度视为异己的、与社会主义存在矛盾冲突的东西，相当于舍弃了"一只手"。苏联共产党人一直没有意识到这个问题，而中国共产党则解决了这个问题。

邓小平在改革开放初期就明确提出，社会主义可以有市场，资本主义也可以有计划，这两种手段都可以用。② 现代经济需要"两只手"来组织生产，单靠"一只手"是无法与资本主义竞争的。邓小平清楚地意识到不能把自己的手脚束缚住，科层制度和市场制度都是手段，都可以利用。这种认识推动了中国经济体制的根本性转型。经过四十多年的改革开放，实践证明社会主义市场经济体制具有巨大优势，不仅具有更高的效率，能够更加普遍和充分地调动人的积极性，而且在创新激励方面也有很大优势，相较于资本主义市场经济显示出独特的制度魅力。近十年特别是近五年，中国的马克思主义经济学者在阐释中国特色社会主义理论时底气越来越足，就是因为有越来越多的事实证明其观点是正确的。不过现在有些国外的马克思主义者，一些对马克思和恩格斯、对马克思主义经典文献非常了解甚至有深刻理解的学者，都有一个明显的短板，就是他们对社会主义实践的了解不够深，尤其是对中国特色社会主义实践没的理解并不深刻。这里面的核心问题就是，他们没有意识到现代生产力发展的状态决定了社会主义必须利用市场经济。与国内马克思主义者相比，国外的马克思主义者在这个问题的认识上是存在缺陷的，而解决这一问题的关键就在于把制度的发展与当代生产力状

---

① 苏联科学院经济研究所：《政治经济学教科书》下册，人民出版社 1959 年版，第 507 页。
② 《邓小平文选》第 3 卷，人民出版社 1993 年版，第 373 页。

况联系起来。

当代社会主义实践是建立在相对落后的生产力基础之上的。就生产力发展水平而言，中国和苏联在社会主义建设初期都明显落后于同时代的资本主义世界强国。所以列宁说社会主义是在资本主义的薄弱环节上突破的，这是我们在讨论社会主义政治经济学时需要明确的事实。由此就产生了东方社会主义的特点，即其生产力不仅不足以突破市场经济，而且还与发达资本主义国家存在很大差距。这就产生了一个关键问题：落后的生产力使得社会主义面临外部世界的强大压力。进一步来讲，这就产生了20世纪社会主义固有的特点：一开始不得不采取计划经济体制。①必须认识到，中国的生产力水平相比于发达资本主义国家仍然是落后的，因而没有理由说现在就可以超越市场经济。由于没有充分理解生产力发展水平对制度选择的制约，中国社会主义实践也有过失误，这是有很多经验教训的。

二、市场经济体制的首要规律是价值规律

价值规律是市场经济体制的首要规律。价值规律的一般内容涉及社会劳动的合理分配与有效配置、劳动时间节约和劳动生产力不断提高等。价值规律的一般内容适用于人类社会的不同历史阶段，这些内容在市场经济体制下的实现有其特殊的历史形式，它要通过商品买卖、等价交换、供求矛盾，通过市场供求对商品价格的调节，通过市场竞争和优胜劣汰等形式来实现。这里形式与内容的衔接要以劳动价值论的科学理论作为桥梁：商品等价交换以两个商品生产的劳动量相等为前提，商品交换价值的本质是商品价值，商品价值由生产商品的社会必要劳动时间决定。这些都是政治经济学的基本原理。在社会主义市场经济条件下讲价值规律还要补充两点。

第一，对于价值规律的作用形式，一般讲是市场制度，但实质上价值规律的作用是靠"两只手"来实现的，并不是单纯靠"看不见的手"，尽管这"一只手"是决定性的、最基础的东西。价值规律的作用也可以通过"第二只手"，即所谓"看得见的手"来调节。以"看得见的手"执行价值规律的主体是政府，它是凌驾于市场之上的科层组织。

---

① 即使我们知道计划经济主要靠科层制度，并没有充分调动市场活力，但是无论是当年的苏联还是中国在改革开放前三十年里，作出这些选择都有不得已而为之的原因。详见本书第十一章。

政府对市场机制的调节要依靠一些非市场手段来实现，其中最主要的手段是财政收支。这只"看得见的手"是一种强制手段，之所以能够成为贯彻价值规律的"第二只手"，在于这种强制手段是不能随心所欲的，政府在市场经济条件下只有依循价值规律，其所有调节手段才能真正发挥作用，否则就会受到规律的惩罚，这是中外历史已经充分证明的。承认政府的作用才能理解发挥作用的"两只手"，才能认识政府与市场是相互联系、互为补充的关系。理解这一点，对于认识社会主义市场经济体制特别重要。

第二，讲价值规律还要强调，在新中国七十多年的社会主义实践中，人们对价值规律的理解经历了一个漫长过程。最初，中国的社会主义实践模仿的是苏联的计划经济体制，但即使如此，毛泽东和党中央的其他领导同志也一直在探索中国特色社会主义实践道路。毛泽东逐步在实践中认识到价值规律的重要性，他在给一个地方党委的批示里明确提到"价值法则是一个伟大的学校"，我们不能违背它，而是要从贯彻价值规律当中学到很多东西。[1] 这是毛泽东在党的理论中比较早提出的价值规律对于社会主义经济的作用。在当时的历史条件下，毛泽东在关于苏联政治经济学教科书的讲话里曾说过，"我们利用价值规律，是把它作为一个经济核算的工具，作为提高效率的一个工具来用，它不能起决定作用"[2]。这应该是在 20 世纪 60 年代初期他对价值规律的认识。到 1964 年，国内著名经济学家孙冶方在社会主义实践过程中逐步认识到价值规律的作用。在一次会议上，孙冶方提出"千规律，万规律，价值规律第一条"，[3] 这在当时的历史背景下是非常令人震惊的。如前所述，价值规律在市场经济体制下的确是首要规律，"第一条"这个说法完全是有依据的。但是，当时人们还没有意识到社会主义阶段要实行市场经济体制，只知道社会主义阶段有商品交换和商品关系，能够提出"价值规律第一条"，这确实是一个理论突破，而且从理论发展的阶段来看，它具有超越发展阶段的意义。后来孙冶方还以这一句话作为标题写了一篇文章[4]。对此，有学者提出

---

① 《毛泽东文集》第 8 卷，人民出版社 1999 年版，第 34—37 页。

② 《毛泽东读社会主义政治经济学批注和谈话（上）》，中华人民共和国国史学会 1998 年版，第 60—61、70 页。

③ 孙冶方：《千规律、万规律、价值规律第一条》，原文载《光明日报（经济学版）》1978 年 10 月 28 日，https://www.sohu.com/a/320394813_796232。

④ 参见孙冶方：《千规律，万规律，价值规律第一条》，《光明日报（经济学版）》1978 年 10 月 28 日。

不同意见，认为应该是"千规律，万规律，经济规律仅一条"。两个提法看似相像，但实质是根本不同的。后者讲的其实不是价值规律，而是西方经济学的价格规律——价格随着市场供求的波动而波动，并通过波动中的市场竞争实现优胜劣汰。对照之前讲的价值规律的内容和形式可以看到，价格规律充其量只是价值规律的表面形式，这一提法并没有理解价值规律背后的本质内容，即商品价值由生产商品的社会必要劳动时间决定，以及与劳动价值论相关的一系列东西，也就不可能理解这个规律背后的一般内容——劳动时间节约规律。因此，这种提法是只看到形式，没有看到本质。关于市场经济体制的认识要和关于劳动价值论基础上的价值规律的认识结合起来，这是马克思主义政治经济学的必然要求。

总体而言，在四十多年的改革开放过程中，中国共产党对市场经济体制即价值规律的认识是一步步深化的。在改革开放初期，邓小平提出社会主义有市场、资本主义有计划，这时其实已经在设想理论突破了。到20世纪90年代初，党就确立了社会主义市场经济的改革目标。[①] 这个理论认识也一直伴随改革而不断发展。到新时代，以习近平同志为核心的党中央提出社会主义基本经济制度的新概括，把社会主义市场经济体制上升为基本经济制度。[②] 这实际上就是承认价值规律作为市场经济体制的第一条规律，以及在社会主义经济建设中的重要性。党的十八届三中全会决议明确提出，要发挥市场在资源配置中的决定性作用和更好发挥政府作用。

三、公有制为主体是社会主义经济制度的根本特征

我们把社会主义市场经济体制确定为社会主义基本经济制度的基本内容之一，而且认为它是社会主义基本经济制度里最基础的内容，是因为劳动的组织方式是生产关系中最接近生产力的内容。当然，社会主义基本经济制度不仅是社会主义市场经济体制，还包括公有制为主体、多种所有制经济共同发展，以及按劳分配为主体、多种分配形式并存。

---

① 《中共中央关于建立社会主义市场经济体制若干问题的决定》，《党的建设》第1期。
② 《中共中央关于坚持和完善中国特色社会主义制度　推进国家治理体系和治理能力现代化若干重大问题的决定》，《人民日报》2019年11月6日。

为什么社会主义基本经济制度必须坚持公有制为主体。有人认为既然是市场经济体制，那么，是不是公有制经济应该无所谓，只要能发展生产力就可以了，为什么非要坚持公有制为主体呢？对于这个问题，政治经济学可以用资本主义市场经济的历史性悖论来解释。资本主义发展到今天已经形成一个很明显的悖论。一方面，社会化大生产迄今为止仍然以现代化市场经济来组织，而且只能由市场经济来组织，这点如前所述是由生产力发展状态决定的。并且这个生产力发展阶段不是在十年或二十年的短期内就能跨越的，而是需要一个很长的时间。但另一方面，资本主义私有制为主体的市场经济已经成为生产力发展的桎梏，这也是马克思在考察资本主义制度时所反复强调的。一百多年前，马克思就已经非常明确地指出资本主义经济制度的这一特点，即资本主义生产必须由市场经济来组织，但资本主义市场经济却已经成为生产力发展的桎梏。

从微观角度来看，资本倾向的技术进步路径要求保证机器系统对劳动的控制，但技术发展使劳动者在实际生产过程中的控制能力越来越强，这是资本主义不愿看到的结果。这就是资本在技术进步路径方面的固有矛盾。如果有两种科技进步方向可以选择，一种主要依靠劳动者的能力提高，而另一种表现为机器系统的技术含量越来越高、越来越不需要人的操纵，那么资本家一定会选择后一种。从企业层面来看，这种选择似乎没有特殊的意义。但是如果整个社会几百年时间里技术进步总是带有这种偏向，结果就是技术进步对劳动者的技能要求越来越低，劳动者相对于机器而言能力越来越弱，从而构成对生产力发展的制约。整个技术进步总是偏向于物质生产条件提高方向，使得资本越来越强大，而劳动者自身的能力却越来越弱小或越来越片面化，最终形成对生产力发展的限制，或者说构成生产力发展不可逾越的上限。用西方主流经济学的话来说，机器进步的边际生产力将趋近于零。

从宏观角度来看，资本主义的基本经济关系决定了，资本主义社会的收入分配不平等会日益扩大，这就是马克思所说的资本积累的一般规律，它一定会导致工人的相对贫困化[1]和财富与贫困的两极分化。资本主义为生产而生产，导致生产相对过剩而有

---

① 《马克思恩格斯文集》第 5 卷，人民出版社 2009 年版，第 742—744 页。

效需求不足，这一定会酿成一次又一次危机，而资本主义本身没办法解决这个基本矛盾。尽管资本主义采取办法企图缓解矛盾，比如扩大军费开支、扩大非生产性领域的消耗等，但是最终矛盾一定是越积越严重；尽管现代经济中政府干预可以使危机的间隔时间延长，但危机终归是不可避免的。资本主义不可能解决其根本矛盾，这就是资本主义为什么一定会成为生产力发展桎梏的原因。资本主义条件下现代生产力的发展，必须依靠周期性危机的暴力破坏来重新启动。

当代马克思主义者越来越清醒地意识到，人类社会的进步需要有一种根本区别于资本主义的市场经济，它还是市场经济，能适应当代生产力的发展需求来组织社会劳动；但它又和资本主义市场经济不同，可以消除或弱化资本主义的固有矛盾，至少它能保证社会生产力在市场经济条件下的继续发展。这才是保证人类社会美好未来的唯一出路——选择根本区别于资本主义的市场经济来保证社会生产力的可持续发展。国外有一些马克思主义学者，他们看到资本主义生产力发展的固有矛盾，但持一种悲观结论，认为不能再发展生产力和推动技术进步了，否则肯定会导致人类灾难。这种观点是错误的，因为生产力进步永远是历史进步最大的推动力和发动机，而人类社会的潜能还远没有充分发挥出来，它需要生产力的不断进步。生产力进步对于消费完全过剩的富裕阶层来说意义有限，但是对于广大中低收入阶层来说，特别是对于发展中国家众多温饱问题尚未解决的人们来说，仍然是最大的现实需要，是最大的实际利益所在。因此，必须发展生产力！要找到一条可持续发展生产力的道路，这就是以公有制为主体的市场经济，这是一百年来社会主义实践证明的唯一行之有效的方法。经过一百年的社会主义实践，社会主义被证明是可以替代资本主义的先进制度。社会主义市场经济体制不是马上消灭商品货币关系，也不采取单一的公有制经济，而是公有制为主体、多种所有制经济共同发展。它与资本主义市场经济的根本区别就在于以公有制为主体和以按劳分配为主体。

第三章　社会主义公有制的历史特征

所有制理论是马克思主义政治经济学的重要内容，社会主义公有制是中国特色社会主义政治经济学的核心范畴之一。改革开放以来，中国经济学追随实践的步伐，以问题为导向展开全方位研究，在社会主义公有制，特别是社会主义市场经济下公有制有效实现形式的探索中形成一系列创新成果，为拓展马克思主义政治经济学的中国化、时代化作出贡献。与此同时，理论讨论中形成的大量文献观点纷呈、争鸣不断，在一些基础性理论问题上并未达成共识，这有碍于中国特色社会主义政治经济学的系统化建设。本章聚焦社会主义公有制，特别是国有制的几个基础理论问题，在对既有文献作必要的梳理和廓清中展开进一步探讨。问题包括：（1）如何结合社会主义实践正确认识马克思关于未来社会公有制理论的相关论述；（2）怎样概括社会主义公有制区别于共产主义高级阶段的历史特征；（3）如何理论社会主义国家所有制的性质，以及市场经济下国有制和集体所有制的有效实现形式。

第一节　如何理解马克思的未来社会公有制

结合中国的经济体制改革特别是国有企业改革实践，国内学术界对马克思主义经典文献中公有制理论的理解经历了长时间的重新解读过程。

一、所有制和生产资料所有制

商品要交换，商品生产者"必须彼此承认对方是私有者"，即对商品拥有排他性的所有权。"我的，不是你的，也不是你们的；你的，不是我的，也不是我们所有人的。"马克思指出："这种具有契约形式的（不管这种契约是不是用法律固定下来的）法的关系，是一种反映着经济关系的意志关系。这种法的关系或意志关系的内容是由这种经济关系本身决定的。"①德文"eigentum"和英文"property"乃至"ownership"原先是法学用语，可译为财产或财产权。是马克思赋予它们明确的经济学含义，马克思强调透过财产（权）之意志关系和法的关系的外表，聚焦其背后实质上的经济关系——所有制，将这一概念作为表征其历史唯物主义核心内容——生产关系——的重要范畴之一。然而，马克思并不否认，这种经济关系总是通过人对物的意志关系表现出来。这就是诸如"property"或"ownership"这类单词都具有权利意志关系和经济关系双重含义的原因②。

人们对所有制究竟是指全部社会关系的总和，还是单指直接生产过程中的生产资料所有制有过争论。事实上这两种理解并没有矛盾。所有制是指人对物的占有关系。按照占有物分类，所有制包括劳动产品所有制和生产条件所有制，包括消费资料所有制和生产资料所有制。这些所有制关系贯穿社会经济运行的全过程——生产、交换、分配、消费。因此，"给资产阶级的所有权下定义，不外是把资产阶级生产的全部社会关系描述一番"③。然而，生产资料所有制在其中发挥着决定性作用。马克思认为，物质资料的直接生产过程在全部经济过程中处于主导地位，其性质决定其他过程。而直接生产过程的前提是生产条件的分配，生产的物质条件和人身条件的分配方式决定两者的结合方式，进而决定生产中人与人的关系，决定产品的分配，决定特定社会生产

---

① 《马克思恩格斯文集》第5卷，人民出版社2009年版，第103页。

② 马克思为什么用既有的法律术语来描述生产关系。柯亨的解释是，"没有更好的选择，日常语言缺乏更发达的手段，以不带法律的方式描述生产关系"。一方面，严格意义上的财产关系有丰富的概念体系来描述；另一方面，权力的词汇是贫乏的。既然权力和权益在结构上类似，"为了描述权力，用具有特殊意义的权利术语是合适的，与制定像我们的非常复杂的纲领这种语言相比，它当然更方便，虽然概念上不太严格"。"马克思经常在非法律的意义上使用法律的术语，例如，他谈到生产资料在事实上或法律上是农民的财产（马克思：《资本论》第3卷，人民出版社1975年版，第660、770页），谈到生产工具首先是在事实上，然后是在法律上转化为直接生产者的财产（马克思：《资本论》第3卷，人民出版社1975年版，第777页）。这里，非法律的财产也许是一个自相矛盾的概念，但是在马克思使用这一表述时，没有概念混淆的迹象，他使用的短语达到了简明。"（G.A.柯亨：《卡尔·马克思的理论：一个辩护》，重庆出版社1989年版，第241页）

③ 参见：《马克思恩格斯文集》第1卷，人民出版社2009年版，第638页。马克思还说过："私有制不是一种简单的关系，也绝不是什么抽象的概念或原理，而是资产阶级生产关系的总和。"（《马克思恩格斯选集》第1卷，人民出版社1973年版，第191页）

方式的属性。① 比如：资本主义生产方式的基础是两种生产条件的分离，"生产的物质条件以资本和地产的形式掌握在非劳动者的手中，而人民大众则只有生产的人身条件，即劳动力"②。因此，两者必须通过劳动力商品的买卖结合到一起，形成资本主义生产方式和分配方式。生产条件分配中矛盾的主要方面在于生产的物质条件分配，生产资料所有制在社会生产关系中处于核心位置，生产资料公有制是社会主义生产关系的基础。③

按照占有主体分类，在抽象的形式规定上，所有制可以区分为私有制和公有制。私有制是个人或家庭占有财产的制度，公有制则是许多人共同占有的财产制度。而所有制的本质规定涉及占有主体的阶级属性和历史特征。社会主义公有制是指社会主义劳动者共同占有生产资料的所有制关系，它是历史地形成的社会主义经济制度的核心范畴之一，对于社会主义经济制度的性质具有决定性意义。社会主义生产资料公有制是社会主义生产条件分配的核心内容，作为生产的物质条件的分配，它与生产的人身条件的分配不可分割，只有同时考察两种生产条件的分配，才能理解两者相结合的特殊方式，进而充分理解社会主义公有制的历史性质，以及社会主义生产关系的全部内容。④

二、马克思的未来社会公有制

马克思、恩格斯的论著中很少使用"社会主义公有制"概念，他们对未来社会所有制关系的讨论多数集中在完成形态的共产主义社会上。共产主义社会的公有制是在商品货币关系消亡，国家消亡条件下劳动者在全社会范围内自由联合的生产组织形式，是全社会劳动者联合为一个整体的共同占有，即"社会所有制"。⑤

首先，共产主义社会公有制的前提条件是商品货币关系消亡，社会分工不再通过

① 林岗：《社会主义全民所有制研究——对一种生产关系和经济过程的分析》，求实出版社1987年版。
② 《马克思恩格斯文集》第3卷，人民出版社2009年版，第436页。
③ 苏联科学院经济研究所：《政治经济学教科书》，人民出版社1955年版，第27章。
④ 刘永佶：《公有制经济新论：主体、性质、目的、原则、机制》，《中国特色社会主义研究》2004年第3期。
⑤ 王成稼：《关于生产资料公有制理论与公有制概念翻译问题》，《当代经济研究》2006年第1期；智效和：《"过渡时期的公有制"与"社会主义社会的公有制"》，《经济纵横》2009年第4期；程承坪：《公有制与社会主义公有制之辨——兼论国有企业改革》，《中共宁波市委党校学报》2012年第2期。

商品交换来组织，货币这个商品交换的中介也失去存在意义。商品关系的消亡又是以社会生产力发展的特定状况为前提的：一是职业专门化的旧式分工消亡，工农差别、城乡差别以及劳动与体力劳动的对立完全消失；二是生产过程的高度自动化，所有可能为机器替代的人类劳动都由机器完成；三是生产力高度发达状态下物质财富充分涌流，所有人的工作日都极大地缩短。在此前提下，劳动不再仅仅是谋生手段，其作为人的"类本质"所具有的"积极的、创造性的活动"[①]性质得以充分释放，"成为吸引人的劳动，成为个人的自我实现"[②]。人们把自己生命活动的大部分时间用于直接生产过程之外创造性劳动的"自由王国"。由于"直接形式的劳动不再是财富的巨大源泉，劳动时间就不再是，而且必然不再是财富的尺度"[③]。共产主义的劳动者是不受职业分工约束的全面发展的人，他们将"劳动当作'生活的第一需要'"[④]。

其次，共产主义社会公有制的实现需要以国家消亡为前提。国家是人类社会进入阶级社会的产物，只要有阶级和阶级矛盾存在，国家作为一种有组织的暴力机构就有存在的必要。一旦阶级消亡，国家这种管理阶级关系的暴力机构也就会随之消亡；随着国家的消亡，作为现代国家构成要件的政党民主制度也就会消亡。共产主义的劳动者组织不再通过政党、国家此类现代社会的政治组织来实现，而成为纯粹的社会经济组织，成为"自由人联合体"[⑤]。

最后，共产主义社会的公有制是全社会范围的公有制。一方面，全社会劳动者组织成为一个整体，一个统一的自由劳动的生产组织；另一方面，这个劳动者联合体占有并使用全部社会生产资料。共产主义公有制是单一社会所有制，它统一组织全部社会生产，统一分配全部社会产品。由于生产资料的公有制，共产主义社会的劳动者对社会全部生产资料拥有相同的权利，并且在产品分配中"从形式上的平等转到事实上平等，即实现'各尽所能，按需分配'的原则"[⑥]。正因如此，国内有学者主张，将马克

---

① 《马克思恩格斯文集》第 8 卷，人民出版社 2009 年版，第 177 页。
② 《马克思恩格斯文集》第 8 卷，人民出版社 2009 年版，第 174 页。
③ 《马克思恩格斯文集》第 8 卷，人民出版社 2009 年版，第 196 页。
④ 《列宁选集》第 3 卷，人民出版社 1995 年版，第 197—198 页。
⑤ 《马克思恩格斯文集》第 5 卷，人民出版社 2009 年版，第 96 页。
⑥ 《列宁选集》第 3 卷，人民出版社 1995 年版，第 201 页。

思表征共产主义社会公有制的德文短语"gesellschaftliches eigentum"统一翻译为社会所有制。①

这里所说的社会所有制与社会主义公有制，包括全民所有制显然不是一回事。马克思在讨论未来社会所有制时多次使用"个人所有制"概念。最著名的是《资本论》中的那段话："在协作和对土地及靠劳动本身生产的生产资料的共同占有的基础上，重新建立个人所有制。"②这引起国内经济学界的长期争论。有人将此理解为重建个人消费品所有制③，有人将此理解为重建劳动力个人所有权④，有人将此理解为公司制改革中重建个人股份所有制⑤，甚至有人将此作为推行私有化的理论依据。许多人将马克思在这里所提出的生产资料共同占有基础上的"个人所有制"理解为社会主义公有制的内涵或本质，主张以此为依据推进公有制企业改革⑥。这场争论凸显了正确认识社会主义公有制与马克思的共产主义社会公有制的联系与区别的重要性。

事实上，马克思的共产主义高级阶段公有制是生产资料的社会所有制与个人所有制的统一，这是共产主义社会的公有制区别于现实社会主义公有制的重要特点。由此可以明确判定：未来社会公有制的特点并不适用于当代社会。⑦个人从来都是一定历史条件下的个人，在职业分工和阶级划分以后，个人从属于职业和阶级。个人的自由和发展都会受到分工、私有财产和阶级的制约，因而是有局限的和片面的，是不完全的个人。在共产主义制度下，随着"联合起来的个人对全部生产力的占有"，随着私有制、旧式分工和阶级的消灭，每个人都成了无阶级差别的个人、克服了分工束缚和私有财产束缚的个人，成为"完全的个人"⑧。这种共产主义新人将劳动视为生活的第一需要，愿意超出必要劳动时间（这个时间已经因为劳动生产力的充分提高而极大地缩

① 王成稼：《关于生产资料公有制理论与公有制概念翻译问题》，《当代经济研究》2006年第1期。
② 《马克思恩格斯文集》第5卷，人民出版社2009年版，第874页。
③ 吴宣恭：《对马克思"重建个人所有制"的再理解》，《马克思主义研究》2015年第2期。
④ 戴道传：《股份合作制并非是建立在个人所有制基础上的公有制》，《管理世界》1997年第3期；韩立新：《关于"个人所有制"解释的几个问题》，《马克思主义与现实》2009年第2期。
⑤ 王珏：《究竟什么是社会主义公有制》，《当代财经》1998年第10期；李惠斌：《对马克思关于"私有制"、"公有制"以及"个人所有制"问题的重新解读》，《当代世界与社会主义》2008年第3期。
⑥ 程必定：《从社会主义公有制的内涵看企业产权制度的改革》，《学术界》1994年第5期。
⑦ 张燕喜：《马克思"重建个人所有制"论断与我国公有制多种实现形式探讨》，《当代经济研究》2000年第10期。
⑧ 《马克思恩格斯选集》第1卷，人民出版社1995年版，第130页。

短）不计报酬地为社会付出。而共产主义的社会生产力发展，也已经从主要依靠剩余价值积累转化为依靠人的全面发展尤其是创新能力发展。因此，市场经济中劳动者个人不愿意超出必要劳动时间为社会提供剩余劳动的现象得以改变，劳动者个人利益与社会整体利益的矛盾在系统意义上消除。因此，共产主义的公有制不再需要利用"彼此当作外人看待"的"资产阶级权利"，通过按劳分配的形式激励个人劳动，社会所有制内部的产权安排也不需要在社会所有与个人所有之间划清界限。生产资料的社会所有就是个人所有，个人所有也是社会所有。在这种生产资料公有制中，"我的就不是你们的，你的也不是我们的"这种排他性权利和意志关系将不复存在；许多生产工具应当受每个个人支配，而财产则受所有的个人支配。"在那里，每个人的自由发展是一切人的自由发展的条件"①。只有阶级消灭以后，全社会的劳动者才能组织成为一个"自由人联合体"，才能作为无阶级差别的个人联合为"社会个人"从而实现"社会所有制"，也就是"重新建立个人所有制"②。这样的公有制与现实社会主义社会的公有制有实质性的差异，是不能相互混淆的。③

三、"过渡时期"公有制还是社会主义公有制？

根据学者智效和的考证④，"社会主义公有制"这个术语只在恩格斯的著作中出现过一次。尽管如此，马克思、恩格斯对社会主义社会（即共产主义第一阶段）的所有制还是有所论及。恩格斯说过："社会主义的任务，不如说仅仅在于把生产资料转交给生产者公共占有。"⑤马克思在讨论共产主义第一阶段实行按劳分配的同时，也曾设想"一个集体的、以生产资料公有为基础的社会"⑥。马克思、恩格斯都主张在社会主义阶段实行生产资料公有制，这肯定没有问题，但他们似乎对社会主义公有制的历史特征和具体形式并没有给出完整清晰的指示。

① 《马克思恩格斯文集》第 2 卷，人民出版社 2009 年版，第 53 页。
②④ 智效和：《"过渡时期的公有制"与"社会主义社会的公有制"》，《经济纵横》2009 年第 4 期。
③ 程承坪：《公有制与社会主义公有制之辨——兼论国有企业改革》，《中共宁波市委党校学报》2012 年第 2 期。
⑤ 《马克思恩格斯选集》第 4 卷，人民出版社 1995 年版，第 490—492 页。
⑥ 《马克思恩格斯文集》第 3 卷，人民出版社 2009 年版，第 433 页。

其实，马克思和恩格斯对资本主义社会向共产主义社会过渡时期的所有制有过许多讨论。《共产党宣言》就明确指出，无产阶级取得政权以后，要"把一切生产工具集中在国家即组织成为统治阶级的无产阶级手里"①，要"把资本变为公共的、属于社会全体成员的财产"②。恩格斯在与德国社会民主党内部同志的讨论中提出，"在向完全的共产主义经济过渡时，我们必须大规模地采用合作生产作为中间环节，这一点马克思和我从来没有怀疑过"③，"当我们掌握了国家权力的时候，我们根本不能设想用强制的办法去剥夺小农（不论有无报偿，都是一样），像我们将不得不如此对待大土地占有者那样。我们对于小农的任务，首先是把他们的私人生产和私人占有变为合作社的生产和占有，但不是用强制的办法，而是通过示范和为此提供社会帮助"④。总之，马克思、恩格斯关于过渡时期的生产资料公有制提到两种形式：国家所有制和农民合作社经济。至于"能不能一下子就把私有制废除"，恩格斯的回答也很明确："不，不能，正像不能一下子就把现有的生产力扩大到为实行财产公有所必要的程度一样。因此，很可能就要来临的无产阶级革命，只能逐步改造社会，只有创造了所必需的大量生产资料之后，才能废除私有制。"⑤也就是说，过渡时期公有制与私有制还将并存，消灭私有制的任务需要在生产力不断发展、社会化生产不断扩大的条件下逐步实现。这个过渡时期会有多长？他们的回答似乎并不确定。一方面，"无产阶级将取得国家政权，并且首先把生产资料变为国家财产。但是这样一来，它就消灭了作为无产阶级的自身，消灭了一切阶级差别和阶级对立，也消灭了作为国家的国家"，而"国家真正作为整个社会的代表所采取的第一个行动，即以社会的名义占有生产资料，同时也是它作为国家所采取的最后一个独立行动"⑥。从这里看，这个过渡时间应该极短。另一方面，"要消灭私有财产的思想，有共产主义思想就完全够了；而要消灭现实的私有财产，则必须有现实的共产主义行动。历史将会带来这种共产主义行动，而我们在思想中已经认识到的

① 《马克思恩格斯文集》第2卷，人民出版社2009年版，第52页。
② 《马克思恩格斯文集》第2卷，人民出版社2009年版，第46页。
③ 《马克思恩格斯全集》第36卷，人民出版社1972年版，第416、417页。
④ 《马克思恩格斯全集》第22卷，人民出版社1972年版，第580页。
⑤ 《马克思恩格斯选集》第1卷，人民出版社2012年版，第304页。
⑥ 《马克思恩格斯选集》第3卷，人民出版社2012年版，第812页。

那个正在进行自我扬弃的运动，实际上将经历一个极其艰难而漫长的过程"①。从这里看，这个过渡时期又可能极其漫长。

过渡时期的所有制与社会主义的所有制是什么关系？苏联时期的社会主义公有制采取国家所有制和劳动者集体所有制两种形式；中国改革开放以来的所有制结构不仅包括国家所有制和集体所有制，而且实行公有制与私有制并存的混合所有制。这与马克思、恩格斯所预想的"过渡时期"所有制十分相似，两者在理论上是否一回事？有学者反对混淆"过渡时期的公有制"与"社会主义社会的公有制"，强调两者存在质的差别。②那么，社会主义公有制又应当是怎样的？难道它直接等于共产主义高级阶段的公有制？如果是这样，自然而然的推论就是当代中国的公有制还不是社会主义公有制，以至于当代中国的经济制度也还不是社会主义，它只是从资本主义到社会主义的过渡时期制度。这涉及当前中国特色社会主义的历史性质这一重大问题，在理论上显然不能含糊其词。

在马克思和恩格斯的文献中，"过渡时期"这一概念多数明确指向资本主义到共产主义的过渡。在专门讨论共产主义第一阶段分配制度的《哥达纲领批判》中，马克思有一段话谈到过渡时期："在资本主义社会和共产主义社会之间，有一个从前者变为后者的转变时期。同这个时期相适应的也有一个政治上的过渡时期，这个时期的国家只能是无产阶级的革命专政。"③列宁在《国家与革命》第五章"国家消亡的经济基础"中引证，并详细阐发马克思的上述论断，明确将这一"政治上的过渡时期"与共产主义第一阶段的经济制度联系在一起。他写道："在共产主义的第一阶段还保留着'资产阶级权利的狭隘眼界'。既然在消费品的分配方面存在着资产阶级的权利，那当然一定要有资产阶级的国家"，"可见，在共产主义下，在一定的时期内，不仅会保留资产阶级的权利，甚至还会保留资产阶级国家——但没有资产阶级！"④这个国家一定是无产阶级专政。而国家的消亡只有在社会"超出这种使人像夏洛克那样冷酷地斤斤计较，不愿比别人多做半小时工作，不愿比别人少得一点报酬的狭隘眼界"的时候才能实现，

① 《马克思恩格斯全集》第42卷，人民出版社1972年版，第140页。
② 智效和：《"过渡时期的公有制"与"社会主义社会的公有制"》，《经济纵横》2009年第4期。
③ 《马克思恩格斯文集》第3卷，人民出版社2009年版，第445页。
④ 《列宁选集》第3卷，人民出版社1995年版，第200页。

"那时，分配产品就无需社会规定每人应当领取的产品数量，每人将'按需'自由地取用"①。很明显，列宁将无产阶级专政的国家与按劳分配的社会主义经济制度作为不可分割的政治与经济现象联系在一起。在这里，共产主义第一阶段也即社会主义社会，就是资本主义社会到共产主义社会之间的过渡时期。

将"过渡时期"这一术语确定地与"从资本主义到社会主义"的过渡联系起来的是斯大林。在斯大林主导编写的苏联版《政治经济学教科书（下册）》中，有一段话被用来解释上述《哥达纲领批判》中的同一段文字："社会主义经济不可能在资产阶级社会的范围内，在资本占统治地位的情况下产生，因此，为了用社会主义制度代替资本主义制度，在每一个国家中都需要有一个特殊的过渡时期，这个过渡时期开始于无产阶级政权的建立，完成于社会主义革命任务的实现——建成社会主义即建成共产主义社会的第一阶段。"②这样，列宁的理解就被斯大林的解释所修正，并且被此后大多数政治经济学的教科书所沿用。但是，这样的解释是否正确？

首先，列宁在理论上将"迫使人们遵守（资产阶级）法权规范"与"武器工人"，即无产阶级专政这个"政治上的过渡时期"联系在一起，已经明确表达了此处马克思所说的"过渡时期"就是共产主义第一阶段（即社会主义）的意思。其次，经典文献中的"过渡时期"可以作出两种含义的理解：一种是宏观历史尺度上的大过渡概念，如列宁所理解的那样，社会主义即马克思所谓共产主义第一阶段是从资本主义到共产主义高级阶段的"过渡时期"，现在我们认识到它可能要经历数百年甚至更长的时间；另一种是特定时空的小尺度过渡概念，特指从无产阶级夺取政权到建立社会主义时期，在实践中往往只需要几年或十几年时间。关于马克思、恩格斯所说的"过渡时期"的所有制究竟具有怎样的历史性质，如果仅从文本层面解读还得不出明确答案的话，结合百余年的社会主义实践，答案就十分明确了。十月革命以来百余年的社会主义实践使我们有充分理由相信，中国特色社会主义的公有制为主体、多种所有制经济共同发展的所有制关系，在一定阈值范围的量变中具有质的稳定性，将在很长历史时期中存

---

① 《列宁选集》第3卷，人民出版社1995年版，第198页。
② 苏联科学院经济研究所：《政治经济学教科书（下册）》，人民出版社1959年版（普及本），第328页。

在。因此，它已经超出一般教科书所理解的"过渡时期"性质，而成为人类文明的新形态。或者说，已经不能再将其理解为从资本主义到社会主义的过渡时期的所有制关系，而应该理解为从资本主义到共产主义高级阶段的历史过渡中一个必要而漫长的历史时期，即社会主义社会形态的所有制关系。列宁从理论逻辑导出的结论与实践发展完全一致。

第二节　社会主义公有制的历史性质

社会主义政治经济学不能停留在马克思关于未来社会所有制的预言上，更不能停留在苏联教科书的传统解释中，而需要根据实践发展对现实的社会主义所有制进行更加深入的分析和论证。[①]

一、社会主义公有制的内在矛盾

社会主义政治经济学的研究表明，社会主义公有制在直接生产过程中的生产条件的分配方式和结合方式，以及生产中人与人的关系等，具有明显区别于马克思所预言的共产主义高级阶段公有制的历史特点。

首先，社会主义公有制有自身特殊的内在矛盾，这些矛盾在未来的共产主义社会应该是不存在的。在很长时间里，这些矛盾没有得到认真对待，一直到中国改革开放之后才逐步受到关注。[②]樊纲等人强调公有制的内部关系："在定义私有权（及其各种具体形式）时，理论上通常着眼于外部关系或外部界限……而当我们定义公有制或公有权时，我们却只能主要从其内部关系着手"，"公有制中的个人具有二重规定性，它'既是所有者又是非所有者'。这种对立统一关系是'公有权的基本矛盾'"[③]。可惜，作者没有为这种"既是……又不是"的矛盾现象给出合理的解释。在此之前，林岗在对社会主义全民所有制的研究中[④]提出"从业者"概念，其认为在社会主义全民所有制

---

① 吴宣恭：《所有制理论与社会主义政治经济学创新》，《东南学术》1999年第2期。
② 刘世锦：《公有制经济内在矛盾及其解决方式比较》，《经济研究》1991年第1期；高海燕：《经济发展与公有制的变革及演化》，中国人民大学出版社1993年版。
③ 樊纲等：《公有制宏观经济理论大纲》，三联书店1994年版，第20—25页。
④ 林岗：《社会主义全民所有制研究——对一种生产关系和经济过程的分析》，求实出版社1987年版，第27页。

中，全体社会成员除了是生产资料共有者外，"还具有由分工的存在所赋予的特殊的生产职能的专门化承担者，即从业者的基本社会规定性"，而"这种二位一体的社会规定性是理解社会主义全民所有制内部各种复杂关系的重要枢纽"①。对公有制经济中劳动者二重社会规定的认识，是理解公有权基本矛盾的关键。提出从业者概念的理论贡献是：区分了作为所有者的劳动者和作为从业者的劳动者，这是理解社会主义公有制内在矛盾的重要一步。

社会主义公有制的内在矛盾要从马克思生产条件分配理论中寻找答案。有学者很早就主张要明确社会主义公有制中的劳动力个人所有权，认为"必须联系劳动力所有制考察生产要素的社会结合方式"②，因为"生产资料公有制与劳动力个人所有制的结合构成社会主义生产关系的基础"③。此类研究的理论源头在马克思关于生产条件分配对消费资料分配起决定作用的论述中。④ 马克思认为，生产资料（生产的物质条件）与劳动力（生产的人身条件）的结合方式决定一社会形态的生产方式，而生产条件的结合方式又取决于两者的占有方式。生产条件的分配方式是历史地变化的，不仅生产资料会有公有制与私有制的区别，有奴隶主私有制、地主阶级私有制和资本主义私有制的区别，而且劳动力这一生产的人身条件在不同历史时期的占有方式也是不断变化的：从奴隶主对奴隶人身的完全占有，到封建主对农奴的依附式占有，再到资本主义条件下劳动者可以自由处置自己的劳动力，即劳动者个人所有。两种生产条件的不同占有方式决定两者的不同结合方式。马克思预言，在共产主义第一阶段，实行生产资料公有制的同时，生产的人身条件仍然属于劳动者个人所有——"不同等的工作能力，是天然特权"⑤。正是生产条件的这种占有方式，决定了社会主义公有制的历史特点及按劳分配的分配制度。由于劳动者对生产条件的占有方式不同，社会主义劳动者具有所有者与从业者的双重身份。林岗关于从业者概念的提出，同样依据了马克思关于劳动能力是

① 林岗：《社会主义全民所有制研究——对一种生产关系和经济过程的分析》，求实出版社1987年版，第99页。
② 古克武等：《社会主义劳动力所有制与劳动者和生产资料的结合》，《学习与探索》1982年第10期。
③ 倪学鑫等：《对〈劳动力所有制论质疑〉的回答》，《经济研究》1982年第10期；刘永佶：《公有制经济新论：主体、性质、目的、原则、机制》，《中国特色社会主义研究》2004年第3期。
④⑤《马克思恩格斯文集》第3卷，人民出版社2009年版，第435页。

个人"天然特权"的思想。[1] 循着这一思想脉络，笔者曾提出在社会主义公有制中劳动者具有双重人格——既是生产资料共同所有者，又是劳动力个人所有者，认为正是这种生产条件的分配关系，决定了公有制经济内部劳动者整体与个人的利益矛盾，以及个人与个人之间"等量劳动相交换"的关系。[2] 这是一种以劳动为尺度的平等关系，是社会主义条件下协调劳动者整体利益、局部利益和个人利益矛盾的根本原则。社会主义公有制意味着劳动者在生产资料面前人人平等，因此生产中人与人的关系可以概括为"平等劳动"，它包括决策平等、分工平等和分配平等（即按劳分配）等。平等劳动是社会主义公有制的本质规定，是社会主义公有制区别于共产主义高级阶段的历史特征。[3] 从财产权利角度来看，这里存在生产资料公共所有者与劳动力个人所有者之间的排他性占有关系，这种权利与意志关系仍然是"资产阶级权利"。由于这种占有的排他性存在于公有制经济内部，因此可以称作公有产权的"内排他性"。[4] 由于这种权利关系的存在，社会主义公有制的生产组织仍然实行科层等级制，自上而下地对劳动标准和消费标准严格计算与监督；其内部劳动分工遵循"能力主义"原则，不仅有脑力劳动与体力劳动的区分，有技术等级的划分，而且有管理劳动与操作劳动的分野；公有制经济的收入分配实行按劳分配原则。

对劳动力个人所有制概念的责疑由来已久，关键是对共产主义高级阶段劳动力的占有方式将会发生什么样的变化胸中无数。回顾马克思关于未来社会公有制的全部论述，可以看到，马克思认为在共产主义高级阶段，由于生产力发展的一系列新特征，劳动不再仅仅是谋生手段，而成为每个人"生活的第一需要"；"他们能够自愿地尽其所能地来工作"，而不再需要"国家对劳动量和消费量实行极严格的监督"[5]；由于劳动者对劳动态度的这一根本性变化，"社会才能在自己的旗帜上写上：各尽所能，按

① 林岗：《社会主义全民所有制研究——对一种生产关系和经济过程的分析》，求实出版社 1987 年版，第 99—100 页。
② 荣兆梓：《论公有产权内在矛盾》，《经济研究》1996 年第 9 期。
③ 荣兆梓：《论公有产权内在矛盾》，《经济研究》1996 年第 9 期；文魁：《从社会主义本质认识和把握公有制》，《邓小平理论研究》2000 年第 5 期；荣兆梓：《公有资本与平等劳动》，《上海经济研究》2018 年第 12 期。
④ 荣兆梓：《论公有产权内在矛盾》，《经济研究》1996 年第 9 期；张宇：《论公有制与市场经济的有机结合》，《经济研究》2016 年第 6 期。
⑤ 《列宁选集》第 3 卷，人民出版社 1995 年版，第 199 页。

需分配"①。这是一种劳动者个人利益与整体不再有系统性矛盾，生产条件的公共占有与个人占有之间不再具有排他性，进而"资产阶级权利"不复存在的公有制。未来社会的公有制不仅是生产资料公有与个人所有的统一，而且也是劳动力公有与个人所有的统一，这恰恰是"每个人的自由发展是一切人的自由发展的条件"②所不可或缺的所有制基础。一百多年以前，列宁在《国家与革命》中曾经敏锐地指出，"从资产阶级的观点看来，很容易把这样的社会制度说成是'纯粹的乌托邦'"，然而，"伟大的社会主义者在预想这个阶段将会到来时所设想的前提，既不是现在的劳动生产率，也不是现在的庸人"。③社会主义是区别于共产主义高级阶段的独立社会形态，在此社会形态下，社会生产力的发展和人的全面发展都要经历一个很长的过程；在此过程中，社会主义的劳动力个人所有制也会渐进地向共产主义高级阶段的劳动力公有制演变。

二、公有制与市场经济并存

社会主义公有制区别于共产主义高级阶段公有制的另一显著特征是，它处于多种所有制经济并存的市场环境中，与多种所有制经济并存，并且对其他所有制经济具有财产占有权的排他性。因此，不同的公有制主体之间，以及与其他所有制经济都能够进行商品交换。

苏联共产党人在社会主义实践中首先感知商品交换的必要，列宁推行了以国有工业与个体农民的商品交换为主要内容的"新经济政策"。斯大林在农业集体化之后承认：联合起来的社会主义生产者——国家、集体农庄、合作社——之间仍然存在商品交换。④斯大林从公有制本身寻找商品经济存在的条件，发展了马克思主义关于商品经济存在原因的理论。⑤毛泽东肯定了斯大林的这一理论进展，同时指出：斯大林"关于

① 《马克思恩格斯文集》第 3 卷，人民出版社 2009 年版，第 436 页。
② 《马克思恩格斯文集》第 2 卷，人民出版社 2009 年版，第 53 页。
③ 《列宁选集》第 3 卷，人民出版社 1995 年版，第 198 页。
④ 斯大林：《苏联社会主义经济问题》，人民出版社 1952 年版，第 13 页。
⑤ 白永秀、傅泽平：《公有制与商品经济兼容的理论与实践——兼评公有制与商品经济排斥论》，《当代财经》1989 年第 12 期。

商品存在的条件，阐述得不完整。两种所有制存在，是商品生产的主要前提。但商品生产的命运，最终和社会生产力的水平有密切关系"[1]。中国改革开放之初，国内学者就国有企业的独立核算和相对独立的经济利益，强调国有经济内部交换同样具有商品交换的性质。[2]之后，随着中国特色社会主义市场经济的逐步展开，公有制经济与其他所有制经济普遍、全面的商品交换得到充分发展。社会主义公有制不能覆盖全社会生产资料，它与其他所有制一样具有所有权的排他性；这种关系不一定需要"相互承认为私有者"，但的确因产权边界和利益差异而可以"彼此当作外人看待"[3]。因此，社会主义的公有制完全可以嵌入市场经济，通过独立生产者之间的商品交换参与社会化生产的分工体系。社会主义公有制的劳动分工并非仅仅在公有制组织内部，而且还能通过物的普遍联系而嵌入整个社会内部分工。相应地，社会主义公有制具有与共产主义完全不同的历史性质：直接劳动要在个别生产过程中进行，从而劳动者和生产资料的结合要在企业层次上实现。[4]

　　社会主义公有制与市场经济并存的根本原因是，两者具有共同的生产力基础，"生产资料公有制与商品经济是共同建立在社会化大生产基础上的"[5]。这个社会化大生产以市场经济为组织形式，但是，建立在资本主义私有制基础上的市场经济又与社会化大生产产生了尖锐矛盾。社会主义市场经济就是资本主义制度这一历史悖论的产物：社会化大生产的发展还需要市场经济，但私有制为主体的市场经济已经丧失或正在丧失历史的正当性；于是，公有制为主体的社会主义市场经济应运而生。由于马克思的政治经济学研究以完美的理论逻辑证明了商品经济的"自然历史过程"产生资本主义，社会主义者在建立政权之初无不主张尽快消灭商品货币关系，但这一主张在实践中屡屡受挫。例如，苏联模式的计划经济体制通过建立单一公有制最大限度地限制商品货币关系，不可避免地带来组织在社会化生产中过度依赖"大科层"体制，不能

---

① 《毛泽东读社会主义政治经济学批注和谈话》，中华人民共和国国史学会 1998 年版，第 58 页。
② 薛暮桥：《中国社会主义经济问题研究》，人民出版社 1983 年版；周叔莲等：《价值规律和社会主义企业的自动调节》，载《商品生产价值规律与扩大企业权限》，中国社会科学出版社 1980 年版，第 286 页。
③ 《马克思恩格斯文集》第 5 卷，人民出版社 2009 年版，第 107 页。
④ 倪学鑫：《谈谈公有制商品经济的几个认识问题——兼驳私有化主张》，《江淮论坛》1990 年第 1 期。
⑤ 方恭温：《论社会主义公有制与商品经济的结合》，《中国社会科学》1991 年第 3 期。

充分动员人民群众劳动致富的社会主义积极性的缺陷。而中国特色社会主义利用市场经济发展生产力的实践则证明，科层与市场相结合的市场经济体制在现阶段生产力状态下，更有利于调动各方面积极性，从而加快推进社会生产力发展。这里所说的生产力状态不是指新中国成立初期的生产力，也不是指经过数十年建设取得长足进步的中国当前生产力，甚至也不是指当今世界发达国家已经达到的生产力状态，而是从整体上指称人类社会迄今为止所取得的全部生产力成果。人类社会生产力发展的全部成果至今还没有达到马克思所预见的使商品经济消亡的历史条件，例如，大机器生产的自动化未能达到所有"可以让物来从事的劳动"[1] 都由机器来完成的程度；又如，当代生产力所要求的分工形式仍然是职业专门化的旧式分工，脑力劳动与体力劳动、管理劳动与操作劳动的分工还远未消亡；再如，物质财富尚未充分涌流，劳动对于大多数人而言仍然仅仅是谋生手段；等等。在马克思之后的一百多年里，人类社会生产力取得了长足进步，特别是每一次重大的科技革命都会使得社会生产力朝着马克思所预言的方向大踏步迈进；但是，由于世界经济发展不平衡，以及人类需要的体系日益丰富和不断扩大推动生产的体系日益广泛和不断扩大[2]，从而不断向生产的机械化和自动化提出新的要求，也由于资本主义制度对生产力发展的阻碍越来越严重，因而从全世界、全产业链范围来看，当代生产力离马克思所描述的未来社会的生产力水平仍然有很大差距。社会化大生产在很长一个历史时期内还需要由市场经济体制来组织，市场经济仍然是社会劳动分工的基本组织形式。历史需要一种不同于资本主义的市场经济、一种超越资本主义的市场经济，来继续发展生产力。也就是说，社会主义必须登台，但它登上的舞台还是市场经济。回顾中国特色社会主义发展市场经济的经验，我们对于毛泽东关于"商品生产的命运，最终和社会生产力的水平有密切关系"[3] 的论断有了更加全面的理解；结合中国实践，我们对马克思和列宁的过渡时期理论也有了更加明确的认识。

---

[1] 《马克思恩格斯全集》第 30 卷，人民出版社 1995 年版，第 286 页。
[2] 《马克思恩格斯全集》第 30 卷，人民出版社 1995 年版，第 389 页。
[3] 《毛泽东读社会主义政治经济学批注和谈话》，中华人民共和国国史学会，1998 年 1 月，第 58 页。

三、公有制从外部嵌入市场经济

了解社会主义公有制的上述两方面历史特征，就能更好理解社会主义公有制何以从外部嵌入市场经济。所谓"嵌入"，包括两层含义。

一方面，社会主义公有制不是内生于市场经济，而是要由非市场的力量从外部添加到市场经济中去。资本主义市场经济可以局部地、少量地产生工人合作工厂，也可以产生资本主义国家所有制这种形式上的"公有制"，但它不可能产生国民经济中占主体地位的、成体系的劳动者公有制经济。社会主义公有制经济是通过社会主义革命，依靠政治的力量植入市场经济体制的。中国的社会主义公有制经济经过 20 世纪 50 年代的"社会主义改造"，包括国家对官僚资本的没收、对资本主义工商业的"公私合营"，以及个体手工业和个体农业的合作化运动，而得以建立。更一般地说，生产资料公有制的主体不是天然存在的，也不可能通过市场来构建。公有制的所有者主体不是单个的人，而是一个组织，这个组织不可能在市场交易中形成；特别是对中国而言，国有经济的所有者主体是国家，是代表国家意志的政府机构以及作为其领导力量的中国共产党，它们不可能由市场自发产生，并按市场原则组织运作。国家与政党的形成有超越市场的逻辑。

另一方面，社会主义公有制又是可融入市场经济的。这种公有制的历史特征是产权的排他性，它有明确的产权边界。不同劳动者集体的财产相互分开，两个集体之间可以进行市场交易；集体财产与国家财产也是分开的，国家与集体之间也可以进行商品交换；更重要的是，这种产权的排他性决定了公有制经济可以与其他任何市场主体自由交换，与不同所有制经济发生市场联系，进而将根系延伸到市场经济的每一个角落。进一步来说，社会主义公有制还有对内的排他性。公有产权的内排他性产生于市场经济下每个劳动者个人的独立、自由、自主，以及劳动者对生产资料的共同占有，即所谓劳动力个人所有权与生产资料公有制的矛盾，按劳分配原则就体现了这种公有制的内排他性。由于排他性产权关系的存在，两大生产条件（即物质条件和人身条件）的结合可以通过市场交易来实现，公有经济中的劳动大军可以通过劳动力市场的买卖来集结。无论从商品市场还是要素市场来看，公有制都能够融入市场经济。社会主义公有产权的双重排他性，决定了公有制可以融入市场经济体制，从根本上说，两者间并没有不兼容问题。

总之，社会主义公有制是"嵌入"市场经济之中的，其产权主体的形成虽然并不依赖于"抽象劳动的社会中介"，但它与其他市场主体的联系，以及它与劳动者个人结合形成公有经济组织，都需要通过市场交易并遵循等价交换原则来实现。应当全面理解此处"嵌入"二字的含义：既是"植入"，又是"融合"。市场经济仍然是一个完整的体系，但在其"主体"部分，一个公开的、直接的、非市场的社会机构重新登场，这个市场经济已经不同于先前私有制为主体的市场经济了。理解这一点，对于深入理解社会主义经济中政府与市场的关系具有重要意义。

社会主义公有制的进入方式是"嵌入"，因此它并不立刻消灭私有制，而只是将私有制为主体的资本主义市场经济转变为公有制为主体的社会主义市场经济。社会主义公有制的嵌入在所有制结构中要做的是加法而不是减法，这使得市场经济中的所有制关系更加多样化，企业形式也更加多样化了。社会主义是更加典型的混合经济，但它构建的是与资本主义完全不同的混合经济。社会主义以人民为中心的政党和国家有更强大的能力去引导和规制市场经济，社会主义的公有制经济还以其更大规模和更高份额影响并主导市场经济。社会主义基本经济制度筑起抵御金钱侵蚀政治的防火堤，从根本上扭转了价值抽象统治向所有社会领域无限扩张的总趋势。所以说，一个从劳动异化到异化复归的否定之否定过程从此开启，社会主义市场经济与之前的市场经济具有根本性、方向性区别。

当然，市场经济与公有制仍然存在矛盾。一方面，货币拜物教与资本无序扩张具有侵蚀公有制经济的自发倾向；另一方面，传统体制下的公有制实现形式与市场经济还不能有效衔接，公有制经济要实现同市场经济的融合，其本身也必须经过改革，需要探索适合市场经济的企业制度。[①]观察社会主义公有制与市场经济这一对既相互统一又相互矛盾的关系，公有产权对内和对外的双重排他性是一个极好的窗口：它一方面是公有制与市场经济衔接的桥梁与枢纽，另一方面又是公有制劳动平等实现程度的界

---

① 蒋学模：《实现全民所有制经济同市场经济的融合》，《学术月刊》1994 年第 3 期；陈甫军：《公有制与市场若干基本关系分析》，《当代经济研究》1996 年第 4 期。

限。从这里可以观察社会主义公有制内在矛盾的全景。

第三节　国家所有制与集体所有制

一、全民所有制采取国家所有制形式

社会主义的生产资料全民所有制采取国家所有制形式，国家成为全民所有制生产资料的所有者。但是，国家并不是"自由人联合体"。社会主义的全民所有制为什么要采取国家所有制形式？这个问题必须由马克思主义政治经济学来回答。新制度经济学认为，制度差异应当由成本—收益比较来说明。"既然国家这个统一而唯一，并且超越于任何个人之上的社会机构已经存在，全民所有制的统一公有权便很自然地由国家来代表和行使。重新组建另一套机构，是不经济的。"[①] 这种解释既未解释社会主义国家存在的原因，也未讨论国家是否能够，并且何以能够成为全民利益的代表者，其理论逻辑是不周延的。

政治经济学首先强调，由生产力状况决定，专业化分工下体力劳动与脑力劳动的差距仍然存在，市场经济仍然是社会分工的基本组织形式，社会阶级和阶层分化仍然存在，劳动者个人利益与整体利益的矛盾仍然存在。为了协调这些矛盾，全部生产、交换和分配过程中仍然需要"资产阶级权利"的系统性规范，这种规范在一定程度上仍然具有强制和暴力的特征；因此，社会主义仍然需要国家机器，而社会主义国家只能是无产阶级专政的。基于相同的原因，社会主义者要想绕过国家与政党在全社会范围内组织生产资料公有制的权利主体，也存在难以克服的障碍。社会主义劳动者具有双重人格，他不仅是生产资料的共同所有者，而且是劳动力的个人所有者，他们在共同决策中的角色定位具有不确定性。因此，简单的程序民主并不能解决民主政治中所谓"众意"与"公意"的矛盾，不能保证劳动者集体决策始终符合劳动者的集体利益和长远利益。越是大规模公有制经济中此类矛盾越是突出。列宁在十月革命之初主张在工会组织的基础上建立无产阶级国家机构，并提出"工会国家化"的口号，但他很快就在实践中否定了这一想法。[②] 南斯拉夫"劳动自治"的实验表明，企业工人的集体

---

① 樊纲等：《公有制宏观经济理论大纲》，三联书店 1994 年版，第 28 页。
② 参见荣兆梓：《理想与现实的撞击：列宁模式及其理论启示》，《政治经济学评论》2012 年第 9 期。

决策往往偏向于劳动收入分配的当前利益而忽视扩大再生产的长远利益，以至于在宏观经济中造成投资不足和经济增长缓慢的消极后果。解决矛盾的根本出路是激发和引导劳动者的整体意识，保证其在集体决策中更多地站在生产资料公共所有者的人格立场，即卢卡奇所说的阶级意识与历史发展方向的统一①，这只能依靠自觉把握历史方向的马克思主义政党来领导并实现。执政的马克思主义政党通过人民民主政权代表人民掌握全民所有的生产资料，是唯一有效的制度选择。这样，社会主义国家就不仅仅是建立在经济基础之上的政治上层建筑，不仅仅充当亚当·斯密笔下的那种公共秩序的守夜人，而是直接成为社会主义经济基础的组成部分；国家作为全民所有制的所有权主体，成为社会主义生产关系的一个内在环节。②

具体就中国而言，其国家所有制不是劳动者以自由人联合体的形式直接占有生产资料，而是由马克思主义政党领导的国家政权作为全体人民的代理人行使所有者权利。借用经济学代理理论的术语，这是一种主动代理关系：不是如一般委托—代理合约中那样，由委托人提出要约，聘请代理人，而是作为先锋队的中国共产党主动承担起为全中国人民谋幸福的历史责任。③中国共产党坚持以人民为中心的根本立场，在百余年的奋斗历史中建立了与人民群众的密切关系，得到全中国人民的充分信任，因此有资格代表全体中国人民行使生产资料所有权。社会主义国家所有制具有全民所有制的性质，是由党和国家的性质决定的，是由国有经济在七十多年发展中所发挥的作用、所取得的成就体现的。

当然，全民所有制采取国家所有制形式也不可避免地存在两大缺陷。其一，国家机构的行政性运行机制与市场机制存在明显差异，国家政治组织的多重目标与企业组织的单纯经济目标存在差异甚至冲突，因此国有经济在与市场衔接中也存在一系列困难，虽然经过改革，有些问题至今仍没有圆满解决。其二，国有制的主动代理关系中全体委托人自下而上地监督代理人的能力较弱，代理成本较高，官僚主义甚至管理腐败风险始终存在，所以需要加强党的领导，并且依靠企业职工群众的民主监督，来改

---

① 卢卡奇：《历史和阶级意识》，华夏出版社1989年版。
② 林岗：《社会主义全民所有制研究——对一种生产关系和经济过程的分析》，求实出版社1987年版，第81—82页。
③ 荣兆梓等：《公有制实现形式多样化通论》，经济科学出版社2001年版，第180—185页。

善国有经济的内部管理。

二、国家所有制的有效实现形式

实践的社会主义者对全民所有制的探索当然不满足于所有者主体构成这个方面，其更关注国家所有制采取什么样的劳动组织方式和财产组织形式这一更加具体也更加复杂的实践问题。政治经济学将此类问题称作所有制的实现形式，即所有制在其内部具体配置、组织和实施各种产权的格局或方式。[1] 产权制度的改革并不否定所有权的根本作用；相反，它是所有制在特定历史条件下实现自身的要求。这一点也适用于社会主义公有制。所有权权能适当分离几乎成为社会主义经济体制改革理论的基本逻辑线索。[2] 在社会主义市场经济条件下，所有制实现形式的核心内容是企业产权形式。也就是说，将生产资料公有制与公有制实现形式区别开来，对企业提出改革，就是对市场经济下公有制有效实现形式的探索；这是中国经济学对马克思主义政治经济学的重要贡献。[3]

计划经济体制下的国有经济是一个大科层组织，"企业"只是政府的行政附属物。这样的国有制实现形式显然不符合社会主义市场经济的要求。国有企业改革的基本逻辑是：企业应当成为独立自主、自负盈亏的市场主体；因此，国家所有权与企业经营权要实行"两权分离"，"政企分开"成为企业改革的明确目标。改革一开始是在政府行政指挥链上的"放权让利"。但是，行政指挥链上的"放权让利"不可能"放"出一个拥有自负盈亏的市场主体。20 世纪 90 年代，以"产权改革"为核心的现代企业制度建设提上日程，1993 年党的十四届三中全会通过《中共中央关于建立社会主义市场经济体制若干问题的决定》，该决定明确提出："现代企业按照财产构成可以有多种组织形式。国有企业实行公司制，是建立现代企业制度的有益探索。"此后，国内各地陆续开展国有企业的公司制改革试点：一部

---

[1]　吴宣恭：《所有制理论与社会主义政治经济学创新》，《东南学术》1999 年第 2 期。

[2]　刘伟：《所有权的经济性质、形式及权能结构》，《经济研究》1991 年第 5 期；张宇：《论公有制与市场经济的有机结合》，《经济研究》2016 年第 6 期。

[3]　参见晓亮：《改革就是探索公有制的多种实现形式》，《马克思主义与现实》1997 年第 6 期；杨承训：《公有制实现形式的实践和理论创新》，《马克思主义研究》2021 年第 2 期。

分企业通过改制，成为国有股占绝对多数的有限责任公司；另一部分企业通过改制、上市，成为大量利用社会资本的股份有限公司。股份制成为中国的国有制主要实现形式。

股份公司制是资本主义市场经济中形成的一种财产组织形式，它由多个所有者共同出资，承担有限财产责任，形成独立于任何出资人财产的公司法人财产权。公司出资人在让渡现实资本所有权的同时按出资份额取得公司股权，并拥有公司股票。股票的预期收入使其在市场交易中成为有价证券。马克思明确指出，这是一种虚拟资本，其持有者是股份资本的所有者。这样，出资人的"原生所有权"转变成为两个"次生所有权"——股份资本所有权和公司法人财产所有权。股份公司制是资本主义市场经济发展的产物，它既可以协调资本所有者利益，又可以充分调动专业经理人员的积极性，是一种有利于私人资本的财产组织形式。但是，公司制同时也是资本主义私有制"消极的扬弃"[①]。这种清晰界定资本所有者和公司经营者权利的资本组织形式，在国有企业"两权分离"的改革中被充分利用有其必然性。通过公司制改革，国有企业成为拥有完整法人财产权的公司法人，而国家则成为国有股份资本的所有者，即股东；股东代表与公司高层经理人员在公司治理结构中相互制衡，共同分享公司法人权利，在所有者和经营者之间形成基本的权责利平衡。通过这一方式，国有经济"两权分离"的改革终于找到适当的财产形式和法律形式。[②]

公司制度不是单纯的法律关系，公司制改革也不仅仅是界定产权、订立公司章程这些程序性操作。要在新的公司制框架下形成新的经济关系，需要改革在多方面展开扎实有效的工作，包括：完善公司治理结构，探索国有资产监督管理体制，以及在减员增效中改革用工制度，在"抓大放小"中调整国有经济布局和结构，等等。特别地，由于公司制改革将国有资本分为现实营运中的公司法人资本，以及以虚拟资本形式出现的国有股份资本，这就要求国有企业改革必须在"面向市场着力转换企业经营机制"和"积极探索国有资产管理的有效形式"两方面着力，从而对市场经济下探索国有经

---

① 《马克思恩格斯文集》第7卷，人民出版社2009年版，第494页。
② 陈佳贵：《国有企业公司化改造产权关系重组、政企分开和减轻企业负担》，《中国工业经济》1995年第1期。

济的有效实践形式提出更高要求。国有制有效实现形式的探索不再仅仅是企业层面的改革，而且还包括政府国有资本监督和管理机构的更深层次改革。进入新时期，中国社会主义基本经济制度更加成熟完善，公有制为主体的多种所有制经济在合作竞争中也更加协调发展。

三、集体所有制及其实现形式

（一）劳动者集体所有制

集体所有制是局部范围的劳动者共同拥有生产资料、平等劳动并共享成果的所有制。一般来说，一个集体经济组织的成员因职业分工、劳动组织或居住社区等原因而具有较多的"同质性"，相互间有更多理解和信任，因此能够自愿形成劳动者联合体，通过民主自治方式组织生产和经营。集体经济组织内部的协调成本较小，提高劳动平等实现程度的可能性也更高。同时，集体所有制经济毕竟只是局部劳动者共同体，它们从集体的特殊利益出发与其他劳动者集体，以及其他社会经济组织通过市场交换相联系，因而其眼界也不可避免地具有狭隘性。用社会主义公有制双重排他性占有关系的术语来讲，集体所有制与国家所有制相比，对内的排他性较小而对外的排他性较强。[①] 所以说，社会主义公有制的两种类型——国家所有制和集体所有制，各自具有相对的优势和劣势，在制度基因上就具有互补性。

社会主义集体所有制的实现形式具有特别的复杂多样性，与国家所有制相比，其特殊性表现为两点。

第一，所有权主体的身份和范围多种多样。与全民所有制即国家所有制所有权归属的独一无二不同，集体所有制的所有权主体有多种形式，例如，一个企业的全体职工，一个社区（自然村或者村民组）的全体居民，或者生产销售同一种商品或服务的一部分个体经营者，等等。而且，这些集体经济组织的规模也有很大差别。按所有权归属而言，国有制只有一个，而集体所有制有千千万万个。当改革探索市场经济中集体所有制的有效实现形式时，这种所有权主体的选择显然也在探索范围之内。从理论

---

① 荣兆梓：《论公有产权内在矛盾》，《经济研究》1996 年第 9 期。

上说，集体所有制是劳动者集体的所有制，其所有者主体与这个集体经济组织中的从业者应该完全同一，但现实中情况远非如此简单。乡村集体企业可以雇用本村居民之外的打工者，而拥有集体土地所有权的许多村民长期在外打工；各种专业合作社由于入社自愿、退出自由，其合作社社员范围并不是封闭固定的，这些合作社也往往在社员之外聘用工人生产经营。在这些场合，集体经济组织的所有者成员与从业者成员都不是完全重叠的。

第二，政府组织在集体所有制经济之外，却与集体经济组织具有特殊而多样化的联系，这种联系构成集体所有制实现形式的重要内容。恩格斯在谈到未来的社会主义国家应当如何对待农民合作社时，提出农民自愿、政府支持和引导等原则。这其实已经预示了社会主义条件下发展劳动者集体经济所面临的矛盾：一方面，集体经济应当也能够实现劳动者的自治组织，由劳动者集体自主经营；另一方面，国家由于生产关系和生产力两方面原因而对农民集体经济的发展具有高度的紧迫性，有时甚至超过农民自己。国家不可能长期等待全体小生产者自发走上集体化道路，社会主义国家有责任引导和支持劳动者集体经济加快发展，有时不得不直接参与集体经济的组织与管理。这两个方面的协调有一个度的把握，在不同形势下会有不同的表现。比如，苏联的集体农庄在土地国有制前提下通过国家提供大型农机具建立起来；中国在农业合作化运动后不久便建立了"政社合一"的人民公社，这是国家对农村集体经济管得较多的形式；而中国改革开放以来的联产承包责任制和许多农民自发组织的专业合作社，则是政府对集体经济干预较小的形式。理论上可以把前一种形式称作集体经济的"政府代理"模式，将后一种形式称作集体经济的"农民自治"模式。也有学者从另一个角度分类，将前者称作"行政化集体"，将后者称作"市场型集体"。[①] 当前在农村一部分合作社的发展中，仍然存在乡镇政府或村干部深度介入，忽视农民的自主和自治原则，推进过快，重数量轻质量，不能给农民带来实惠等现象，甚至出现徒有虚名的"空心合作社"。各级政府在支持和引导农民合作社发展中，一定要力求做到引导而不强制，支持而不干预，扶助而不包办，要

---

① 高帆：《"集体"的概念嬗变与农地集体所有制的实现方式》，《学习与探索》2019年第8期。

把握好两者间适当的"度"。

基于以上两点，集体所有制的产权形式和经营管理方式表现出更加多样化的特点，其所有制实现形式不仅是产权形式与经营管理方式的有机结合，还涉及所有权归属的变化和集体经济组织与政府基层组织的关系等更多内容。马克思、恩格斯所主张的过渡时期个体农民自愿参加的农民合作社，是集体所有制；苏联时期斯大林推行的集体农庄也是集体所有制；中国农业社会主义改造中形成的农业生产合作社是集体所有制，"政社合一"的人民公社是集体所有制，此后人民公社调整为"三级所有，队为基础"的模式仍然是集体所有制。中国改革开放中由农民自己创造的家庭联产承包责任制是集体所有制新的实现形式，在此基础上发展起来的农村土地"三权（所有权、承包权、经营权）分置"，进一步完善了集体所有制的实现形式。"大包干"后迅速发展起来的乡镇企业有很大一部分是集体所有制企业；而随着市场经济发展而发展的多种形式的新型农民合作经济组织，则是市场经济中集体所有制的又一类有效实现形式。考虑到集体所有制经济产权归属的开放性，经济学需要用一个包括所有权归属、产权代理形式和经营代理方式的三维模型，来全面刻画公有制实现形式的多样性。[①]集体所有制经济的改革是市场经济下集体所有制有效实现形式的探索过程。以下仅就农村集体所有制经济改革的两个重要方面作简略讨论。

（二）农村土地集体所有制改革

改革开放以来，中国农村土地集体所有制改革经历了两个阶段，一是从传统集体化体制到家庭联产承包责任制，二是从家庭联产承包责任制到三权分置。

家庭联产承包责任制改革在坚持集体所有制的前提下，实现了农地制度的自我突破。在不改变土地所有权归属的前提下，家庭联产承包责任制将集体土地的使用与收益剩余权利赋予农户，形成了土地所有权与承包经营权"两权分离"的集体所有制实现形式。[②]这场改革从一开始就超越了行政放权的框架，而具有市场合约下产权变革的性质。家庭联产承包责任制改革先是来自农民自发创造的诱致性制度供给，后在政府政策与法律认可下取得合法地位。家庭联产承包责任制改革的成功更

---

①　荣兆梓：《公有制实现形式特征刻画的多维模型》，《经济研究》2001 年第 1 期。

②　杜润生：《对中国农村改革的回顾》，《中共党史研究》1998 年第 5 期。

多来自制度环境变化下各种力量的共同作用和相互呼应，以及审时度势决策的推动，最终形成中国特色制度变迁方式。

总的来说，家庭联产承包责任制改革是集体农地制度在国家、集体与农户三方间的合约重构。改革将集体农地产权作为可分割的权利束，不同的产权配置方式适应不同的现实需求。[①] 家庭联产承包责任制改革推动农民土地产权不断强化，包括界定清晰的排他性使用权、收益权与部分转让权的获得，使农民获得更为合理的产权预期，极大地调动了农民的生产经营积极性，从而提高农业绩效。家庭联产承包责任制改革最终使得农民获得的承包经营权成为真正意义上的用益物权，成为农民的合法财产权益；围绕农户的承包经营权，在国家、集体与农户三方间实现了农地产权再配置，这是集体所有制的产权改革。[②] 实践证明，在社会主义市场经济条件下探索公有制的有效实现形式，坚持公有制前提下的产权改革是必由之路。

家庭联产承包责任制解放了农村生产力，助推了工业化进程。农业自身发展和工业化城镇化的快速推进，导致人地关系黏度的变化和农业发展方式的重大转型，农业集约化经营要求农地流转，但家庭承包经营权却未能与这一要求接轨；在一段时间里虽然农地流转已成事实，但关于经营权流转的政策和法律界定模糊。因此，农村土地集体所有制改革必须继续推进。2013 年 7 月 23 日，习近平总书记在湖北考察时强调："完善农村基本经营制度，要好好研究农地所有权、承包权、经营权三者之间的关系。"[③]2018 年 12 月修订并于 2019 年 1 月 1 日开始实施的《中华人民共和国农村土地承包法》，正式确定了"三权分置"，界定了"三权"各自的权能和"三权分置"下农地流转方式、流转原则，并对农地"三权分置"作出可操作性的规定。2021 年 1 月 1 日开始实施的《中华人民共和国民法典》，明确了集体土地所有权的主体是"农民集体"，强调了土地承包经营权的身份属性和用益物权属性，增设土地经营权制度。至此，集体所有权、农户承包权和土地经营权分置并行的农村土地制度基本构建。三权分置是中国农地制度改革的又一次重大创新。三权分置改革的制度特征是：落实集体

① 刘守英：《中国农地制度的合约结构与产权残缺》，《中国农村经济》1993 年第 2 期。
② 刘守英：《中国农地制度的合约结构与产权残缺》，《中国农村经济》1993 年第 2 期；周其仁：《中国农村改革：国家和所有权关系的变化（下）——一个经济制度变迁史的回顾》，《管理世界》1995 年第 4 期。
③ 《习近平湖北考察民情　朴实亲民言行引起广泛赞》，中国新闻网，2013 年 7 月 24 日。

所有权，稳定集体成员农户承包经营权，放活土地经营权。三权分置改革既充分维护了承包农户使用、流转、抵押、退出承包地等各项权能，又使得土地经营者对流转土地依法享有在一定期限内占有、使用并获得收益的权利。法律强调在保护集体所有权、农户承包权的基础上，平等保护经营主体依流转合同取得的土地经营权，保障其有稳定的经营预期。这一改革使得农村土地集体所有制的实现形式进一步与市场经济接轨，加快推进农业现代化的步伐。

（三）探索集体所有制有效实现形式

合作社是市场经济中生产商品和服务的经济组织，作为一种市场主体，它与一般企业的主要区别在于拒绝资本主权，不以营利为生产经营目的。合作社是由享受其服务的人（合作社社员）所共同拥有的法人组织，是被服务对象的"人的联合"，因此与作为"资本联合"的公司法人区别开来。合作社产生于市场经济的环境中，是底层劳动群众在市场竞争压力下"抱团取暖"的自救组织。1844年，英国罗虚代尔镇的纺织工人自发组织罗虚代尔先锋社，之后各地相继跟进，逐步普及到全世界的市场经济国家。比较成功的著名合作社有西班牙蒙德拉贡工人合作社集团等。国际合作社联盟总结合作社经验，提出罗虚代尔原则，主要包括：入社自愿、退社自由、民主管理、限制资本、按社员与合作社交易额分配盈余，以及合作社教育等内容。不难理解，确定这些原则的主旨在于维护合作社劳动者主权的根本性质。

合作社具有成员同质性和类型多样性的特点。合作社作为劳动者自己组织的联合体，首先需要有成员之间特殊的共同利益，从而在职业分工深化，阶级和阶层分化的市场环境下以身份特征形成相互认同和行为调协。单个合作社总是由具有共同身份特征的一群人组成，为具有相同身份特征的合作社社员提供服务，即所谓合作社成员的同质性。根据社员身份特征的不同，合作社可以区分为企业职工合作社（工人合作工厂）、社区居民合作社、个体经营者合作社等。根据为社员提供的服务种类不同，合作社又可以区分为生产合作社、消费合作社、金融合作社，以及各种为生产者产前、产中、产后提供服务的合作社。合作社有许多不同类型，这就是所谓的类型多样性。

无论何种类型的合作社，只要其社员是主要靠自己劳动谋生的劳动者，只要其宗旨是为全体社员服务、满足全体社员的需要，那么这个合作社就具有劳动者集体所有制的性质，其管理就应当满足劳动者自治的要求，其分配就应当符合按劳分配原则。所以说，合作社采用的是劳动者集体所有制。马克思曾经说过，工人合作工厂是对资本主义的"积极扬弃"，是"由资本主义生产方式转化为联合的生产方式的过渡形式"①。列宁在苏联社会主义建设初期就明确指出：在苏维埃政权的前提下，"单是合作社的发展，就等于社会主义的发展"②。事实上，作为中国农村基础性制度安排的农地集体所有制，就是土地改革后农民将自己拥有的土地加入合作社而发展起来的。合作社是社会主义集体所有制的实现形式，市场经济下发展和创新各种类型的合作经济组织，是探索社会主义公有制有效实现形式的又一途径。合作社社员身份与范围的差异性，决定了这种集体所有制形式的所有权归属具有开放性和多样性，这是集体所有制实现形式相对于国家所有制更为复杂多样化的重要原因。

传统经济体制下的农村集体经济虽然也曾命名为"合作社"，但因一些历史原因，其逐步演化为"政府代理"模式下的有较多行政化色彩的集体经济，与市场经济下的合作社有许多差异。社会主义市场经济对农村集体经济的发展提出新的要求，在家庭联产承包责任制基础上发展起来的农民合作经济，特别是农民专业合作社，从一开始就具有劳动者自主治理的明确取向，其发展的主流趋势自发地接近罗虚代尔原则。③据此，人们将计划经济体制下形成的、有更多政府代理因素的集体经济称作传统集体经济，而将改革开放以来逐步发展起来的有更多农民自治特色、有更好与市场衔接的合作经济称作新型集体经济。

改革开放以来，中国农村新型合作经济的发展可以以 2007 年为界分为两个阶段。2007 年底，全国在工商系统登记的农民专业合作社为 2.64 万家。到 2017 年 7 月底，全国在工商部门登记的农民专业合作社达到 193.3 万家，约为 2007 年的 73.2 倍，年均增长率达 60%；实有入社农户超过 1 亿户，约占全国农户总数的 46.8%，参加合作社

---

① 《马克思恩格斯文集》第 7 卷，人民出版社 2009 年版，第 499 页。
② 列宁：《论合作社》，载《列宁选集》第 4 卷，人民出版社 1995 年版，第 113 页。
③ 孔祥智：《中国农民合作经济组织的发展与创新（1978—2018）》，《南京农业大学学报（社科版）》2018 年第 6 期。

的农户的收入普遍比非成员农户高 20% 以上。两个阶段农民专业合作社发展速度存在差异的原因至少有两点。一是农村市场经济发育程度的差异，包括农业生产商品率的提高、农村要素市场活跃程度的提高，以及工业化快速推进过程中城乡间市场联系的日益加深。规范的合作社发展需要建立在市场经济充分发展的基础上。二是国家对农民合作经济组织支持和引导力度的进一步增强。2007 年《中华人民共和国农民专业合作社法》颁布实施，开启了中国合作社发展的新纪元。这一立法与农地"三权分置"改革的推进相配合，产生了显著效果。从此，农民合作社有了合法身份，能够作为市场主体与其他类型经济实体进行交易，并开展相关经济活动，[①] 农村合作经济发展走上快车道。社会主义制度在发展农村合作经济方面具有显著优势。在社会主义市场经济中，国家支持合作社发展的政策取向和资源投入，是农村合作经济充满活力、蓬勃发展的必要条件。

经过数十年的改革发展，农村合作经济组织已经形成多种多样的形式，包括：各种农民专业合作社、农机合作社（为了更好地为客户服务而组建的合作社）、土地股份合作社（农户以承包土地折价入股为主组建的合作社）、农村社区股份合作社（农村集体将净资产量化到成员股份后形成的合作经济组织）、企业领办合作社、供销合作社牵头村社合办的合作社和合作联社等。由于实践的丰富多彩和创新的不断涌现，对于现实中合作社的分类很难有统一标准。但如下结论是毫无疑问的：丰富多彩的创新实践是合作社的生命力所在，在中国共产党的引领下，中国农民还将在合作经济发展中创造出更加辉煌的成就。

农业的特质决定了家庭经营在很长时间内还将是中国农业的主要形式，三权分置的土地制度适应了家庭农业从小农户向适度规模的家庭农场的转变，但"小农户"与"大市场"的矛盾仍然存在，家庭经营与社会化大市场衔接仍然存在许多困难，其向现代化农业的发展也因此受到阻碍。集体土地所有制基础上的家庭经营，内在地要求发展合作经济。农民合作经济组织具有四个方面的优势：（1）农民合作经济组织把分散经营的农民联合起来，实现农业生产的专业化、规模化、集约化；（2）农民合作经济

---

① 孔祥智：《中国农民合作经济组织的发展与创新（1978—2018）》，《南京农业大学学报（社科版）》2018 年第 6 期。

组织促进农业产业化发展，加快农民自办农产品加工企业的步伐，完善"公司＋农户"的农业产业化经营模式，促进农村工业发展；（3）农民合作经济组织是为农民提供农业社会化服务的主要承担者，是农业科技化的利用者，有助于推进农业发展方式转变，推进农业现代化；（4）农民合作经济组织是农业市场化的重要参与主体，是解决"小农户、大市场"这一突出问题的根本途径。[1] 所以说，合作社是市场经济条件下劳动者集体经济的有效实现形式。

① 万秀丽：《农民专业合作经济组织中国特色农业现代化的现实选择》,《西北师大学报（社会科学版）》2010 年第 6 期。

第四章　平等劳动及其内在矛盾

第一节　社会主义公有制与平等劳动

一、平等劳动的历史性质

考察社会主义生产资料公有制不能停留在人对物的占有关系的表面，不能忘记人与人之间经济关系的本质，不能忘记平等劳动的本质规定性[①]。劳动平等，即劳动者之间以劳动为尺度的平等，是社会主义公有制经济中最基本的权利关系和意志关系，与这种权利—意志关系相适应的生产关系便是平等劳动关系。平等劳动是社会主义公有制关系的本质内容，是社会主义劳动者在共同占有生产资料基础上形成的决策平等、分工平等、分配平等和发展机会平等的相互关系。它是生产资料公有制的题中应有之义，是社会主义公有制内在矛盾的协调方式，是公有制与市场经济相融合的前提条件，也是社会主义经济制度历史性质的集中体现。平等劳动复杂和丰富的内容需要在社会主义政治经济学的全部考察中逐步展开，本章将从平等劳动的内在矛盾出发对此作初步讨论。

平等劳动是一个历史性范畴，就像社会主义公有制一样，它具有历史的局限性。平等劳动既体现社会主义生产关系的历史进步性质——区别于资本主义的雇佣劳动，它的历史进步性质是不言而喻的，也体现社会主义生产关系的历史局限性——它仍然具有排他性，仍然存在劳动者整体利益与个人利益的矛盾。社会主义的平等劳动实际上建立在等量劳动相交换原则的基础上，建立在承认劳动者的能力差异是天赋权利的基础上，所以它有历史局限性。

因为历史局限性和历史进步性两者同时并存，平等劳动具有深刻的内在矛盾。正

[①]　荣兆梓：《论公有产权的内在矛盾》，《经济研究》1995 年第 9 期。

是这些矛盾在社会生产力发展过程中逐步展开，才形成了社会主义经济过程的丰富内容，构成了它的纷繁复杂以及艰难曲折。因此说，社会主义政治经济学的理论讨论就是对平等劳动的内在矛盾逐步展开讨论。这是马克思主义政治经济学运用辩证唯物主义方法论来讨论社会经济制度的一个基本特点。首先必须承认平等劳动是有矛盾的，这是社会主义政治经济学理论研究的一个前提，如果不承认社会主义经济本身有矛盾，就不可能理解社会主义经济的不断发展完善，不可能理解社会主义作为一个历史过渡时期在社会生产力的不断发展中最终走向共产主义。不理解这一矛盾，所有这些问题都无法解决；不理解这一矛盾，只能看到一个静态的社会，看不到它的发展，看不到它的演化，也看不到它的逐步完善。

二、平等劳动的基本内容

平等劳动的基本内容贯穿整个生产过程的方方面面，这里把它概括为三点。第一，生产资料劳动者公有制决定了全体劳动者对生产资料的平等权利。每个劳动者在使用和处置生产资料的过程当中都具有平等权利，每个劳动者不单是具有共同使用生产资料的权利，而且还具有共同决策的权利，即劳动者要共同使用，就一定要参与共同决策。因为社会主义生产不是你拿一个锄头，我拿一把镰刀，各自独立生产的，它是社会化生产组织，它必须共同使用生产资料，如果不共同决策，大家的意见就不能集中，就不能开展协作劳动，所以一定要有共同决策。进一步来看，共同决策的落实还需要共同管理，平等劳动的权利要表现在决策平等和管理平等上。因此本质上来说，在决策过程和管理过程中，这个公有组织的全体劳动者应当拥有平等的权利。这是劳动平等的第一个含义——决策平等、管理平等。

第二，社会主义条件下劳动者个人利益与公共利益有矛盾，因此，公有制经济内部存在等量劳动相交换的权利关系，这种等量劳动相交换的权利表现为平等劳动的核心内容。社会主义的平等劳动是一种历史现象，主要表现为社会主义劳动平等不是别的平等，是等量劳动相交换的平等，是所有人对自己劳动能力拥有天赋权利的平等，是建立在自己劳动基础上的平等权利。这种平等权利体现在生产和分配过程中。劳动者共同决策以后要在各个岗位上分头去工作，才能够完成共同的生产目标，因此有分工问题。在社会主义公有制经济组织中，劳动分工贯彻一种平等的关系，叫作分工平等，它其实就是所谓"各尽所能，按劳分配"中的"各尽所能"：一个人有什么样的能力，就干什么样的活，比如他是一位机械方面的专家，那就操纵机器。分工平等表现为按照劳动能力去优化劳动配置。劳动者的岗位不一样，但这不违反平等原则，因为社会主义集体在进行劳动配置的时候，在进行分工的时候，会事先考虑个人的业务能力及能力差异。这样一种分工平等的原则是最大限度地优化劳动配置，从而有利于整体利益；是按能力分工，从而有利于提高整体效率。其实它与微观经济学讲的优化资源配置的意思是相通的，只不过前者指的是劳动力资源配置。按劳动能力去分工，要有一种与此相匹配的产品分配，就是按照劳动贡献去分配。劳动者对集体的贡献大，集体给劳动者的报酬就多，劳动者的劳动收入也就越多，这就是按劳分配。"各尽所能，按劳分配"，是连在一起讲的。它的权利的根据是什么？同样是承认个人的劳动能力是天然权利，是劳动力个人所有权。因为劳动者个人拥有自身劳动力的所有权，他把劳动力交给社会去使用，为社会作了贡献，社会就要给他相应的报酬。这种平等其实和分工平等的内涵是一样的，也遵循等量劳动相交换的原则和承认个人劳动能力是天赋权利的原则，即劳动力个人所有权。这当然是社会主义经济制度最体现其历史特征的方面。

第三，平等劳动的概念不仅仅是决策平等、管理平等、分工平等、分配平等，它还有一个很重要的方面，就是劳动能力发展的机会平等。一开始人们没有注意到这一面。[1]《哥达纲领批判》中只讲到人的能力是天赋权利，人一生下来能力就是不一样的，有人聪明一些，有人愚钝一些，有人体力强一点，有人体力弱一点，这个区别是不可否认的。但是，人的能力形成还有一个很重要的方面，就是后天学习；通过后天学习和训练，能够提高人的能力。如果个体后天学习的机会不平等，有些人的发展机会更多更好，会影响他的劳动能力形成，进而影响其劳动报酬，这里面很显然还是存在不平等。特别是对收入与财产的代际传递来说，存在一个很大的平等问题。所以，在社会主义的劳动平等里面，应该加入劳动者能力发展机会平等的内容。平等原则要延伸

---

[1]　荣兆梓：《论公有产权的内在矛盾》，《经济研究》1995年第9期。

到劳动力的再生产过程。我们还是承认劳动力个人所有权，但是对于劳动能力中后天形成的部分，社会应该提供平等机会，让大家都有平等的发展条件，这样只要个人努力学习，就能更快提高劳动能力。我们需要把平等的起跑线前移，这也是平等劳动本身应有的内涵。

从平等劳动基本含义的讨论中不难感知，这个经济学范畴是实然与应然的对立统一体。首先，平等劳动是社会主义经济制度之实然。在社会主义公有制经济内部，共同占有生产资料的劳动者从一开始就存在这种劳动平等的相互关系。由于消灭了生产资料的私人所有制，公有制经济内部不再有阶级剥削和阶级压迫关系，全部劳动者在生产资料所有制的基本关系中是平等的；即使分工有别、岗位不同，他们在生产劳动和收入分配中都具有以劳动为尺度的平等权利。不仅如此，由于公有制经济的"普照之光"，平等劳动原则还渗透到社会经济的各个方面，在全社会范围内形成一种以平等劳动为主体的基本经济关系；平等劳动成为社会生产关系发展的基本方向。其次，平等劳动又是社会主义发展不懈追求之应然。由于平等劳动的内在矛盾以及社会主义阶段生产资料所有制的多样性，平等劳动关系的实现是不充分的，不仅在社会主义生产关系形成之初是不充分的，而且在此后发展的全过程中也总是存在不充分性。平等劳动的发展有阶段性，其实现程度需要随着社会生产力的发展和经济体制的完善而不断提高，平等劳动实现程度的提高将贯穿社会主义制度发展全过程。

第二节　平等劳动的矛盾与解决矛盾的途径

一、劳动者二重人格与共同决策难题

在劳动者双重人格背景下，共同决策体现整体利益的功能是有限度的。单纯从决策权利来看，一人一票的表决制度，似乎体现了平等权利，一人一票，我的一票与你的一票没有贵贱之分。但是，如果考虑到决策目标，那就可以肯定地说，一人一票的表决制并不是一种完美的民主形式。在劳动者人格二重化条件下，平等决策的权利并不能直接决定每个劳动者以什么样的人格出现在决策中。在行使共同决策权利时，劳动者理应以共同所有者的身份出现，从共同利益出发共商大计。但这事完全取决于每个劳动者个人。如果多数人以劳动力个人所有者的身份参与决策，首先关心个人利益，

想在公共决策中谋取个人利益最大化，那集体决策就成为个人利益之间的讨价还价，这能够体现共同利益吗？有人认为，民主表决遵循少数服从多数原则，最终决策一定会体现多数人利益。但是票决民主的实践表明，事情并不一定如此，这在西方民主政治实践中已经表现得非常充分。卢梭在《社会契约论》中早就指出，众意和公意存在矛盾。[1] 由于劳动者具有双重人格，社会主义公有经济中这个矛盾依然存在。有人主张在集体决策中引入市场机制，对每个表决方议案标价，让每个人的投票权变成货币权，但实验的效果并不理想。美国经济学家肯尼斯·阿罗写过一本小册子，用严格的数学形式证明社会决策的"不可能定理"[2]，这样的个人选择过程最终未必产生出符合集体偏好的社会决策。说到底，这个共同决策是需要的，但是如何保证共同决策体现全体劳动者的整体利益和长远利益却是一个难题。特别是现阶段的社会主义市场经济中，阶级关系仍然存在，阶级矛盾虽然不是主要矛盾，但它始终存在。社会决策的不确定性更高，仅仅一个票决民主，不可能保证国家发展的社会主义方向。

问题的解决需要一种集体利益优先的政治文化，或者说意识形态。只有在共同决策过程中多数参与者受这样一种文化的引导和支配，把公平正义、共同利益当作决策需要遵循的首要原则，而不是把个人利益放在首要位置，这才能诱导劳动者以共同所有者的身份参与决策过程，提高公有制经济集体决策的质量。列宁在《怎么办》这一经典文献中指出："科学社会主义思想不能在工人群众中自发形成，而需要由外部'灌输'。"[3] 十月革命以后，一些西方马克思主义者，如卢卡奇、葛兰西等人，对此也都有深刻分析。集体主义的社会意识并不否认个人利益，而是强调涉及公共利益的时候，需要有一种政治道德、社会意识，强调集体利益优先，引导劳动者以公共所有者的身份参与决策过程。

资本主义的民主政治，强调个人自由神圣不可侵犯，每一个投票人都是为自己利益而投票，这天经地义。资产阶级利用个人自由至上原则控制民主程序的制胜法宝就是金钱。选举是要花钱的，它需要的巨额选举经费保证亿万金主有办法将不确定性转

---

① 卢梭：《社会契约论》，钟书峰译，法律出版社 2012 年版。
② 肯尼斯·阿罗：《社会选择与个人价值》，四川人民出版社 1987 年版，第 110—112 页。
③ 列宁：《怎么办》，载《列宁选集》第 1 卷，人民出版社 1995 年版，第 317 页。

变为某种形式的确定性。金钱是资本主义民主政治中不可或缺的方向盘。即使如此，资本主义国家的普选民主仍然经历了漫长的发展过程。一直到20世纪才逐渐在主要国家完成。正如列宁所说，帝国主义阶段的主要资本主义国家已经成为"有力量收买本国工人上层分子的剥削国家"①，它们从全世界搜刮财产，有本钱去收买工人、贵族，国内阶级关系的界限模糊了，这个时候，资产阶级才允许实行普选制。资本主义民主政治的案例表明，多数人意见不一定代表多数人利益。

社会主义民主也需要一个法宝，以保证劳动者平等决策能体现劳动者公共利益，这个法宝就是集体主义的政治文化和社会意识。这需要一种制度设计、一种社会机制来引导劳动群众，从历史进程的规律性认识中理解阶级利益，开发并引导劳动群众自觉的阶级意识，以保证多数人在共同决策中能够坚守公共所有者的人格底线。这个机制其实就是共产党的领导。

二、分工平等与管理平等的矛盾

劳动平等的权利像所有的平等权利一样是一种不平等的权利，平等劳动的内在矛盾就是在这种平等与不平等的对立统一中展开的。这一点马克思在《哥达纲领批判》②里讲得很明白。这个矛盾具体表现为管理劳动与操作劳动的分工悖论。平等劳动的权利承认个人劳动能力的差异，因此在劳动组织中承认按劳动能力组织分工的原则，这个原则既符合劳动者社会的整体利益，也符合劳动者社会的平等原则，即承认个人能力是天赋权利。但是这种承认不平等前提下的平等权利能否延伸到公有制经济的决策和管理当中？是否能够拓展到管理劳动与操作劳动的分工层面？所谓"能者上，庸者下"，管理平等的权利又体现在哪里？如果不能把这个原则延伸到管理过程中，是否就意味着取消管理劳动和操作劳动的分工？因为劳动对于多数劳动者而言还仅仅是谋生手段，在共同劳动中总会有人倾向于机会主义行为，如偷懒、搭便车等，因而没有计量与监督的集体劳动是没有效率的。而且，取消管理劳动与操作劳动的分工，则公共事务无分巨细都要经过全体成员一人一票地表决，这种制度安排在实践中能否行得

① 列宁：《列宁选集》第3卷，人民出版社1995年版，第416页。
② 马克思：《哥达纲领批判》，载《马克思恩格斯文集》第3卷，人民出版社2009年版，第434—435页。

通？这样一种制度安排对于劳动者社会的效率有没有影响？这样一种制度安排会不会导致生产力的普遍下降？新制度经济学也讨论过团队生产的监督和计算问题，认为最有效率的制度安排是，将监督权和团队生产的剩余索取权同时交给一个人[1]。这样一种制度安排其实就是私有制，一个资本家老板成为整个团队的监督者，在整个过程中他都会全神贯注，因为团队剩余都是他一个人获得，所以他一定会努力去监督劳动者。公有制如果采取这个办法那就蜕变为私有制了。从另一个角度来说，这种制度安排就是效率最高的吗？未必！因为在强调监督者积极性的同时，这种制度安排并没有考虑劳动者的主动性和积极性。这是一个此消彼长的关系，只顾监督者积极性的一头，而不考虑劳动者积极性的另一头，未必是效率最高的制度安排。

三、公有产权代理制

在公有制基础上解决问题的办法，叫作公产代理制，即选择一个全体劳动者能够接受的监督者来行使监督职能。这个监督者要接受全体劳动者的监督，不是说把所有权交给他，而是将监督的职责交给他，让他去监督全体劳动者的劳动并计算他们应得的报酬，而且他必须受到全体劳动者的监督。这是一种一个人监督所有人，而所有人又监督一个人的制度，叫作公有产权代理制度，简称公产代理制。这个监督人就是公产代理人。代理这个概念是从西方经济学借鉴来的，西方经济学关于代理有一些定义，比如说，从信息的角度去解释，等等。从信息不对称角度来看，代理人属于信息优势方。政治经济学中关于代理概念的界定，可以从人与人之间普遍的权力利益关系出发，其中一种利益关系就是你的行为能够影响我的利益，于是就出现委托人授权代理人，让代理人来维护自己的利益，这样就形成了代理关系。一般情况下，代理制是由委托人选择代理人，双方形成一种市场合约，我们把如此形成的代理关系叫作受动代理。而一个公有制组织请一个人来作为代理人并进行管理，这个人对组织全体成员负责并且受到组织全体成员的监督，向后者报告管理的工作等，这就是公产代理制。

首先来分析这个公产代理制的性质。它是不是一个公平的制度？是不是符合劳动

---

[1]　阿尔钦、德姆塞茨：《生产、信息成本和经济组织》，载《财产权利与制度变迁》，上海三联书店、上海人民出版社1994年版，第59—87页。

平等的原则？对于代理人而言，他是劳动者的一份子，受到全体劳动者的监督，在平等劳动关系当中与其他劳动者的地位是平等的。正如刘少奇对时传祥所说的：你当清洁工人是人民的勤务员，我当主席也是人民的勤务员。[①] 对代理人而言，他与其他劳动者的地位本质上是相同的。比如说，国有企业的管理者与普通劳动者，回归公产代理制中代理人和劳动者关系的本质，其身份是相同的。但是，某些国有企业的管理者会认为自己是"老板"，原因何在？这是因为公产代理人身份有其特殊性，即公产代理人作为专业的管理者，作为公有产权所有者主体的代表，同时行使财产管理权和劳动管理权。公产代理人在全体劳动者中作为拥有特殊分工位置的个体，与其他成员相对立。因此，在公产代理制度确立后，公产代理人个体利益与整体利益之间就会产生矛盾；全体劳动者之间的相互监督可能演变为一个人对所有人的监督，致使公有制组织的管理平等关系发生变化。虽然这个变化不是实质性变化，但至少在制度构架的形式上已经发生变化。经济学和管理学一般讲自上而下的委托代理关系，即企业中所有者对管理者、管理者对普通员工的委托代理关系。而公有制经济还要讲自下而上的委托代理关系，即全体劳动者对管理者、对公产代理人的委托代理关系。这就是双向代理制。这是一种双向监督机制，在代理人监督劳动者工作的同时，管理者本身也会出现工作懈怠，因此自下而上的监督机制是不可缺少的。在严格执行双向监督的小规模劳动组织中，这种平等劳动的制度可以叫作自治的平等劳动，即全体劳动者拥有自主权，自主决定谁能够成为他们的代理人，并对代理人的工作进行监督。这个时候的平等劳动仍然是一种自治的平等劳动，尽管已经出现管理劳动者和其他劳动者在权利层面的差异，但委托人与代理人的关系没有产生太大变化。

四、大规模公产组织的双向代理链与科层的平等劳动

但是，在大规模公产组织中双向代理链的发展并不平衡。代理人的特殊地位在自治的平等劳动中已经存在，并且随着劳动组织规模的扩大，代理人个体利益与整体利益之间的矛盾会逐步发展。这就催生了新的制度安排。在大规模的劳动集体中，民主

---

① 时传祥，新中国十大劳模，20 世纪五六十年代北京崇文区粪便清除工，具体事迹参见"难忘初心"系列专题片：《一人脏换来万人净——时传祥》，共产党员网，2019 年 7 月 5 日。

决策的成本较高，这决定了全体会议制度向代表会议制度和多层代表会议制度演变。一开始，选择谁作为代理人，代理人要达成什么样的管理目标等问题，还可以通过定期的全体大会表决来解决。但随着集体规模的继续扩大，举办全体代表大会的可能性越来越小，就产生了新的制度安排，即代表会议制度，由每个劳动者小组派代表参加代表大会，甚至通过多层次的代表会议实现自下而上的民主权利。随着代表会议层次的增多，代理人和委托人之间的距离越来越远，而代理人的权利和责任也就越来越大。新的制度衍生出新的矛盾，当基层的委托人已经很少有机会与他的代理人直接接触时，多层代表会议制度就使自治的平等劳动逐步演化成科层的平等劳动。虽然它同样存在双向监督，但由于自下而上的代理链条过长，监督力度开始变弱，而自上而下的监督管理作用就单方面凸显出来。

随着公产代理制的发展、公有制组织规模的扩大，公产代理制度逐步向多层次代理制度演化，出现了两条很长的委托代理链，公产代理制开始改变管理平等和决策平等规则，使得少数人的决策权利有可能凌驾于多数人之上，自上而下的权利事实上超过了自下而上的权利。不管怎么讲，公产代理制度与平等劳动理论的最初构想之间产生了矛盾。因此，平等劳动在实践中需要有另外一些制度安排来防止代理制可能会出现的极端问题。问题的根源来自平等劳动本身的矛盾，这一矛盾不是外部输入进来的，虽然外部环境也会产生影响，但外因是次要的，内因才是根本。

必须承认平等劳动本身存在的矛盾：一方面，劳动者之间是平等的，这是基础性制度安排；另一方面，从制度运转的实际出发，要实行公产代理制，这个制度本身会导致一系列矛盾，出现所谓科层的平等劳动这样一种矛盾现象。要防止出现公产代理人脱离人民群众的风险，要反对官僚主义、防止公权私用、防止官员腐败等。实际上列宁已经开始考虑这些问题，考虑怎么防止出现国家机关脱离人民群众的问题。在他生前口授的一篇文章中，建议改组工农检查院来防止国家机器的官僚化倾向。[①] 中国在这方面也作出很大努力，例如，加大反腐力度，建立国家监察委员会制度，等等。我们既要正视矛盾存在的现实，同时也不能对前途过于悲观。正视矛盾，积极进取，历

---

① 《列宁选集》第 4 卷，人民出版社 1995 年版，第 779 页。

史进步的规律仍然是不可逆转的。

第三节　共产党领导是公有制的根本制度安排

一、劳动者利益与马克思主义政党

关于什么是人民利益，不同的社会科学理论有不同的理解。马克思主义唯物史观认为，工人阶级的利益，进而大多数劳动人民的利益，是和历史发展方向一致的。因此，揭示历史发展规律的科学理论与唤起劳动者阶级意识是同一件事情的两种表达；马克思主义的科学性与阶级性是统一的。中国共产党的奋斗目标与其为人民服务的宗旨同样是高度统一的，这是它作为使命型政党的基本特征。

但是，工人阶级、劳动者阶级的阶级意识并不是天生就有的。尽管这个与历史发展方向相统一的阶级利益是客观存在的，但是劳动者个人并不会从一开始就认识到这一点。劳动者会自发地为了自身利益去斗争，比如说，通过罢工的形式争取增加工资，但这个时候他还没有具备自觉的阶级意识，在多数劳动者还没有理解历史方向与阶级利益的统一性的时候，这个阶级还是自在的阶级；只有当科学社会主义理论在工人群众中广泛传播，工人阶级意识到自身利益与历史发展方向的一致性时，这个阶级才会从自在的阶级升华为自为的阶级。关于这一点，列宁在十月革命之前就有明确的认识，他在《怎么办》一书中，讨论党在沙皇统治的俄国如何开展工作，认为要出版宣传社会主义思想的刊物，要把科学社会主义思想宣传到工人群众中去。他用了一个概念叫作"灌输"，他说社会主义思想在群众中是要灌输的。[1]

需要强调的是，科学理论的建设和传播不可能一劳永逸。党必须与时俱进地提出适应形势发展的理论、方针，不间断地向人民群众宣传党的主张，灌输先进思想。劳动者阶级从自在到自为的演进，是一个逐级上升的动态过程。社会主义历史阶段的情况也同样如此。社会主义公有制经济中劳动者双重人格的存在，要求集体决策中集体主义文化的主导，需要代表历史发展方向的先进思想的引导。而这，只有以马克思主义为指导思想的中国共产党能够做到。中国共产党需要在社会主义革命和建设实践中

---

[1]《列宁选集》第 1 卷，人民出版社 1995 年版，第 317 页。

不断总结经验，集中人民群众的智慧与创造，推进马克思主义中国化，并且把中国化时代化的马克思主义、中国特色的社会主义理论源源不断地灌输到人民群众中去，正确引导社会主义事业的发展方向，营造集体主义主导的政治文化和社会氛围，进而保证公有制经济行进在社会主义的轨道上。

二、公有产权代理人与中国共产党

大规模公产组织的代理人，不是靠一人一票选出来的。经济学事实上认为，任何大规模集体都存在所谓的集体行动悖论。当代经济学的一些名著，比如道格拉斯·诺思的《经济史中的结构与变迁》、曼瑟尔·奥尔森的《集体行动的逻辑》，都曾讨论过这个问题。奥尔森说，客观上存在大集体利益，但是这个大规模集体利益怎么才能够实现，对于主流经济学来说是一个难题。集体不可能自发地一致行动，首先要找到集体利益的代理人，这个选择过程是有成本的。所有的委托人要达成一致意见需要成本，即使是开会讨论也需要有人召集，召集人同样面临成本—收益的矛盾。所以说，对一个大规模集体来说，存在代理困境。就算是大家已经选出代理人，这个代理人的行动仍然要计算成本—收益。谁愿意来牵头做这个事？这就是集体利益的代理困境。[①] 这个集体行动的逻辑难题对于劳动者集体利益来说更加突出，因为劳动者的人数总是更多的。

奥尔森认为，这个问题不是没有办法解决，他根据西方民主政治或议会政治的实际，提出一个解决问题的思路：会有一些政客或者说政治家率先发现客观存在的集体利益，比如矿工的利益、医生的利益、律师行业的利益，或者说石油产业的利益，等等。集体利益其实有很多，想怎么分类都可以。这些搞政治的人看到这里客观存在的、没有实现的集体利益，存在一个很大的利益空间，就会主动出来组织一个团体或一个政党，来谋取这个特定的集体利益。有趣的是，奥尔森认为，这些政治家或政客，因为从一开始就将主动权掌握在自己手里，事成后可以为自己分配一个较高的利益。一旦争取集体利益的"事业"成功，政治家可以有一个比较大的分成，也就是说，这些

---

① 曼瑟尔·奥尔森：《集体行动的逻辑》，上海三联书店、上海人民出版社1995年版，第39—41页。

人可以把争取某一个集体利益的事情当作一个企业来办。我先投资，之后实现了很大的利益，我就成为有功之臣，可以出任某个协会的主席、某个政党的领导，从而拿到这个利益当中的一个较大份额。奥尔森认为这种机制在西方民主政治里面普遍存在，他把这些人叫作政治企业家，他认为政治企业家机制是解决大规模集体利益的有效机制。[①] 这是一种非常特殊的代理制度。在正常的情况下，委托代理关系由委托人主动提出，然后找代理人谈判签订委托代理合约，代理人其实是受委托人之邀被动接受委托关系的。所以说，正常情况下的委托代理应该是一种受动代理。奥尔森提出的这个机制不需要委托人主动委托，而是由政治企业家主动去做代理人，可以把它称作主动代理。它不是由委托人主动去推进的，而是由代理人主动推动的，由代理人主动承担代理人责任。代理人甚至不需要和委托人签订什么合约就把事情做了，成功之后当然全体都有好处，但是他要多分一点，他得到一个额外的报酬，这就是所谓的主动代理关系[②]。

奥尔森的政治企业家理论仍然是建立在理性个人主义这一基本假设基础上的，即每个人都为自己的利益去做事，采用这样一个机制，使得代理人可以得到利益，所以他愿意去做这件事。但是理性个人主义理论对于解释这个问题明显是有缺陷的。因为对于一次性合约安排而言，这样的解释可能有一定的合理性；但从长期来看，委托人和代理人之间的这种契约关系其实是无法保持的。做了一点事情要就要从集体中获得较大份额的回报，委托人为什么要认账？这个代理人到底是为集体谋利益还是在从集体攫取利益？所以，尽管奥尔森提出一个理论，但它其实并不是一个完备的理论。即使是从西方国家的政治实际来看，这个理论也未必有很好的解释力。尤其是对于社会大变革时期的政治家，他们中许多人的行为不可能从个人利益角度出发去解释。政治过程与市场过程存在较大区别：市场过程把理性个人行为作为一个基本理论假设，尽管不能完全与事实相吻合，但是大体上符合实际；而政治过程并不是这样，对于政治过程中采取行动的人物，特别是在革命时期投身革命运动的政治人物而言，完全用理性个人主义去解释其实也不符合历史事实。

---

① 曼瑟尔·奥尔森：《集体行动的逻辑》，上海三联书店、上海人民出版社 1995 年版，第 214—217 页。
② 参见荣兆梓等：《公有制实现形式多样化通论》，经济科学出版社 2001 年版，第 176—180 页。

像中国共产党这样的一个政治组织，它的产生、它和人民群众之间的关系，理论上应该怎么去解释，这是社会主义政治经济学要面对的一个非常重要的理论问题。中国共产党的理论强调历史发展方向与劳动者长远利益的统一，这需要中国共产党人为之终身奋斗。如果从个人利益出发，在建党之初那个腥风血雨的时代，入党、参军是九死一生的事，怎么能够用理性个人主义理论去解释中国共产党的主动代理？这里面根本不存在主动代理人所谓的更高回报等。中国共产党人只有一个利益取向，那就是毛泽东所说的"为人民服务"。无数共产党人为了民族解放，为了人民利益牺牲了自己的生命，根本无法去计算他们的个人利益和他们的付出之间的关系。所以政治经济学理论可以引入主动代理理论，认为用主动代理理论去解释党和人民群众的关系是有用的，但是不接受西方经济学用理性个人主义去解释主动代理理论，去解释主动代理的运行机制。我们认为这里有更深层次的理论依据可以解释这个现象。

三、为什么是中国共产党

中国共产党成立于 20 世纪初，彼时整个国家民族正处于大动荡、大变革时期。历史的危机激发了中华文明蕴含的家国情怀和浩然正气，许多中国知识分子强烈意识到"天下兴亡，匹夫有责"，纷纷投身于救亡图存的革命中，他们从爱国主义出发，去寻找救国救民的真理和道路。其中，五四运动以后，有很大一批先进知识分子选择了马克思列宁主义。彼时苏联社会主义制度的建立给人们提供了一个非常明确的信号：落后国家要想赶超，要想摆脱这种被动局面，马克思列宁主义是最好武器。根据现在看到的资料，在中国共产党建党前一年的 1920 年，全国各地已经出现许多共产主义小组；显然，它拥有深厚的社会基础。

当然，马克思主义者与其他不同的社会理论也有争论，如无政府主义、三民主义及其他各种各样的主义等。甚至在中国共产党第一次代表大会（简称中共一大）期间，党内的同志坐到一起，仍然存在思想上的分歧。当时中共一大代表中有几个人主张党主要应该研究马克思主义，成为一个研究团体。虽然研究马克思主义也很有益，也很重要，但是中共一大代表中多数人认为不能只做研究，共产党人不能只解释世界，而要改变世界，投身工农运动当中。中国共产党人深刻地认识到，中国需要一个马克思主义政党领导的社会主义运动，而且决心投身这个运动中，领导中国人民走上解放之路。这就是中国共产党人的初心。从这个时候开始，中国共产党就是国家利益、民族利益、广大人民群众利益的忠实代理人。在这里，"主动"二字完全适用，用经济学语言来说，这就是主动代理。作为代理人，中国共产党承担起两个角色：一是领导者，二是先锋队。它不光领导人民，而且在运动中冲锋在前，流血牺牲，无私奉献。共产党人自己站出来承担历史责任，用"主动代理"四个字来形容共产党的行为是恰当的。

为什么在那个时代是中国共产党，而不是其他组织站起来领导中国人民走上幸福之路？除了指导思想不同外，它还有一个很重要的特点：那就是中国共产党人是为了信仰可以牺牲自我的人，是那种总是将"大我"放在"小我"前面的人。因此他们可以冒着杀头的危险、流血牺牲的危险，投身革命。一般而言，人的利益取向中利己性和利他性始终是同时存在的，严格来说并不存在绝对利己主义者或纯粹利他主义者。每个人都有自己的偏好。有的人可能把集体利益、国家利益、民族利益放在前面，认为个人利益是次要问题，为了国家可以牺牲个人利益；而有一些人的想法恰好相反，把个人利益放在首位，为了个人利益可以出卖集体、出卖民族，甚至出卖国家。因此，单纯用理性个人主义解释与现实不符，存在很大的片面性。在一个规模足够大的人群里，将集体利益放在首位的人总是存在的，而且总有一定的比例。在特殊历史时期，在某种客观环境的催生下，这部分人就会涌显出来，就会集合起来。如果这些人有拥有一个共同的信仰，坚信马克思列宁主义可以救中国，就形成了中国共产党人的特殊品格。

理论逻辑与历史逻辑相统一的理论才有说服力。中国共产党的一百多年历史足以证明，其理论概括完全符合事实。中国共产党人领导中国人民实现从站起来到富起来，再到强起来的伟大飞跃。中国人民对国家的前途充满信心，中华民族伟大复兴曙光在前、前途光明。

四、忠诚与信任：代理成本的视角

中国共产党与中国人民的关系可以用两个词来概括：一曰忠诚，一曰信任。中国共产党始终坚守初心，忠诚于自己的事业，尽管这个过程有曲折，但其初心不改。正是因为共产党人这一百多年的表现、一百多年的成绩，一百多年以来和人民群众的血肉联系，所以中国人民信任她。因为她实实在在地给了人民群众好处，使人民有获得感，有幸福感，这就解释了为什么七十多年来，这个执政党在老百姓当中的地位会如此之高。美国一家知名公关公司进行了一个各国民众对本国政府信任程度的调查，中国老百姓对中国政府的信任达到90%以上，在受访国家中排名第一位。[1] 由此可见，中国老百姓的眼睛是雪亮的，他们看得到共产党这么多年做了什么，有什么成绩，给老百姓谋了什么利益。老百姓相信中国共产党，而信任的前提是什么？是中国共产党忠于自己的承诺。

从经济学视角来看，既然是代理关系，就存在代理成本问题。怎么降低代理成本、提高监督效率？大规模公有经济的监督其实很困难，因为在中国这样一个大国中，14亿人口作为委托人的人数如此巨大，委托人怎么去有效监督代理人呢？在这个方面，中国到目前为止还有很多工作要做，比如说信息的公开、自下而上的监督制度的完善，也包括自上而下的代理链上的代理成本，中央政府对各级机构和官员的有效监督是不是到位，等等。但是笔者认为，不能只从制度和法制上看问题，这当然是代理成本的一个很重要的方面，但是还有一个更重要的东西，就是代理人的理想信念、意识形态、主观动机与委托人利益之间的契合度。如果说党内多数人，包括党的领导层自觉将民族复兴、人民幸福当作自己的终身事业、自己的最大追求，那代理成本就会极大降低。当然不能保证说每一位党员都能符合要求，但是一百多年的实践证明，至少中国共产党里面这样的人是绝大多数，中国老百姓相信"为人民服务"这五个字可以代表共产党。

中国共产党的权力是谁给的？是中国人民给的。如果没有人民的信任，如果不能真正为人民服务，中国共产党就没有这个权力。信任不是单纯靠投票表决才能表现出来的，这不是根本的东西，根本的东西是真正在为老百姓谋福利，而且始终如一这么做。一个人做一次好事不难，难的是一辈子做好事；一个政党也是如此，一百年做好事，两百年做好事，这个才是最难的。如果能够做到这一点，人民群众的信任便自然

---

[1] 《美国信任度调查报告：中国民众对政府信任度达95%》，光明网，2020年7月26日。

而然地建立起来了，权力的合法性便坚不可摧。

　　由社会主义公有制本质规定的平等劳动，具有其历史性质所固有的矛盾：一是劳动者二重人格导致的集体决策的困境，二是分工平等与管理平等的悖论。公有制需要加装特殊的制度构件才能保障其正常运转和正确方向。一是要营造集体主义的决策文化与社会氛围，以保障集体决策符合劳动者整体利益与长远利益；二是要利用公有产权代理人制度，在保证公有产权代理人忠诚尽责的同时，提高公有制经济的管理效率。两个方面的制度需要同时指向一个更高层次的理论命题：中国共产党领导是中国特色社会主义最本质的特征。没有中国共产党领导，就没有社会主义公有制；没有中国共产党领导，就不可能保障公有制的主体地位；没有中国共产党领导，公有制经济也不可能始终坚持社会主义方向，在社会主义市场经济体制下做强、做优、做大。

第五章　国企改革：探索公有制有效实现形式

国有企业改革就是在市场经济下探索国有制有效实现形式。把社会主义公有制与公有制实现形式区别开来并提出改革，就是探索市场经济下公有制的有效实现形式，这是马克思主义政治经济学在改革实践中的重要贡献。[①]

回顾历史，国企改革的实践始终与马克思主义政治经济学社会主义公有制理论以及公有制实现形式理论的发展相伴而行，表现出典型的理论指导实践、实践创新理论的辩证关系。中国特色社会主义政治经济学的发展无疑借鉴了其他流派的经济理论，但指导国有企业改革的基本理论是马克思主义政治经济学；有关国企改革的方针政策、法律法规，不仅在精神实质上始终秉承中国化时代化的马克思主义，而且在话语体系上也与中国特色社会主义政治经济学一脉相承。一大批中国的马克思主义经济学者参与到企业改革理论的探索中，为推进改革进程作出重要贡献。本章将迄今为止的国有企业改革过程划分为四个阶段，分阶段回顾其在理论与实践互动中的进展，试图给出这一历史过程的大致脉络。

第一节　放权让利的改革（1978—1993年）

一、企业理论和企业改革

马克思在《资本论》中没有使用企业概念，但他深入系统地讨论了单个资本的行为特点和运行规律：资本以剩余价值为目的，通过购买生产资料与劳动力商品组织生产，通过市场流通实现再生产循环等。《资本论》事实上隐含着资本主义企业理论的完整内容。特别是，马克思用"两种分工"理论阐释市场经济下劳动分工的组织形式，

[①]　晓亮：《改革就是探索公有制的多种实现形式》，《马克思主义与现实》1997年第6期；杨承训：《公有制实现形式的实践和理论创新》，《马克思主义研究》2021年第2期。

将资本置于"工场内部分工"与"社会内部分工"相衔接的场景①，与现代制度经济学将企业理解为活动于市场交易网络中的科层等级制组织的观点异曲同工。从这个意义上说，马克思的企业理论比科斯的企业理论早了一百年②。但是，社会主义政治经济学一开始并没有引入这个理论，因为社会主义一开始没有接纳市场经济。计划经济体制下的国有经济是一个大科层组织③，它片面利用了一种分工形式而限制另一种分工形式的作用，自然不适用于企业理论。国有经济内部的工厂、商店和银行等经济组织都是国家的"行政附属物"，通过行政性的上下级联系，从国家那里"统一调拨"生产要素和劳动产品，所有这些经济组织都是由国家直接经营的，它们在同一个大科层的行政指挥链上生存，而不依赖于市场交易网络。所以说计划经济体制下没有企业，传统的社会主义政治经济学也没有企业理论。

20世纪70年代末开始的中国经济体制改革逐步明确社会主义市场经济体制的目标，必然提出社会主义政治经济学的企业理论。社会主义市场经济需要一个由独立自主、自负盈亏的市场主体构成的微观基础，根据这一理论线索，企业应当是市场中自主经营、自我发展的独立主体。国有企业改革由此发生。老一辈的马克思主义经济学家蒋一苇在1980年的一篇文献中率先提出"企业本位论"④，该文献是国有企业改革理论的开创性文献。文章强调国有企业应当成为"自主经营、自负盈亏的市场主体"，进而把国家所有权与企业经营权相分离的问题提上改革日程。"政企分开"成为中国企业改革的明确目标取向。1984年党的十二届三中全会通过《中共中央关于经济体制改革的决定》，提出：增强企业活力是经济体制改革的中心环节。根据马克思主义理论和社会主义实践，所有权和经营权是可以适当分开的。过去因为长期政企职责不分，企业实际上成了行政机构的附属物。按照政企职责分开、简政放权的原则进行改革，是搞活企业和整个国民经济的迫切需要。"要使企业真正成为相对独立的经济实体，成为自主经营、自负盈亏的社会主义商品生产者和经营者，具有自我改造和自我发展的能力，

---

① 《马克思恩格斯文集》第5卷，人民出版社2009年版，第406页。
② 荣兆梓：《企业性质研究的两个层面——科斯的企业理论与马克思的企业理论》，《经济研究》1995年第5期。
③ 列宁称之为"国家辛迪加"。参见《列宁选集》第3卷，人民出版社1995年版，第202页。
④ 蒋一苇：《企业本位论》，《中国社会科学》1980年第1期。

成为具有一定权利和义务的法人。"①这样做不仅不会削弱反而会有利于巩固和完善社会主义的全民所有制。将政企职责分开从而扩大企业自主权、增强企业活力，成为这一时期国有企业改革的指导方针。

然而，这一时期的改革理论存在局限性。主要表现为，这一改革事实上只是在国家大科层组织框架内推进，仅仅将其理解为通过政府机构"简政放权"来扩大企业自主权，通过允许企业利润留成来调动企业劳动者的积极性。这样的改革不触动国家大科层的行政体系，而只是在国家大科层的行政指挥链上重新分配企业的权、责、利，它可以使得权力重心下沉，却不可能生成自主经营、自负盈亏、自我发展的市场主体。

二、放权让利的改革实践

按照在行政性放权框架内的"两权分离"理论，中国的国企改革最初十余年经历了从企业扩权试点到利改税，再到普遍推行的企业经营承包责任制等一系列试验。企业扩大经营自主权的改革：一方面向企业下放权利，允许其在完成国家计划的前提下从市场寻找机会，扩大生产，增加收益；另一方面向企业让利，允许企业在利润中留下一定比例，用于自身技术改造、改善职工福利和发放奖金。利改税将企业上缴国家的利润改为一定比率的税收，税后利润由企业自主支配。到20世纪90年代初，企业经营承包责任制已经普遍推开，政府主管部门与企业之间的经营承包合同成为调节政企权责利关系的主要方式。改革取得初步成效，表现为扩大了企业生产，也调动了企业职工的积极性。但这一阶段改革的缺陷也逐步暴露，主要是放权让利改革不可能改变政府与企业之间的行政属性关系，向"政企分开"目标的推进实质上进展有限。普遍推开的企业经营承包责任制越来越表现出行政协调自我完善的倾向。政府作为发包方为了纠正企业目标短期化等不合理现象，不断增加承包指标的内容，越来越详细地规定企业必须承担的各种各样的具体责任，从而使得企业利润增长和资产保值指标被庞大而周密的指标体系所包裹，一年一度的承包合同变成政府对企业过多干预的新形式。即使如此，承包合同仍然不能改变企业"负盈不负亏"的基本事实，由于企业没

---

① 《中共中央关于经济体制改革的决定》，《十二大以来重要文献选编》（中），人民出版社1986年版。

有自己的财产，它在市场经营中就不可能承担任何亏损责任，更不用说企业破产。这与企业在超额完成利润指标时得到奖励的规则具有基本的"制度不对称"，以至于一些企业在经营过程中把国家的所有者权益也损失掉了①。大科层组织内部的放权让利改革不可能"放"出一个拥有独立产权的市场主体，与政府签订承包合同的"企业"从一开始就是一个主体不明确的含糊概念。企业留利的用途虽然包括发展生产，但事实上主要用来奖励企业员工，特别是企业经营者。这种倾向很快就在宏观数据中得到反映。整个 20 世纪 80 年代一直到 90 年代中期，企业增收更多地向劳动者报酬倾斜，出现了"工资侵蚀利润"的普遍现象②。中国国有企业长期发展后劲不足从一个侧面反映了这一阶段改革固有的缺陷。90 年代以后，由于其他所有制经济的快速发展，市场竞争压力导致国有企业出现大面积亏损，其体制缺陷和改革滞后的问题充分暴露，调整改革策略已经迫在眉睫。

第二节　建立现代企业制度（1993—2003 年）

一、产权理论与探索所有制有效实现形式

实践证明，单纯依靠大科层体系下管理权的下放，不可能完成国有企业所有权与经营权相分离的任务。企业必须拥有独立的财产权才有可能在市场经营中自负盈亏。国企改革改进行到深处是产权。③ 如何在坚持生产资料公有制前提下实现国有企业自主经营是改革的一大难题。所有权的权能是可以进一步细分的，马克思在《摩尔根古代社会摘录》中提到所有、占有、支配、使用之间的区别和联系④。中国学术界自 20 世纪 60 年代开始就在马克思主义政治经济学框架内讨论这个问题，1978 年后讨论得更为广泛。⑤ 由于改革实践的需要，20 世纪 90 年代，西方制度经济学的产权理论在国内迅速传播，并被用于中国改革研究，形成大量文献。引进和消化吸收西方制度经济学的合

---

① 洪虎：《关于公有制实现形式的认识》，《中国工业经济》1998 年第 1 期。
② 戴园晨、黎汉明：《工资侵蚀利润：中国经济体制改革中的潜在危险》，《经济研究》1988 年第 6 期。
③ 常修泽：《中国企业产权界定》，南开大学出版社 1998 年版。
④ 《马克思恩格斯全集》第 45 卷，人民出版社 2003 年版，第 382 页。
⑤ 参见蒋学模：《关于生产资料的所有权、占有权、支配权和使用权的探讨》，《社会科学研究》1981 年第 4 期。

理成分，有益于马克思主义所有制理论的具体化。国内许多马克思主义政治经济学研究者参与这一理论的借鉴与创新努力中[①]。制度经济学将产权理解为一组权利束，因此产权（property rights）是一个复数概念，是可拆分、可组合的，比如财产所有权的多种权能，包括狭义所有权、占有权、支配权、使用权和收益分享权等。政治经济学承认所有权权能的可分离性和可重组性，并非否定所有权的根本性质；相反，是把这种分离视为所有权在一定历史条件下实现自身的要求。这一点也适用于社会主义公有制。所有权权能适当分离，几乎成为社会主义经济体制改革理论的基本逻辑线索。[②] 中国农村的土地制度就是一个极好的案例。当前农村土地所有权与经营权之间就存在承包权，这是中国农村改革的创新。进一步说，这些细分的权利未必都要集中在所有者手中，产权所包含的权利既可以属于同一主体也可以分属于不同主体，以便利用其他经济主体来提高生产资料的效率和利得。[③] "产权制度是所有制的具体化"，在既定所有制框架内对产权的划分和配置便形成了具体的产权制度；同样的生产资料所有制在不同时间和空间条件下可以形成不同的产权制度。[④]

所有制的实现形式是一种所有制在其内部具体配置、组织和实施各种产权的格局或方式。[⑤] 给定所有权归属，以所有者利益为目的的产权形式与经营方式的有机结合即所有制实现形式。在不同的生产力条件和体制环境下，同一种公有制的有效实现形式有所不同。这涉及所有制与产权形式、经营方式的相互关系。一般而言，产权形式的选择受所有权主体利益的制约，而经营方式的选择则往往是产权形式的延伸。所有制实现形式的核心内容是企业产权形式。改革的根本命题是统一公有制与市场经济发展对财产制度的要求。[⑥] 市场经济的企业产权形式，即企业财产组织形式或者说资本组织形式，主要有业主制、合伙制；公司制和合作制，改革实践表明，其中公司制是最适

---

① 参见刘伟、李风圣：《产权范畴的理论分歧及其对我国改革的特殊意义》，《经济研究》1997 年第 1 期。
② 刘伟：《所有权的经济性质、形式及权能结构》，《经济研究》1991 年第 5 期；张宇：《论公有制与市场经济的有机结合》，《经济研究》2016 年第 6 期。
③ 吴易风：《社会主义市场经济重大理论与实践问题》，《学术研究》2017 年第 4 期。
④ 关于产权制度和产权改革，国内经济学界存在两种完全不同的解释。与马克思主义政治经济学解释完全不同的另一种解释将产权制度等同于所有制，国有企业的产权改革解释为所有权归属的根本改变，即所谓"民营化"，也就是私有化（张维迎，1999）。
⑤ 吴宣恭：《公有制实现形式及其多样化》，《中国经济问题》1998 年第 2 期。
⑥ 刘伟：《所有权的经济性质、形式及权能结构》，《经济研究》1991 年第 5 期。

合的国有制实现形式。① 国家所有制的实现虽然有多种形式，包括国有独资、国有控股、国有参股的有限责任公司或股份有限公司，但它们的共性特征是均采用公司制。在公司制框架内，所有权与经营权的分离具有规范样式，全世界的公司治理结构都有大致相同的性质与特点。

二、股份公司制是国有制有效实现形式

1993 年党的十四届三中全会通过《中共中央关于建立社会主义市场经济体制若干问题的决定》，将建立现代企业制度设定为国有企业改革的方向。该决定概括了现代企业制度的基本特征，第一条就是产权关系明晰。"企业中的国有资产所有权属于国家，企业拥有包括国家在内的出资者投资形成的全部法人财产权，成为享有民事权利、承担民事责任的法人实体。""现代企业按照财产构成可以有多种组织形式。国有企业实行公司制，是建立现代企业制度的有益探索。"国有企业的产权改革由此拉开序幕。1997 年，江泽民在党的十五大报告中，将现代企业制度的特征进一步提炼为"产权清晰、权责明确、政企分开、管理科学"十六个字，提出要"对国有大中型企业实行规范的公司制改革，使企业成为适应市场的法人实体和竞争主体"，并指出"股份制是现代企业的一种资本组织形式，有利于所有权和经营权的分离，有利于提高企业和资本的运作效率，资本主义可以用，社会主义也可以用。不能笼统地说股份制是公有还是私有，关键看控股权掌握在谁手中。国家和集体控股，具有明显的公有性"②。其间，各地陆续开展国有企业的公司制改革试点，一部分企业通过改制成为国有股占绝对多数的有限责任公司；另一部分企业通过改制上市成为大量利用社会资本的股份有限公司。随着企业改制的推进，股份制逐步成为中国国有制的主要实现形式。经过近三十年的持续努力，到 2021 年底，中国国有企业公司制改革基本完成，中央党政机关和直属事业单位所管理的企业中公司制企业占比达 97.7%，地方国有企业中公司制企业占比达 99.9%。③

---

① 黄焕章：《股份制——社会主义全民所有制的好形式》，《经济研究》1989 年第 4 期。

② 江泽民：《高举邓小平理论伟大旗帜，把建设有中国特色社会主义事业全面推向二十一世纪》，载《江泽民文选》第 2 卷，人民出版社 2006 年版。

③ 《历史性突破！国有企业公司制改革基本完成》，新华社，2022 年 1 月 17 日。

股份公司制是资本主义市场经济中形成的一种财产组织形式，它由多个所有者共同出资并承担有限财产责任，形成独立于任何出资人财产的公司法人财产权。公司法人是法律拟制的人格。公司出资人在让渡现实资本所有权的同时按出资份额取得公司股权，一方面可以在公司治理中投票表决、参与决策；另一方面可以分享公司股息、红利。股票的预期收入使其在市场交易中成为有价证券。马克思明确指出，这是一种虚拟资本，其持有者是股份资本这种虚拟资本的所有者[1]。这样，出资人的"原生所有权"转变成为两个"次生所有权"——股份资本所有权和公司法人所有权。有趣的是，在两个"所有权"中，一个是出资人以自然人人格拥有虚拟资本，另一个则是法律拟制的公司法人拥有现实营运中资本。[2] 这种复杂的财产组织形式是资本主义市场经济发展的产物，它既可以协调共同出资的资本所有者的利益，又可以在减少投资风险、保证出资人利益的前提下，赋予公司经理人更多权利，充分调动其经营积极性。显然，这是一个有利于资本主义私有制的财产组织形式，但它同时也成为资本主义私有制的"消极的扬弃"，因为股份公司制中资本"直接取得了社会资本（即那些直接联合起来的个人资本）的形式，而与私人资本相对立"[3]。这种清晰界定资本所有者和公司经营者权利的资本组织形式，在国有企业改革中被充分利用有其必然性；只是人们没有想到，它在公有制经济中的最先用途并不是将许多小规模资本联合到一起，而是将一个超大规模的国有资本分割为许多独立的公司法人资本，使得国有企业成为具有独立财产权的市场主体。通过公司制改革，大中型国有企业成为拥有完整法人财产权的公司法人，而国家则成为国有股份资本的所有者，即股东。股东代表与公司高层经理人员在包括股东会、董事会等在内的公司治理结构中相互制衡，共同分享公司权利，在所有者和经营者之间形成基本的权责利平衡。正如马克思所说，"与信用事业一起发展的股份企业，一般地说也有一种趋势，就是使这种管理劳动作为一种职能越来越同自有资本或借贷资本的所有权相分离"[4]。至此，国有经济"两权分离"的改革终于找到适当的财产

[1] 《马克思恩格斯文集》第7卷，人民出版社2009年版，第528—530页。
[2] 荣兆梓：《论公司法人财产权的性质》，《江汉论坛》1994年第6期。
[3] 《马克思恩格斯文集》第7卷，人民出版社2009年版，第494页。
[4] 《马克思恩格斯文集》第7卷，人民出版社2009年版，第436页。

形式和法律形式。[①] 将股份制形式运用于国有企业改革，无疑是马克思主义政治经济学的又一创新成果。

三、建立现代企业制度的改革是复杂的系统工程

马克思认为，所有制不是单纯的法律关系，其实质是财产权利背后的经济关系[②]，公司制度当然也不是单纯的法律关系，它首先是国家所有者与企业经营者以及企业劳动者之间现实的经济关系。因此，公司制改革也不仅仅是评估企业资产、界定产权、订立公司章程、建立公司治理机构等程序化操作。要在新的公司制框架下形成新的经济关系，需要改革在多方面展开扎实有效的工作。

完善公司治理结构是企业改制后的重要任务。[③] 从现实经济关系的调整来看，公司法人治理结构是公司制的核心。公司合约是资本所有者与企业经营者关于"剩余权"的分享合约。[④] 公司治理结构保障了股东和高层经理人员在公司决策中相互制衡、有效运作。国有企业的公司制改革将政府与企业之间的上下级行政关系，转换为公司合约的财产权关系。改革在这里的任务是双重的，一方面，要将公司治理的新体制与国有企业的传统优势相结合，将党的领导与依法治企结合，将工会组织和职工代表会议制度与公司治理结构相结合，以实现优势互补；另一方面，不适应公司治理新体制的旧体制所具有的行政惯性要逐步改变，这需要一个很长的磨合时间。在长时间内，作为国有股股东代表的政府机构存在两个方面的不适应：其一是在公司制框架内处理好与企业经营者的关系存在不适应，不能自觉地将对企业的直接行政干预转变为通过完善公司治理来实现股东权利；其二是以股份资本所有者身份通过市场经营和处置国有资本，存在不适应。当然，国内资本市场的发育不完善、国有资本的流动性与交易性太弱是客观原因，但政府本身的机构设置、功能定位和能力储备不足也是重要原因。由此就产生下一项重要改革任务。

---

① 陈佳贵：《国有企业公司化改造产权关系重组、政企分开和减轻企业负担》，《中国工业经济》1995 年第 1 期。
② 《马克思恩格斯文集》第 5 卷，人民出版社 2009 年版，第 103 页。
③ 吴家骏：《完善公司治理结构与企业制度创新》，《中国工业经济》2002 年第 1 期。
④ 荣兆梓：《企业制度：平等与效率》，社会科学文献出版社 2014 年版，第 66—77 页。

　　探索国有资产管理的有效形式是公司制改革的内在要求。[①] 国有企业的公司制改革是在坚持国有经济全民所有制性质，坚持国家对全民资产所有权前提下进行的。政府始终是国有资本的所有者代表。但公司制改革事实上改变了国有资产的性质，也改变了国家拥有这部分财产的方式。国家不再直接以实物形态占有生产资料，而是以价值形态占有公司股份资本。按照政治经济学的理论，股份资本属于虚拟资本的范畴。政府如何代表国家行使国有股份资本所有权是一个全新的问题，需要像探索国有企业的公司制改革一样解放思想，勇于试验，探索前行。由于问题的复杂性，并且涉及政府机构本身的改革，国有资产管理体制的建设滞后于企业改革，在公司制改革的最初十年里，国有股份资本的管理机构建设始终没有形成明确的思路，国家所有权甚至出现弱化倾向。

　　在减员增效中改革用工制度，实现劳动力市场双向选择。从表面来看，减员增效是20世纪90年代末国有企业效率下降，出现大面积亏损，许多企业停工停产的应急措施。而实际上，此项改革对国有企业用工制度乃至整体劳动力市场造成的改变却与公司制改革具有内在的关联性。[②] 公司制改革使得国有企业成为具有独立资本产权的市场主体，进而为国内资本市场的加快发育创造了基础性条件，为企业的兼并和破产准备了条件；同时也对国有企业传统的用工制度提出了改革要求：国家不能再对全民所有制职工"统分统配"，终身雇佣的劳动制度也不再适应市场发展的要求。通过下岗分流、减员增效和再就业工程形成企业优胜劣汰的竞争机制，是国有企业公司制改革内在逻辑的延伸。公司制改革造就的是，全部生产要素通过市场获得的真正意义上的企业，国有企业与其劳动者在劳动力市场上双向选择成为必然趋势。

　　抓大放小，加快调整国有经济布局和结构。在实践中人们也越来越清晰地认识到，生产资料国家所有制不适用于小规模生产、小规模经营，国有经济从这一领域退出是合理选择。退出途径是多种多样的，包括劳动者合作经济和股份合作经济，包括承包、租赁和委托经营等，无论采用哪一种方式，这些小型国有企业改革的前景是从

---

① 高尚全：《新时期的国有经济调整和国有企业改革》，《中国工业经济》1999 年第 10 期；金碚：《论国有资产管理体制改革》，《中国工业经济》2000 年第 3 期。
② 周放生：《逼出来的"改制分流"》，《中国改革》2010 年第 11 期。

国有经济中退出。抓大放小的改革方针是在实践中形成的，而它又与国有经济的战略性改组和重新布局直接关联。要搞好国有企业，必须对国有经济布局进行战略调整。[①] 1999 年党的十五届四中全会提出鼓励实行股权多元化，国有经济要"有进有退""有所为有所不为"。到 21 世纪初，国民经济的所有制格局已经发生重大转变，国有经济在工业经济中的比重已明显下降，国有经济在国民经济中的布局不尽合理，是影响其整体效率的重要原因，将有限的国有资本集中到关系国民经济命脉的关键领域，集中到更加适合国有经济发展的大规模生产、大规模经营领域，是提高国有经济整体效率的重要举措。

1999 年 9 月，党的十五届四中全会通过《中共中央关于国有企业改革和发展若干重大问题的决定》，强调建立和完善现代企业制度要突出四个环节：（1）继续推进政企分开；（2）积极探索国有资产管理的有效形式；（3）对国有大中型企业实行规范的公司制改革，公司制是现代企业制度的一种有效组织形式，公司法人治理结构是公司制的核心；（4）面向市场着力转换企业经营机制。2003 年 10 月，党的十六届三中全会通过《中共中央关于完善社会主义市场经济体制若干问题的决定》，对推行公有制的多种有效实现形式，加快调整国有经济布局和结构，特别是建立健全国有资产管理和监督体制作进一步部署，明确了"政府公共管理职能和国有资产出资人职能分开"的方针。国有企业改革进入新的阶段。

第三节　国有资产管理体制改革（2003—2013 年）

一、公有资本理论和国有资本管理体制改革

公司制改革的推进使得国有资产取得国有资本的形式。根据改革实践，江泽民在党的十五大报告中明确提出"公有资本"的概念[②]。这是政治经济学的重要理论创新。马克思的资本理论是在资本主义市场经济的实践中提炼的，它以私有资本中两个阶级的剥削与对立关系为样本，概括出狭义的资本一般概念。社会主义市场经济的资

---

①　高尚全：《新时期的国有经济调整和国有企业改革》，《中国工业经济》1999 年第 10 期。
②　江泽民：《高举邓小平理论伟大旗帜，把建设有中国特色社会主义事业全面推向二十一世纪》，载《江泽民文选》第 2 卷，人民出版社 2006 年版。

本范畴则包含公有资本与私有资本两种基本形态，需要采用更广泛含义的资本一般概念——资本是运动中自行增殖的价值，这是资本的社会的形式规定性[①]，也是公有资本与私有资本的共同特征。价值增殖的奥秘藏在劳动力商品的买卖中，但是在私有资本形态中买卖双方是两个对立的阶级，它体现的是资本家与工人之间的阶级剥削关系，这与社会主义公有制中的资本关系存在显而易见的差异性。也就是说，私有资本与公有资本的内容规定性是不同的。国有经济之所以能够采取国有资本的组织形式，根源在于社会主义公有制的内在矛盾——劳动者具有生产资料公共所有者与劳动力个人所有者的双重人格，两种所有权存在内排他性；同时又源于作为全民所有制的所有者整体与国有经济从业者（全民所有制职工）之间巨大的差异和不重叠，后者只是前者一个很小的子集。[②] 这些都是国有资本产生的必要条件，但还不是充分条件；而改革创造了国有资本产生的充分条件。一方面，大一统的"国家辛迪加"经过公司制改革形成许多产权独立的公司法人，这些公司法人与多种所有制的资本展开市场竞争；另一方面，国有股份公司通过劳动力市场的双向选择招聘工人，组织劳动大军，通过命令—服从机制对劳动实行管理性强制。所有这些导致国有资产向国有资本的转变。从内容规定性来看，国有资本是一种没有资本家的资本关系，反映了共同占有生产资料的劳动者阶级内部个人意志对整体意志的服从、整体利益与个人利益的协调，平等劳动而非雇佣劳动才是公有资本的本质特征。国有资本的剩余价值归代表劳动者整体利益的国家所有者所有，国家所有者取之于民而用于民。公有资本代表了一种全新的社会生产关系而与私有资本相区别。[③] 公有资本的范畴创新以及资本一般概念的拓展，是社会主义政治经济学理论建设的重大突破，其对中国特色社会主义政治经济学的系统化发展具有重要意义。

国有资本是在公司制改革中形成的，它在所有制实现形式的层面表现出复杂的资本组织关系，进而增加了改革难度。如前所述，公司制使得一个原生的资本所有权转

---

① 《马克思恩格斯全集》第 36 卷，人民出版社 2015 年版，第 305 页。

② 荣兆梓：《公有资本与平等劳动》，《上海经济研究》2018 年第 12 期。

③ 蒋学模：《社会主义经济中的资本范畴和剩余价值范畴》，《经济研究》1994 年第 10 期；杨承训：《理论创新：确立公有资本范畴》，《经济学动态》1997 年第 11 期；荣兆梓：《公有资本与资本一般》，《教学与研究》2004 年第 10 期。

变为两个派生的资本所有权。国家所有者通过对国有股份资本所有权间接掌握现实营运资本所有权。这样，改革就需要在两个市场上完善资本管理，一个是商品和服务市场，这是现实营运中资本的竞技场；另一个则是资本市场，即以股票为主要形式的虚拟资本经营场所。所谓"面向市场着力转换企业经营机制"，是在前一个市场上完善现实营运中的资本管理；所谓"积极探索国有资产管理的有效形式"，就其实质而言则是在后一个市场上完善国有股份资本的管理。两种资本是相互关联的，虚拟资本的形成和发展以实体经济发展为基础，它又反过来为实体经济服务。公司股票的市场交易是影响公司治理结构的重要因素，其中，股票所有者在资本市场上"用脚表决"成为保障所有者利益的"最后防线"；虚拟资本的流通对实体经济也有重要影响，股票价格波动是资源配置的重要机制。完善国有资本管理必须同时兼顾两种资本、管好两个市场，仅仅在企业层面下功夫是不可能完全奏效的。

二、建立大国资委的改革实践

国有资产管理体制改革滞后于国有企业的公司制改革。在很长一段时间里，中国并没有找到管理国有股份资本的适当方式。传统体制下的所谓企业主管部门模式当然不再适用，但是撤销分系统主管国有企业的政府机构之后，又能以什么样的机构取代它，人们在认识上一直摇摆不定。国有股份资本的产权主体必须明晰。[①]2003 年之前，各地的国有资产管理体制大多采取所谓的"分权管理模式"，即国有资产的出资者所有权由不同的政府部门行使：由作为社会经济管理部门的财政部（地方财政厅／局）兼司国有资本基础管理职能；由同样作为社会经济管理部门的经贸委行使对国有企业的监督职能；由人事部和大型企业工委负责国有企业的监管职能；由人事部和大型企业工委负责国有企业主要经营者的任免与考核；由新设立的稽查特派员公署派出稽查特派员，负责对国有企业的财务检查和监督；等等。少数国有企业数量较多、占比较高的地方，如上海、深圳，则积极推进国有资产管理体制改革，初步形成国资委、国有控股公司、国有控股和参股企业三个层次的国有资产管理体制。该模式可以称为"三层

---

① 张维达：《论国有企业战略性重组》，《经济学家》1998 年第 1 期。

授权模式"，但这个模式迟迟没有得到推广。

由于国有资本监督和管理体制没有理顺，专司国有股份资本管理功能的机构迟迟未能建立，改革在一段时间里出现所有者弱势（甚至缺位）现象，一系列本该由所有者统筹的事情无人推进，反而因各种既得利益者的阻挠而进展艰难。比如，在国有股全流通改革（或称股权分置改革）过程中表现出被动与盲目。又如，国有资本转为社保基金困难重重。尤其在改革需要通过产权交易推进的场合，所有者弱势甚至缺位的情况更加严重。在改革过程中，引起大量争议的中国版管理者收购（MBO），往往蜕变成为企业管理者自编自演的"闹剧"，导致国有资产流失。

2003 年 3 月，国务院国有资产监督管理委员会（简称国资委）终于成立，之后地方国有资产监督管理委员会相继组建完成，一个国有资产管理的新体系开始形成。国资委的主要职能是根据国务院授权，依照《中华人民共和国公司法》等法律和行政法规履行出资人职责。其设计理念是：将国家所有权从政府诸多公共权能中独立出来，建立"管资产与管人、管事相结合"的出资人代表机构，这是专门管理国有股份资本的"产权主体"。这一模式"在坚持不干预企业日常经营活动的前提下强化了国家股东对管理层的控制和约束"[1]，改变了国有企业公司制改造后国有资产实质上"无人负责状态"[2]。

国资委成立后在规范国有企业管理、提高国有经济效率方面作出了努力。很快就制止了国有企业管理者的收购乱象，并且为规范国有资产管理推出国有企业"整体上市"等一系列举措。而国资委组建以后的若干年，也成为国有经济效率提高最快的时期之一。尽管这里面有多年体制改革水到渠成的原因，但国资委卓有成效的工作仍然功不可没，其组建以来的巨大成就应当得到充分肯定。事实证明，国有资本有专门机构管理与没有专门机构管理相比，结果大不相同。之前国有企业的效率不高与竞争力不强，根源在于国有资本管理体制；一旦国家大股东真正像股东那样履行责任、行使权利，国有资本的效率提高便顺理成章。

但是，国资委仍然是政府机构，是国务院特设机构，它的组织机构形式和运行管

---

① 张春霖：《国有企业改革：效率与公平的视角》，《经济社会体系比较》2008 年第 4 期。
② 陈清泰：《深化国有资产管理体制改革的几个问题》，《管理世界》2003 年第 6 期。

109

理方式与其他政府部委没有实质性区别。根据"政府公共管理职能和国有资产出资人职能分开"的理论，国资委是专司国有资产管理职能的政府部门，实质上也就是代表国家管理国有股份资本的政府机构，这一属性随着国有企业公司制改革的深入而越来越明显。国资委体制还是政府职能划分的产物，与之前体制的区别是：以一个部门管理国有资产，取代了之前多个部门分头管理国有资产。然而，单靠这个机构还不能全面担负起国有股份资本"产权主体"的全部职能。许多原本可以通过市场运作增进股东利益的事情，国资委都未能去做，例如，公有资本与私有资本共同投资的混合所有制改革提出多年，却未能取得实质性进展；又如，国有企业分类改革的理论早已有之[1]，但国资委在成立的最初十年里却没有付诸实施。其实，股份资本这种虚拟资本比现实营运中的公司法人财产更不适于政府机构管理。原因在于，股份资本具有更为明确的盈利目的，以及高度的竞争性、流动性，特别是随着资本市场的发育完善，它越来越要求管理职能的专业化；这些仅仅靠国资委这个政府机构难以实现。

第四节　新时期进一步深化国有企业改革（2013年以来）

党的十八届三中全会通过的《中共中央关于全面深化改革若干重大问题的决定》，提出新时期进一步深化国有企业改革的一系列新举措，标志着国有企业改革进入又一新阶段。

一、社会主义所有制理论的系统化与进一步深化改革

经过数十年改革开放，公有制为主体、多种所有制经济共同发展的基本经济制度已经基本成形，社会主义经济制度向着成熟完善的方向继续前进。实践向中国经济学提出更高要求：中国特色社会主义政治经济学要实现系统化、学理化，其中，社会主义所有制理论的系统化发展成为重要内容。不仅社会主义公有制包括全民所有制（国有制）和劳动者集体所有制；而且，公有制与非公有制经济、外资经济等多种所有制经济同时存在，它们相互补充、相互促进。中国特色社会主义所有制结构要求理论

---

① 杨瑞龙：《国有企业股份制改造的理论思考》，《经济研究》1995年第2期。

科学解释、有效处理公有制经济与其他所有制经济的相互关系。既然社会主义所有制结构包含多种所有制经济，国有经济改革就不能单纯从国有企业本身着眼，而必须将改革放在多种所有制经济共同发展的大背景下筹划，国有经济改革需要与所有制理论的系统化协同推进。首先，中国经济学用功能与效率的互补性解释了多种所有制经济共存的必要性与必然性。市场经济环境复杂多样，不同产业的生产技术与劳动组织差别很大，没有一种所有制形式能够适应所有环境，各种所有制经济在特定环境下都有相对优势，这是其具有互补性的根本原因。社会主义市场经济下所有制结构的理论研究必须以这一基本事实为依据。国有企业的体制机制如何在与其他所有制经济的合作竞争中发挥有效作用，需要在实践中探索。其次，国有经济作为社会主义市场经济中的主导力量，具有超出其他所有制经济的特殊功能，其核心功能包括"制度层面的决定性作用"和"发展层面的主导性作用"。由于国有经济目标指向的多元性，单个国有企业难以同时承担起这些功能而不影响企业本身的经营和发展。按照不同功能定位对国有企业分类管理是改革深化的内在要求。国有企业如何分类管理也需要在实践中探索。

进一步说，市场经济中一定规模的企业，无论是公有制企业还是私有制企业，大多采取资本形式，社会主义市场经济中的资本包括国有资本、集体资本、民营资本、外国资本和混合资本五种形态[①]，多种所有制经济的相互补充和相互促进在很大程度上是以五种资本形态之间的合作与竞争形式展开的。把握不同资本形态的性质和规律，在社会主义市场经济条件下驾驭资本，就成为有效处理国有经济与其他所有制经济关系的重要抓手。从社会层面的总体结构来看，公有制为主体、多种所有制经济并存的社会主义混合所有制已经成型，但是在企业微观层面不同形态资本的融合，即多种资本形态混合的股份公司的发展还相对滞后，混合所有制资本在混合中实现基因优化的潜能远没有充分发挥。与此同时，国有资本管理体制还不能完全适应多种资本形态通过市场合约实现优势互补的要求，国有企业及国有控股公司治理结构还不能完全适应混合所有制发展的需要，所有这些都要在新时代国有企业的进一步深化改革中得到

---

① 习近平：《依法规范和引导我国资本健康发展发挥资本作为重要生产要素的积极作用》，《人民日报》2022年5月1日。

解决。

以习近平同志为核心的党中央根据国企改革面临的新情况、新问题，提出一系列方针政策，为新时代进一步深化改革掌舵领航。习近平总书记强调，要坚持两个毫不动摇，毫不动摇巩固和发展公有制经济，毫不动摇鼓励、支持、引导非公有制经济发展；深化国资国企改革，加快国有经济布局优化和结构调整，推动国有资本和国有企业做强做优做大，提升企业核心竞争力；要坚持分类改革方向，处理好国企经济责任和社会责任的关系，健全以管资本为主的国资管理体制，发挥国有资本投资运营公司作用，以市场化方式推进国企整合重组，打造一批创新型国有企业。与此同时，要优化民营企业发展环境，促进民营经济发展壮大。总之，要完善中国特色现代企业制度，弘扬企业家精神，建设世界一流企业。[①] 习近平新时代中国特色社会主义经济思想为新时代国有企业改革指明了前进方向。

二、新发展阶段的改革课题

经过数十年持续改革努力，中国的国有企业相对规模虽然有所缩小，但整体效率却稳步提升，总体上已经同市场经济相融合。党的十八届三中全会在新形势下对国有企业改革提出新要求，核心要义仍然是按照市场经济规律，进一步深化国有企业改革，做强做优做大国有企业，做强做优做大国有资本。

（1）积极发展混合所有制经济，国有资本、集体资本、非公有资本等交叉持股且相互融合。公有制为主体、多种所有制经济共同发展的局面已经形成，但是企业层面多种资本交叉持股的混合所有制企业的发展仍需要加快推进。公、私分离的企业制度存在两种类型的管理缺陷：国有企业的公司治理始终不能摆脱政府多重目标的干扰，缺乏应有的市场活力；私营企业因为家族化、封闭式管理而难以向现代企业制度过渡。公有资本与私有资本机制融合，有助于克服公、私两类企业的机制缺陷，在开放性市场化重组中加快实现国有企业产权多元化，在更大范围内建设有更强市场竞争

① 习近平：《高举中国特色社会主义伟大旗帜　为全面建设社会主义现代化国家而团结奋斗——在中国共产党第二十次全国代表大会上的报告》，新华社北京 2022 年 10 月 25 日电；习近平：《当前经济工作的几个重大问题》，《求是》2023 年第 4 期。

力和自我发展能力的一流企业。[①] 混合所有制经济应当成为基本经济制度的主要实现形式。

（2）完善国有资产管理体制，以管资本为主加强国有资产监管。国有经济的管理体制从管企业为主转变为管资本为主是公司制改革的必然要求。要从对企业的直接管理转向基于出资关系的监管，从习惯于行政化管理转向更多运用市场化、法治化手段管理。要通过改组组建国有资本投资、运营公司，构建国有股份资本的产权主体，以国有投资和运营公司为桥梁控制国有资本，完善国有资产管理体制。[②] 要科学合理界定政府及国有资产监管机构与国有资本投资、运营公司和所持股企业的权利边界。国有资本投资、运营公司均为履行国有资本出资人职责的国有独资公司，是国有资本市场化运作的专业平台，是以管资本为主的国有资本管理体制的主体，是融国有股权代表与资本投资运营主体于一体的新机构。[③]

（3）准确界定不同国有企业功能，推动国有企业完善现代企业制度。政府目标的多元化影响国有企业，往往使其在市场竞争中顾此失彼。[④] 事实上，规模如此庞大、数量如此众多的国有企业完全没有必要同时承担如此多元化的功能，国有企业乃至国有资本可以做到明确分工、职能互补、分类管理，从而更好地实现整个国有经济多元的社会功能。随着不同类型企业的功能界定，它们与政府之间的关系也将出现相应的差异。那些更多承担一般企业功能的国有企业将完全实现政企分开（包括政资分开）的改革目标，而承担较多公共职能和社会功能的企业，则可以按照政府某一方面的要求承担某一方面的特殊任务，在企业与政府间形成有限度的分离，以便灵活协调两者的关系。在此前提下对不同功能企业采取不同管理方式，有利于提高国有企业效率。[⑤]

（4）健全公司法人治理结构。首先，要加强国有企业党组织对公司治理的领导。

① 何瑛、杨琳：《改革开放以来国有企业混合所有制改革：历程、成效与展望》，《管理世界》2021 年第 7 期。
② 郑海航等：《国有资产管理体制与国有控股公司研究》，经济管理出版社 2010 年版，第 141 页。
③ 胡政蓉：《构建本土化的国有资产经营公司》，《法学》2008 年第 6 期。
④ 刘元春：《国有企业的"效率悖论"及其深层次的解释》，《中国工业经济》2001 年第 7 期。
⑤ 杨瑞龙：《国有企业股份制改造的理论思考》，《经济研究》1995 年第 2 期；荣兆梓：《国有资产管理体制进一步改革的总体思路》，《中国工业经济》2012 年第 1 期；中国社会科学院工业经济研究所课题组：《论新时期全面深化国有经济改革重大任务》，《中国工业经济》2014 年第 9 期；黄群慧：《国有企业分类改革论》，《经济研究》2022 年第 4 期。

习近平总书记指出：党的领导和建设是国有企业的"根"和"魂"，坚持党对国有企业的领导是重大政治原则，必须一以贯之，要充分发挥党组织的政治核心作用。[①] 加强党的领导要与"依法治企"相结合，要坚持重大事项报告制度，在公司治理中坚持党组织集体研究"前置程序"。其次，要建立职业经理人制度，更好发挥企业家作用。将现有的国有企业高管人事管理制度按照市场经济规律转变为职业经理人制度，已经成为国有企业完善现代企业制度的当务之急。随着企业层面上多种所有制经济的日益融合，国有企业及国有控股企业高管的行政性人事管理制度必须改变。[②] 混合所有制经济的公司治理将真正按照多方股东相互制衡的市场原则，公司高管将通过职业经理人市场聘任，国有股东不应将自己的意志强加给公司董事会或者公司股东大会。行政性的人事制度将不可避免地终结。有序推进国有企业的职业经理人制度建设，是完善现代企业制度、加快混合所有制经济发展的必要环节。

三、十年深化改革的成绩

根据党的十八届三中全会决定，中共中央、国务院很快出台《关于深化国有企业改革的指导意见》，之后国资委及相关部门相继发布一系列改革文件，即所谓国有企业改革的"1+N"。这里的"N"包括推进混合所有制改革的文件，推进国有企业分类改革的文件，完善国有资产管理体制的文件，完善现代企业制度的文件，加强党对国有企业领导的文件，等等。一系列国企改革措施密集出台，改革步伐明显加快。2020—2022年，国资委又推动实施国有企业三年行动计划，聚焦八个方面重点任务推进国有企业的改革和发展。党的十八大以来，"国有企业发生了根本性、转折性、全局性的重大变化"。十年来的国企改革，特别是国企改革三年行动的深入实施，有力破解一批体制机制障碍，有效解决一批长期想解决而没有解决的问题，在许多重要领域和关键环节实现系统性重塑、整体性重构，涌现出一批活力竞相迸发、动力更加充沛的现代新

---

① 《习近平在全国国有企业党的建设工作会议上强调：坚持党对国企的领导不动摇》，新华社，2016年10月11日。
② 刘戒骄：《国有企业高管薪酬制度改革分析》，《中共中央党校学报》第18卷，2014年第1期；杨红英、童露：《论混合所有制改革下的国有企业公司治理》，《宏观经济研究》2015年第1期。

国企。[①] 十年来，国有经济建设了一批世界一流企业、一批具有较强竞争力的行业领军企业，进入世界 500 强的国有企业从 2012 年的 65 家增长到 2021 年的 96 家。[②]

经过四十余年的改革发展，国有经济的实现形式已经发生巨大变化，所取得的成绩、所形成的经验值得充分肯定。与此同时，应当看到，国有经济的体制机制还存在许多问题，市场经济中国有企业的潜在效率还没有充分发挥出来。改革理论仍然存在分歧；在实践中，国有企业改革顶层设计牵动了众多政府部门，但随后的各分项试点工作实际进展不快，与预定目标相比成效并不显著，甚至又出现一些违背市场规律的新情况。[③] 总而言之，国企改革仍然在路上。

四、从产权制度着手进一步完善国有资本治理

国企改革面临的最大问题是，大国资委牵头的国有资本管理体制尚不成熟，公司制的法律框架与国资委的行政体制仍然存在诸多不协调。首先，资本权力和行政权力相互重叠。一方面，公司法与公司章程规定的公司法人与国有股股东之间的关系是市场合约关系，国家股东应通过公司治理结构间接行使对企业资本的权利；另一方面，国资委体制仍然保留政府与企业的上下级关系，可运用行政手段直接干预企业经营。两种权利难免会有摩擦。其次，国资委作为出资人机构并不掌握国有股份资本所有权，数量巨大的国有股份资本分散地掌握在互不统辖的各种持股机构（如集团公司）手中。一方面，资本市场上国有资本处于异乎寻常的分散状况，没有或少有步调一致和协调行动，这与实体经济中大型超大型国有公司的控制力和影响力形成明显反差；另一方面，国资委又不能直接通过资本市场运作来调整国有资本布局，或者行使"用脚投票"的权利来保障所有者利益。这些制度缺陷显著影响国有资本的整体效率。

组建国有资本投资公司和运营公司，是完善国有资本管理体制的重要举措，但是这一改革措施需要从顶层制度布局和推进。国有投资（运营）公司应当有怎样的财产组织形式（产权制度）至今未形成清晰思路。国有投资（运营）公司应当拥有何种形

---

① 参见：《中国这十年·系列主题新闻发布 / 国资委：国有经济战略支撑作用充分发挥》，新华网，2022 年 6 月 17 日。
② 数据来源：《96 家进入世界 500 强！国企十年成绩单》，《经济日报》2022 年 6 月 18 日。
③ 黄群慧、余菁：《国有企业改革的进程、效率与未来方向》，《南京大学学报》2019 年第 1 期。

式的国有资本权能？它与国资委是什么关系，与完成公司制改革的其他国有企业又是什么关系？它在新的国有资本管理体制中应当发挥怎样的作用？所有这些顶层制度问题都没有得到逻辑一致的理论说明，更不用说清晰的实践思路了。现有国有投资（运营）公司是套用股份公司的框架组建的，与其他国有独资或国有控股公司的区别仅在于经营范围和经营方式，它们的组建只是在原有架构内增加一个层次，对于建设以管资本为主的体系不会产生实质性影响。[1]

进一步推进国有资本管理体制改革，还要从产权制度着眼，从顶层建设着手。学术界关于这个问题已经有很长时间的讨论，提出了许多重要理论观点：（1）认为信托基金制度是市场经济创造的又一种资本组织形式，中国的国有经济改革可以充分利用信托基金制度，以实现国有股份资本所有权与经营权的分离[2]；（2）主张集中国有股份资本在国有资本管理体制的顶层上设立若干国有投资基金和相应的基金管理公司[3]；（3）主张将国有资本投资公司建设成为国有投资基金管理公司，成为国有资本信托管理的新机构[4]；（4）认为国有企业的分类改革应当上升为国有资本的分类改革[5]。改革中有越来越多的人认识到：从管企业为主向管资本为主转变，是当前国有经济改革的关键。在制度顶层通过建立国有信托投资基金和作为基金管理公司的国有资本投资（运营）公司，以管资本的方式提高国有资本效率，应该是下一阶段改革的重要选项，是进一步探索社会主义市场经济下国有制有效实现形式的必然要求。

第五节　国企改革与政治经济学理论创新

国有企业改革，是探索社会主义市场经济下生产资料国家所有制有效实现形式的

---

① 荣兆梓、咸怡宁：《继续推进国有经济治理体制改革》，《河北经贸大学学报》2021 年第 4 期。
② 荣兆梓、杨积勇：《公司制改革面临的深层次问题与解决方案》，《改革》2001 年第 2 期；史正富、刘昶：《看不见的所有者：现代企业产权革命》，格致出版社 2012 年版。
③ 张春霖：《国有企业改革的新阶段：调整改革思路和政策的若干建议》，《比较》2003 年第 8 辑；厉以宁：《中国经济双重转型之路》，中国人民大学出版社 2013 年版。
④ 刘纪鹏：《论国有资产管理体系的建立与完善》，《中国工业经济》2003 年第 4 期；邵宁：《国有企业将实施分类改革》，《中国证券报》2014 年 3 月 3 日。
⑤ 陈小洪：《建立国有资本管理新体制》，《管理世界》1998 年第 1 期；宁向东：《国有资产管理与公司治理》，企业管理出版社 2003 年版；荣兆梓：《国有经济需要新一轮产权制度改革》，《学术界》2016 年第 4 期。

持续深化过程。四十余年来依次经历"放权让利"改革、现代企业制度改革、国有资产管理体制改革和进一步深化改革四个阶段，逐步实现国有经济与市场经济深度融合的目标，其在探索中渐进深化的特征尤其鲜明。对应国企改革发展的四个阶段，政治经济学的社会主义所有制理论也经历了四个创新发展阶段。第一阶段，在马克思市场经济分工形式理论的基础上，将《资本论》体系中隐形的企业理论显性化和具体化，形成"企业本位论"和"企业主体论"，为国有企业在外部市场环境形成初期"自主经营"的探索提供依据。这一理论发展集中体现在党的十二届三中全会《中共中央关于经济体制改革的决定》关于企业改革的相关论述中。邓小平将这一文件称作"一个政治经济学的初稿，是马克思主义基本原理和中国社会主义实践相结合的政治经济学"[①]。第二阶段，在马克思生产资料所有制理论基础上，以"产权理论"为中介拓展所有制实现形式理论，在从抽象到具体的展开中极大丰富了马克思的所有制理论。特别是在马克思关于股份公司制相关论述的基础上发展了社会主义国家所有制以股份公司为有效实现形式的理论，为现代企业制度改革奠定了理论基础。第三阶段，在公有资本理论创新引导下明确国有经济实体资本与虚拟资本两个层次管理的思想，前者要"面向市场着力转换企业经营机制"，后者则强调完善国有资产监督和管理体制改革。这一理论进展对应国资委的成立和国有资产管理体制改革的深化。第四阶段，在四十余年改革实践中逐步形成的中国特色社会主义政治经济学向系统化、学理化推进，其中社会主义所有制理论的系统化发展，意味着从公有制为主体、多种所有制经济共同发展的实践中提炼出更加系统完整的理论。混合所有制改革成为新一轮改革的重点课题，混合所有制经济成为基本经济制度的主要实现形式。为此，新时代马克思主义政治经济学更加关注社会主义市场经济中五种资本形态运动规律的研究，在不同资本形态的相互作用中理解和把握公有制为主体、多种所有制经济共同发展，为"坚持两个毫不动摇"，做强做优做大国有资本和国有企业的实践提供理论依据。

国有企业改革的实践探索和中国特色社会主义政治经济学的理论创新相互促进。回顾历史，改革中理论与实践的结合有三大特点。

[①]《邓小平文选》第3卷，人民出版社2001年版，第83页。

其一，改革探索全程坚持马克思主义政治经济学的立场、观点和方法，坚持人民至上的根本立场，坚持"三个有利于"的目标导向，坚持历史唯物主义的观点和方法。改革提出的政策目标、采取的政策措施，乃至使用的政策语言，都应当在马克思主义政治经济学的范畴体系中理解和诠释。

其二，国企改革勇于探索、敢于突破，自始至终坚持以实践为导向的理论创新。四十余年改革全过程是在"无人区"摸索，不仅没有实践中可供效法的榜样，而且也没有经典著作的现成论述作为依循，这一点在国有企业改革中体现得尤为明显。早在20世纪80年代，邓小平在评价党的十二届三中全会通过的经济体制改革决定时说过一句耐人寻味的话："这次经济体制改革的文件好，就是解释了什么是社会主义，有些是我们老祖宗没有说过的话，有些新话。"[1]一个文件的好不在于引用了多少"老祖宗说过的话"，而应该是实事求是地说一些"新话"。此后四十余年时间里，党中央发布了一系列关于经济体制改革的文件，其中每一次都"有些新话"。通过四十余年的持续努力，改革在理论与实践两方面大幅度推进了马克思主义政治经济学创新发展，要理解这个过程，既要回望经典文献，更要在中国特色社会主义的发展脉络中发现其与时俱进的创造性伟力。

其三，国有企业改革的理论与实践是中国化时代化的马克思主义政治经济学，即中国社会主义政治经济学的重要组织部分，它为中国特色社会主义政治经济学发展作出了特别重要的贡献：国企改革为公有制与市场经济能够结合和融合提供了证据；国有企业改革极大促进了社会主义公有制理论的深化和具体化；国企改革为中国特色社会主义政治经济学的微观理论规定了底色、奠定了基础；国有企业的公司制改革和资本化管理催生了政治经济学的公有资本理论，进而为社会主义政治经济学范畴体系与《资本论》范畴体系的完美衔接打开了通道。从更抽象也更基础性的层面来看，国有企业改革对于广义政治经济学理解社会主义公有制与共产主义高级阶段公有制的联系与差别，具有重要的启发意义。理论只有在实践发展到一定程度时才能更加深刻地理解事物的本质。改革将公有制经济的内在矛盾越来越清晰地呈现到人们眼前，从而使得

---

[1]《邓小平文选》第3卷，人民出版社2001年版，第83、91页。

政治经济学有可能透过现象看到社会主义所有制关系的本质。

　　总的来说，中国特色社会主义尚在初级阶段，未来的路还很长。国有企业改革虽然已经取得重大成果，但还有一些基础性问题没有解决，实践中还会有很多新问题产生，改革仍然在路上。

第六章　社会主义公有制的资本形态

公有制是联合劳动者共同拥有生产资料，自己管理生产过程的经济关系；资本是生产的物质要素与人的要素相颠倒的关系，资本家拥有生产资料，通过劳动力商品买卖迫使劳动者服从自己的管理与指挥。公有制与资本这两个概念连到一起，其矛盾冲突是显而易见的。中国特色社会主义在实践中早已普遍使用公有资本概念，不仅绝大多数国有企业实现股份公司制改革，生产资料国家所有制采取国有股份资本的形式，而且劳动者集体所有制经济改革中也出现集体资本的形式。但是公有资本的理论还存在一系列有待讨论的问题，比如，公有制为什么要采取公有资本的形式？公有制如何能够采取公有资本的形式？公有资本与社会主义市场经济是什么关系？在劳动者当家作主的社会主义公有制经济中，公有资本究竟体现了一种什么样的社会经济关系？公有资本与私有资本有哪些共性特征进而能同样被称作资本，又存在什么样的根本区别而必须分别称作公有资本与私有资本？本章尝试从社会主义公有制的内在矛盾，逐层给出这些问题的答案。

第一节　公有资本产生的深层原因与前提条件

自江泽民在党的十五大报告中根据逐步深入的企业改革实践，明确提出"公有资本"概念 [①] 起，社会主义政治经济学就注定要经历一场深刻的范畴革命。要将马克思在分析资本主义经济生产方式中提出的核心范畴——资本与公有制——结合在一起，理论上至少需要明确两个问题。一是什么样的公有制能够与资本范畴相结合，二是社会主义公有制是否能够满足马克思所提出的资本产生的前提条件。

[①] 江泽民：《高举邓小平理论伟大旗帜，把建设有中国特色社会主义事业全面推向二十一世纪》，载《江泽民文选》第 2 卷，人民出版社 2006 年版。

　　关于第一个问题，共产主义高级阶段自然是不需要资本形式的，共产主义的公有制不可能与资本范畴相结合。共产主义的公有制与劳动者个人所有制不再处于矛盾对立中，当然也不需要利用资本形式予以协调。用马克思的话来说，"资本的历史使命"①已经完成。但是，社会主义阶段的情况则不同，由于生产力水平的限制，社会主义还必须利用市场经济组织社会生产，社会主义公有制内部劳动者整体利益与个人利益还存在系统性矛盾，因此还需要利用资本形式来协调。一方面，由于劳动仅仅是谋生手段，个人不愿意超出必要劳动之外为社会提供剩余劳动；另一方面，工业化时代的生产力需要大规模的资本积累才能持续发展。在剩余价值生产和积累中出现的矛盾是社会主义阶段劳动者个人利益与整体利益矛盾的深层次原因。社会主义公有制不能消除这一矛盾，其实现形式必须能够有效地处理这一矛盾。资本自行增殖的形式规定是解决这一矛盾的有效工具。马克思认为："资本的伟大的历史方面就是创造这种剩余劳动，即从单纯使用价值的观点，从单纯生存的观点来看的多余劳动。"②资本通过对劳动实施外在的强制创造剩余劳动。一方面，资本购买劳动力商品，在企业内部组织劳动大军，以科层制的命令—服从机制迫使劳动者生产剩余价值；另一方面，资本通过市场竞争的优胜劣汰机制不断鞭策生产机器加快运转，在提高劳动生产率的过程中生产更多超额增加价值，从而攫取更多相对剩余价值。由于社会主义公有制存在内在矛盾，这部剩余价值生产的"永动机"仍然具有必要性。马克思认为，资本历史使命的完成需要以下条件：首先，劳动（包括必要劳动和剩余劳动）"成为个人需要本身产生的东西"；其次，普遍的勤劳发展成为人类的普遍财产；最后，这种普遍的勤劳驱使劳动生产力到达这样的高度，"以致一方面整个社会只需用较少的劳动时间就能占有并保持普遍财富，另一方面劳动的社会将科学地对待自己的不断发展的再生产过程，对待自己的越来越丰富的再生产过程，从而，人不再从事那种可以让物来替人从事的劳动"③。显然，这些条件的实现还需要社会生产力以及人的全面能力在社会主义历史阶段经历长时间发展。因此，在国有制有效实现形式的探索过程中，最终发现国有资本有

①　马克思在《1857—1858年经济学手稿》中提出并阐述了"资本的历史使命"的思想。
②　《马克思恩格斯全集》第30卷，人民出版社1995年版，第286页。
③　《马克思恩格斯全集》第30卷，人民出版社1995年版，第286页。

其必然性。

关于第二个问题，马克思在《资本论》中强调，货币转化为资本必须具备两个条件：首先，劳动者必须获得人身的自由，即成为自己劳动能力的所有者；其次，劳动者不占有生产资料，因此，"劳动力所有者没有可能出卖有自己的劳动物化在内的商品"[①]，他必须在劳动力市场将自己的劳动力本身当作商品出卖。也就是说，资本产生的必要条件是生产的物质条件和人身条件相分离，进而劳动力成为可以买卖也必须买卖的商品。一般认为，在生产资料公有制条件下，这个条件已经不存在，因为劳动者共同占有生产资料，两大生产条件已经直接结合在一起。近期，国内学者对这一问题的研究有了新的进展。例如，简新华重新表述了社会主义市场经济下劳动力成为商品的两个必要条件：一是劳动拥有人身自由，二是劳动者主要直接靠劳动谋生。"虽然公有制条件下社会主义市场经济中的劳动者不是'一无所有'，但公有的生产资料所有权并不直接具体量化到个人，劳动者无疑能够享受到公有制经济的福利，但不是直接凭借公有生产资料的所有权取得个人收入，主要直接依靠自己的劳动取得个人收入，所以劳动力实际上也是商品。"[②]但是，这一说法在逻辑上是有问题的。广义地说，人类必须通过劳动谋取物质生活资料，舍此生产资料不可能自动产生任何"收入"。劳动者靠劳动谋生，是人类历史上迄今为止的一般现象，而不论劳动者是否拥有自己的生产资料。狭义地说，建立在自己劳动所有权基础上的商品生产者虽然有"人身自由"和"靠劳动谋生"两个条件，却没有劳动力买卖，也无关乎"价值自行增殖"[③]。总之，只要生产的物质条件与人身条件归属于同一所有者，即使劳动者拥有人身自由，也不会发展出劳动力商品买卖。以上重新表述是不成功的。

答案需要从对社会主义公有制，特别是国家所有制现实状况更加细致地观察和分析中寻找。在社会主义公有制经济中劳动者具有双重人格，作为劳动力所有者，个人并不直接占有生产资料，不能任意占有和使用公有生产资料；他们必须组织成为一个整体（集体）才能共同行使生产资料的公共所有权。社会主义公有制的内排他性意味

---

① 《马克思恩格斯文集》第 5 卷，人民出版社 2009 年版，第 190—191 页。
② 简新华、余江：《社会主义市场经济的资本理论》，《经济研究》2022 年第 9 期。
③ 简新华在自己的文章中提出个体经济的生产资料也是资本的观点更加难以成立；我们知道，大多数个体经营者的经营目的是满足个人及家庭的消费需要，而不是"占有自己的剩余劳动创造的剩余价值"。

着，两种生产条件在产权意义上具有可分离性。不理解社会主义公有制中劳动者整体利益与个人利益矛盾的根源，看不到其中两个所有权主体的区别，只是将劳动者作为一个不可分的所有者主体去理解，就不可能理解社会主义公有制生产条件分配的特殊结构，以及产生劳动力商品市场交易的可能性。进一步观察社会主义的国家所有制可以发现，生产条件的两个所有权主体具体化为国家所有者与国有经济从业者；其中，国家所有者代表全国人民，而国有经济从业者却不是全民范围的全体劳动者，只是其中很小一部分；也就是说，这两个所有权主体不仅代表不同的经济人格，具有不同的经济利益，而且在规模与范围上也存在很大差别。国有经济的所有者成员集合与其从业者集合不完全重合，从业者集合只是所有者集合的一个很小子集。可以将此称作社会主义公有制两种生产条件相分离的特殊形式。①

第二节　所有者与从业者"错位"的历史考察

一、苏联社会主义实践的启示

社会主义通过剥夺剥夺者所建立的生产资料公有制，在工业经济范围内是一个国家所有制，表现为生产资料为全体人民所有，列宁称之为"国家辛迪加"②。但在一个农民占多数的经济落后国家，工业经济远未覆盖全社会。农业的生产资料并不能合并到国家所有制的范围，土地一开始属于个体农民，后来又归属于集体农庄，农业生产过程游离于国有经济之外，国家与农民需要通过市场来实现工业产品和农业产品的交换。国有经济的从业者只能是全体劳动者的很小一部分，这种"所有者与从业者的错位"是社会主义公有制条件下两种生产要素相分离的特殊形式。国家进入工业化过程，工业经济的规模不断扩大，国家所有的生产资料与劳动者之间的联系也不可能始终保持在固定不变的闭环状态。两个生产要素之间开放的联系从一开始就利用了劳动力市场的纽带。用政治经济学的术语来讲，劳动与生产资料是间接结合的。这一事实背后隐藏着更深层次的经济学含义。首先，劳动者在生产资料的使用和占有方面存在不平

---

① 荣兆梓：《生产力、公有资本与中国特色社会主义——兼评资本与公有制不相容论》，《经济研究》2017年第4期；荣兆梓：《公有资本与平等劳动》，《上海经济研究》2018年第12期。
② 列宁：《国家与革命》，人民出版社1964年版，第90页。

等权利：一部分劳动者（全民所有制职工）在"国家辛迪加"就业，拥有占有和使用全民所有的生产资料的权利；另一部分劳动者（非全民所有制职工，主要是农村居民）不拥有这个权利。两部分劳动者的权利差异，可以从全民所有制职工身份令人嫉羡的事实中窥见一斑。

进一步说，覆盖全部工业经济的规模巨大的生产资料，并不由占有和使用这些生产资料的联合劳动者直接管理。列宁在《国家与革命》中曾经明确主张，由全体工人直接管理"国家辛迪加"。为了实现这一理论主张，他在1918年起草，列入俄国共产党党纲的"工会国家化"的构想[①]，即在工会组织的基础上自下而上地逐级构筑起工人阶级的国家机构。但是这一主张很快就在实践中碰壁，作为工人阶级的群众组织，通过工会全体会议进行民主决策，即使是最基层的企业组织也面临决策效率的障碍。基层经济组织的全体工人大会决策效率不能适应企业组织生产经营决策需要，跟不上外部飞速变化的交易环境，尤其在苏联成立初期的战争环境下，这种管理和决策方式受到极大的质疑。列宁和托洛茨基等人很快就根据实际情况，提出管理军事化的主张，实行企业干部自上而下的委派制，恢复企业内部科层等级制的基本构架。依托工会管理现代经济的主张既然在企业层面都难以实施，"工会国家化"的口号被全面废止也就在情理之中。十月革命后俄国共产党内部关于"工会国家化"的争论提醒人们，工人阶级内部还存在个人利益、局部利益和整体利益的矛盾，即使在公有制经济中劳动者仍然具有双重人格，他们不仅是生产资料共同所有者，而且是劳动力个人所有者。集体决策中劳动者个人并不一定以整体利益、长远利益为导向，没有集体主义意识形态的制度环境和团队内部强烈的信任氛围，集体利益在集体决策中往往会被漠视或看轻。这就是为什么共产主义运动必须警惕工团主义倾向的经济学缘由。列宁后来提出工会是"共产主义学校"[②]的口号，表明他已经注意到实践背后的深刻矛盾。

从国有经济所有者与从业者相错位的角度来看，"工会国家化"主张存在的另一问题是，将国有制经济的决策权交给在全体人民中占较小比例的工人组织，实际上将国

[①] 工会国家化，即"使工会组织与国家政权机关合并"的主张，该主张被写入1918年俄国共产党党纲。参见《列宁全集》第27卷，人民出版社1958年版，第143页。
[②] 《列宁选集》第4卷，人民出版社1995年版，第368页。

有制经济的从业者集合等同于生产资料公共所有者集合，在理论上有片面之嫌。考虑到工业化初期，工业和农业、工人和农民经济条件的差距，以及工业化进程中从国家民族长远利益与劳动群众当前利益不可避免的矛盾，试图以自下而上的工人群众组织代表全民利益直接管理国家经济，充其量也只能是理论乌托邦。因此，20世纪的东方社会主义国家无一例外地选择了马克思主义指导的工人阶级政党引领国家方向的政治体制，并且在实践中取得不俗的成绩。

二、中国国有企业改革的路径

中国计划经济体制下的国有经济是按照"国家辛迪加"的思路构建的，全部生产资料被束缚在国家机器等级森严的行政框架内，没有取得资本的自由形式，既不能参与自由竞争，也不能实现自我发展。工厂是这个等级体系的基础组织，它生产国家计划规定的使用价值，使用计划规定的资金限额，其用工制度具有明显的政治动员和行政管理色彩，"计划分配"和"不得解雇"便是其显著特点。20世纪70年代末开始的经济体制改革通过"放权让利"，逐步在企业内部注入动力与活力，在企业外部营造起市场竞争的环境，不仅企业产品的销售逐步市场化，而且生产资料的市场交易逐步取代计划调拨。但是，在"国家辛迪加"内部科层指挥链上的改革并不能实现企业真正意义上的"自主经营，自负盈亏"，政企分开成为改革久攻不克的难点。"国有资本"还是在行政等级制的束缚中运转，因此还不具有真正的资本性质。相反，市场化初期的改革措施造成国有经济体制更加尖锐的矛盾：一方面，企业在产品市场不得不靠自己"找米下锅"，在自主经营中寻求自我发展；另一方面，企业并没有自己独立的资本权力，也没有表示资本意志的资本人格，在要素市场上并不能独立行使自己的权力。20世纪90年代国有企业的大面积亏损即是这一矛盾尖锐化的体现。

20世纪90年代中期开始的中国现代企业制度改革，将国有大中型企业改造成为股份公司，国有资本所有权与企业经营权分开的产权基础初步形成。国有企业终于成为产权独立的经济体，成为能够自主经营、自负盈亏的公司法人，这才为企业资产资本化提供了法律依据，为企业主体向资本人格转化开辟了通道。90年代后期，国有企业伴随大规模"减员增效"的用工制度变革，部分改变了国有企业"不得解雇"的非市场规则，劳动力市场的双向选择被越来越普遍地运用，公有资本在实践中得到越来越广泛的承认。公司法人资本挣脱了行政等级制的束缚，在劳动力市场作为资本与它的工人相对立，在资本市场上也取得自由竞争的资格。公司制改革解决了改革初期国有企业面临的产品市场与要素市场不对称的矛盾，为社会主义市场经济构造了不可缺少的微观基础。总结近三十年企业改革经验，党的十九届三中全会决议明确提出，国有经济的管理要从管企业为主转到管资本为主，对实践中公有资本的改革取向给予充分肯定。

股份公司制是在资本主义环境下为解决私有资本发展问题而产生的，它一是能够集中分散的社会资本为大资本所用，二是能够"团结"经营管理的专业人才以更好为资本增值服务，因此被称作现代经济"最伟大的发明创造"。中国特色社会主义市场经济将之拿来一用，很好地解决了公有制经济的发展问题，充分显示了中国社会主义者的智慧和勇气。首先，公司制改革在保持国家对生产资料统一所有权的前提下，将规模庞大的国有资产在企业层次分割为许多独立的公司法人财产，构建了企业自主经营、自负盈亏的产权基础和企业间市场竞争的制度基础。财产有限责任的规定，为大一统的国有资产转变为产权独立的企业资本提供了可能。其次，股份公司确立了国有企业的资本主权，规定公司内部"谁投资谁决策，谁投资谁获益"，说到底是资本主权的企业制度。公司股东会、董事会、经理层相互制衡的治理结构，将行使资本经营管理职责的公司高层经理人与作为股份资本所有者的公司股东结合在一起，塑造了统一的资本人格，强化了资本意志（即劳动者整体意志）在企业经营管理中的作用。经理人员因为分享公司利润而增强勤勉尽责的动机，说到底仍然符合公有资本利益。这一制度安排既实现了国家所有权与企业经济权的分离，增强了企业经营活力，又通过规定国家所有者以股东身份在公司治理中发挥积极作用，为国有资本保值增值利益提供了制度保障。至此，束缚资本的行政隶属关系逐步消退，国有企业改革确定了公有资本的制度逻辑。劳动者利益在企业层面区分为劳动者工资福利与国有资本增值两块，对应了企业增加价值中必要价值与剩余价值两部分。由于企业劳动者与公司法人产权法理上的联系难以追寻，而劳动力市场交易又不可避免，公有资本划分为购买生产资料的不变资本和支付劳动成本的可变资本也就具有了经济上的必要性。

三、劳动自治模式不适用于国企改革

从理论上说，国有经济的改革方案当然并非只有公有资本一种选择。20世纪八九十年代就有学者提出另外一种选择方案：企业经营权直接下放到职工群众手中，以企业职工大会或职工代表大会作为企业经营的最高决策机构。例如，提出"企业本位论"的蒋一苇就曾经撰文力主"职工主体论"[1]。一直到今天仍然有学者认为，当年"现代企业制度"改革存在方向性错误，主张通过劳动自治将企业权力交还给职工群众[2]，认为这才是真正符合马克思主义传统的真正社会主义。

这些学者显然忽视了两个基本事实。第一，国有经济中本来就存在两个劳动者集合的偏离，全民所有制职工只是作为生产资料所有者的全体人民中很小一部分，不仅单个企业职工是很小一部分，而且即使所有全民所有制职工加在一起也只是全体人民中的一小部分。全民职工身份并不是天赋特权，所谓全民职工与国有生产资料的结合具有偶然性和开放性；因此，直接向企业职工赋予企业最终决策权缺乏法理依据。设想一下，在生产资料国家所有制前提下，作为国有生产资料公共所有者成员的一小部分，本来已经很幸运地得到国有生产资料的使用权与就业权，如果再赋予他们财产处置权和受益权，其他所有者成员会怎么想？广大农民群众会怎么想？他们会感到公平吗？那么，是否可以将对职工的授权仅限于经营权的范围，直接授予企业职工大会或者职工代表大会全权经营国有企业？联系以下基本事实，可以知道这一看似合理的制度安排本身包含的不可克服的矛盾会暴露出来。

第二，社会主义历史阶段一个最重要的"特征事实"是：劳动者个人不愿意超出必要劳动时间提供剩余劳动[3]。因此，劳动者自下而上的民主决策未必能充分保证劳动者阶级的长远利益，未必能保证剩余劳动积累和扩大再生产的前景。虽然市场竞争的外在压力对于解决这一问题有一定作用，但这不是充分条件。铁托领导的南斯拉夫曾经做过劳动自治的大规模实验：宪法规定生产资料实行社会所有制，"任何人都不对社

---

[1]　蒋一苇：《职工主体论》，《工人日报》1991年6月21日。
[2]　李炳炎：《中国企改新谭》，民主与建设出版社2005年版。
[3]　参见荣兆梓：《生产力、公有资本、中国特色社会主义》，《经济研究》2017年第4期。

会生产资料享有所有权，任何人——不论是社会政治共同体，还是联合劳动组织，不论是公民集体，还是个别人，都不得在任何所有权基础上占有社会劳动产品，都不得管理和支配社会生产的劳动资料，都不得任意确定分配条件"，因为"人的劳动是占有社会劳动产品和管理社会资金的唯一基础"①。因此，直接生产过程中的劳动自治组织事实上拥有生产资料所有权的几乎所有权能——不仅占有企业的全部生产资料，享有生产资料的使用权，而且决定企业生产什么、如何生产，直接占有劳动的全部成果，并且决定劳动成果的分配。按照弗拉什卡利奇的表述，在南斯拉夫的"社会主义商品生产中，作为集体成员的直接生产者，也是直接管理者，他们是有关生产、分配、交换和消费的一切重要决定的独立承担者"②。在实践中这个制度安排导致双重后果。一方面，企业自主经营形成外部竞争市场，每个劳动自治组织都成为一个利益共享、风险共担的命运共同体，这极大地激发了劳动者的生产积极性。南斯拉夫的宏观经济在改革最初十几年里表现良好。1954—1964年，南斯拉夫的国民生产总值年均增长率达8.6%，增速在全球经济中处于前列。另一方面，这个经济体制从一开始就存在基因缺陷：工人自治组织决策目标短期化，使得企业收益留成动因不足，从而不得不靠贷款投资。一些企业甚至靠贷款谋取工人收入最大化。③20世纪60年代中期以后，南斯拉夫经济增速减缓，通货膨胀严重，失业人数增加，收入差距扩大。虽然几经改革，仍然无法治愈这一体制顽疾。历史经验证明：没有内在的强制性制度，工人自治组织不能保证足够的剩余劳动积累，因此也不能保证劳动者长远利益的最大化。

尽管如此，主张企业职工主权的观点仍然有一定的合理性。社会主义毕竟是劳动者自己的经济，公有资本的形成并不能改革劳动平等的根本性质。以社会主义市场经济为目标的体制改革，不会否定社会主义的基本性质。改革坚持生产资料的国家所有

① 出自1974年颁布的《南斯拉夫社会主义联邦共和国宪法》，转引自科拉奇和弗拉什卡利奇所著的《政治经济学：资本主义和社会主义的商品生产理论分析原理》，人民出版社1982年版，第150—151页注释。
② 科拉奇、弗拉什卡利奇：《政治经济学：资本主义和社会主义的商品生产理论分析原理》，人民出版社1982年版，第151页。
③ "工人管理的企业同资本主义的公司相比，在扩大生产的内趋力上要弱小得多。自我管理的企业的竞争本能与其说是进攻型的，不如说是防御型的。"（戴维·施韦卡特：《反对资本主义》，中国人民大学出版社2002年版，第99页）

制，是因为社会主义国家能够代表全体人民的利益，包括工人、农民和其他劳动者阶级在内的全体人民，对生产资料的基本权利应当保持尽可能的平等；国企改革选择公有资本的路径，是因为剩余价值的积累关系劳动生产率的持续提高和劳动者长远利益的最大化，只有公有资本能够承担起这样的历史责任。公有资本不过是劳动者整体意志的物化，即使经历公司制改革的公有制企业也不能漠视劳动者在企业内外的民主权利。平等劳动不仅是社会主义的目标追求，而且也是社会主义持续发展社会生产力的重要手段。笔者主张构建公有资本与劳动民主有机结合的企业制度，在确保公有资本主权的公司治理架构的前提下，充分发挥工会组织和职工代表大会制度的作用，实现公有制经济的"劳资协调"。从这个意义上说，笔者与上述学者的主张存在一部分交集。

第三节　集体资本产生于与市场的衔接处

一、合作社的资本困境

合作社是社会主义市场经济下集体经济的有效实现形式。在社会主义市场经济条件下，合作社发展的主要困难不是人力不足，而是资金短缺。合作社一般实行社员带资入社制度，但数量有限，而且考虑到维护劳动主权的制度要求，一般还会规定每个社员的带资数额，以防出资额差距过大形成社员间权利的不平等。合作社对资本数额和资本回报的限制加大了合作社融资成本，成为发展的瓶颈。农村新型合作经济在发展中为解决资金短缺问题采取一些变通办法，中国 2017 年修订的《农民专业合作社法》没有规定社员入股差额的上限，在社员大会"一人一票"的办法中增加了出资额较大社员的"附加表决权"。但在实际操作中，"一人一票"往往被"一股一票"取代，盈余按交易额返还的办法被按股分红取代。有人将此称作"合作社异化"，即合作社的实际操作背离经典合作社原则[1]。此类现象反映了农村经济中资本的强势和对劳动者主权的异化。近期有调研发现：相当一部分农民合作社理事长和领办者，将合作社与自己创办的实体企业混在一起核算管理，将农民合作社集体资产与私营企业的资产混为

---

[1]　张祖磊、文军、韦彩飞：《农民专业合作社异化机理研究》，《市场论坛》2022 年第 5 期。

一谈，从而侵占社员利益；农民合作社中种植大户、养殖大户、龙头企业等核心社员占有多数出资额，股权集中度高，这种股权结构使少数核心社员控制合作社产权，获得额外的资本性收益[①]。"合作社异化"不仅侵占了大多数社员的利益，而且改变了合作社的制度规则，妨碍了合作社的健康发展。一些人利用《农民专业合作社法》执法不严的漏洞，制造空心合作社、皮包合作社，或者以打着合作社名义的私人企业骗取国家优惠，这些行为不但浪费国家资源，而且造成国家合作社政策的扭曲，危害很大。

解决上述问题的办法，首先是在不断完善立法的前提下更加严格执法。同时要加强合作社教育，让合作社社员乃至全体农民群众了解合作社的法律法规。在此前提下清理不符合条件的"合作社"。既然法律规定合作社实行"一人一票"制，少数社员的附加表决权不得超过20%；那么，违反法律规定的所谓"合作社"就应当取消资格，绝不能再让它享受国家对合作社的优惠政策。不是说这类企业就不能办，而是要用适合它的法律去规范它，不应当用《农民专业合作社法》让它"削足适履"。现实中许多企业或个人"大股东"领办的"合作社"，其实在领办人与普通社员之间存在明显的权利、责任和利益差异，产权制度更加接近"有限合伙"或者"两合公司"；因此，有必要在充分调研的基础上对政策和法律作出适当调整。

二、集体资本产生于集体经济与市场的衔接处

集体经济可以少量地利用外部资本发展生产经营，但这些资本尽管为集体经济所利用，却仍然归属于外部资本所有者。由劳动者集体经济的性质决定，集体资本不可能在集体经济组织内部产生，而只能产生在集体经济与市场经济的衔接处。这里有两种情况。一种情况是，单个集体经济组织的持续发展会导致劳动力短缺，大规模引进外部劳动者参加合作社，会遇到"老社员权益高门槛"与"新社会员带资入社能力有限"的制约，从保障社员利益的要求出发，集体经济组织往往采取双重劳动用工制度，在保持老人老办法的前提下，从劳动力市场招聘外来打工者。外来打工者与集体经济之间形成劳动力商品买卖关系，因而集体经济的社员与打工者之间出现身份和待遇差

---

① 汪恭礼、崔宝玉：《乡村振兴视角下农民合作社高质量发展路径探析》，《经济纵横》2022年第3期。

距，外来打工者从企业获取工资薪酬，而不能享受集体所有制成员的福利待遇。对这些打工者来说，集体经济的资产具有集体资本的性质。

另一种情况是，运营良好的集体经济组织将一部分盈余用于对外投资，投资到各种形式的混合所有制经济的股份公司，从而使自己的一部分生产要素转化为公司股份资本。显然，这部分股份资本的所有权仍然属于投资者，仍然为集体经济所有，故而具有集体资本的性质。

前一种情况是，集体资本生成于集体经济组织与劳动力市场的衔接处；后一种情况是，集体资本则生成于集体经济组织与资本市场的衔接处。在两种情况下，作为集体经济所有者成员的劳动者集合与集体经济从业者集合都会出现明显的错位乃至分离，这是社会主义市场经济下集体资本产生的必要条件。相对于国家所有制经济普遍采取国有资本组织形式而言，集体所有制经济采取集体资本的情形并不普遍，也不具有典型性，但集体资本仍然构成社会主义市场经济下一种常见的资本形态。

第四节　资本对劳动的形式上从属与实质上从属

从社会主义公有制的本质内容来看，公有资本从属于平等劳动，劳动者是公有资本的所有者，公有资本的人格代表——企业经营者——与直接生产者之间的关系，是在对生产资料同等权利基础上的分工平等关系。公有资本是为平等劳动服务的，资本的自行增殖服务于劳动者长远利益，其剩余价值"取之于民而用之于民"，资本从属于劳动。在公有制经济中，资本是劳动的工具，劳动者始终是生产过程最活跃的主动因素。然而，现实中公有制企业的劳动关系并不总是和谐的，由于企业劳动民主发育不健全、企业职工的权益没有得到充分保护等因素，劳动者在生产过程中并不总是表现出足够的主动性和进取精神；在极端情况下，企业经营者的管理腐败和疏于职守会极大损害职工群众的利益。所有这些，使得政治经济学的理论阐述缺乏足够的说服力。

必须引进公有资本与平等劳动相互关系历史演进的逻辑，用发展的眼光看待20世纪以来实践社会主义的历史，才能理解现象与本质的对立统一，沟通理论与现实的内在关联。

马克思在资本主义生产关系的研究中讨论统治与从属关系的演化，区分了劳动对资本的形式上从属与实际上从属，对这里的讨论有很大启发。劳动对资本的形式上从属，是指生产过程已经为资本家所控制和指挥，但"生产方式本身还没有发生什么差别，从工艺上来看，劳动过程完全同以前一样"①，只不过将手工生产中师傅与徒弟的等级关系，转变为资本家与雇佣劳动者的简单对立。当然，它使生产的规模、强度和连续性发生变化而提高了劳动生产力，但是它还没有形成"本来意义上的资本主义生产方式"②。之后，"随着大规模劳动的发展，科学和机器在直接生产中的运用也发生了。一方面，现在形成为特殊生产方式的资本主义生产方式，创造出物质生产的已经变化的形态。一方面，物质形态的这种变化又构成资本主义发展的基础"③。"只有当特殊资本主义生产方式发展起来以及劳动对资本的实际上的从属随着这种生产方式也发展起来的时候"④，资本关系所固有的为生产而生产的永无止境的趋势才能得到实现。在工场手工业条件下，劳动之所以只是在形式上从属于资本，是因为掌握手工工具的技巧是生产的决定性要素，掌握手工业技巧的工人在生产中仍然拥有很大的主动性，资本主义的劳动纪律是利用资本的权威在工艺过程之外建立起来的。在大机器生产已经普遍使用的前提下，单个工人的劳作越来越成为机器系统的附属物，成为复杂机器构造中的一个部件、一个螺丝钉，资本的物质存在统治了资本的人身条件，劳动对资本的从属已经被物化和固化到资本主义生产方式的骨髓里。这个生产方式具有推进技术进步的内在动力，而它推进技术进步的前提条件是，保证资本对劳动的实际统治，它所追求的技术发展路线永远以提高机器系统的科技含量为前提，而尽可能地遏制劳动者与生产技能相应的全面能力的提高。⑤

  社会主义公有制经济下公有资本对平等劳动从属关系的演化，也有相类似的过程。起初劳动指挥资本，只是表现为这样一个事实的形式上的结果：工厂不为资本家所有，

---

① 《马克思恩格斯全集》第 49 卷，人民出版社 1982 年版，第 86 页。
② 《马克思恩格斯全集》第 49 卷，人民出版社 1982 年版，第 87 页。
③ 《马克思恩格斯全集》第 49 卷，人民出版社 1982 年版，第 95—96 页。
④ 《马克思恩格斯全集》第 49 卷，人民出版社 1982 年版，第 97—98 页。
⑤ "一旦生产活动中存在难以替代的技能，生产过程就会对技能工人产生依赖，这转而会增强技能工人在控制权争夺中的砝码。由此，管理者并不会必然倾向于加强劳动者的技能。事实上，19 世纪美国现代企业管理革命中最重要的管理创新就是关于如何剥夺工厂内工匠技能的管理方法。"（封凯栋、李君然：《技能的政治经济学：三组关键命题》，《北大政治学评论》2018 年第 4 辑）

而为劳动者阶级的国家所有。因而全部生产资料是在劳动者阶级的国家支配下被使用的。由于生产资料所有制的变更，公有资本在形式上建立起来了。随着国家工业化进程的推进，许多以大机器生产为基础的现代工厂被创建。劳动者国家自上而下对生产过程的指挥成为工业化进程的必要条件。生产资料为劳动者阶级整体所拥有和支配，表现为公有资本对平等劳动的形式上从属。当然，它使生产者的主动性、生产过程的组织性和资本积累的强度得以变化而提高了劳动生产力。但它还没有形成"本来意义上的社会主义生产方式"，因为从资本主义生产中发展起来的机器系统和工艺过程没有变，从技术层面看劳动对资本的从属关系没有变。而且在工业化进程中，技术进步路径仍然没有摆脱资本主义的影响，中国在技术进步中追赶发达国家，引进、消化和吸收的还是那个在遏制劳动者技能全面发展中发展起来的"资本主义技术"。这个机器系统是在劳动实质上从属于资本的环境中发展起来的，它还不足以构成资本实质上从属于劳动的特殊的社会主义生产方式的物质基础。

变化是不可避免的。资本主义的遏制劳动者技能、片面依赖机器系统科技进步的技术发展路径（或曰"单边路径"）不可能持续满足社会生产力发展要求。在劳动者技能发展滞后条件下，机器进化的边际效率递减。即使在资本主义制度下，生产力发展的内在要求也会强制地发挥作用，例如，后福特制的柔性生产技术必须依靠一专多能的熟练工人，这就在"去技能化"的资本主义技术大趋势下加入了"再技能化"的反向因素。以自动化、智能化为特征的当代生产力发展，必然要求能够与机器系统高度融合的高技能劳动者，而资本主义生产方式在这条路上却走不了多远。持续发展新质生产力的当代使命需要由社会主义承担。在此之前，由于实践的社会主义产生在生产力落后国家中，这些国家还需要启动国家工业化进程，并且逐步缩小与发达国家的技术差距。中国的技术赶超之路必须是开放的，必须努力学习世界先进技术和先进管理，最大限度发挥后发优势。中国改革开放四十多年的经验证明，社会主义经济融入全球化进程是正确的，这是缩小差距、实现赶超唯一正确的发展策略。随着中国经济的持续增长，中国终于为在国际市场平等竞争中探索适合自己独立的技术路径准备了条件。当中国经济按照自身逻辑走到发展方式转型的历史关头时，自主创新成为新一轮经济增长的主要动力源。只有在这样的发展阶段，社会主义经济才有可能真正按照平等劳动的原则探索更加倚重劳动者能力提升的技术发展之路，我们终于看到资本与劳动从属方式从形式上从属向实质上从属转变的可能性和必然性。

这是两大历史机遇的耦合，它具有偶然性，却也包含必然性。中国特色社会主义今天的成就表现为利用"后发优势"实现经济赶超，但是这种由技术差距带来的增长优势正在逐步减弱，中国的经济发展必须转向以自主创新为主要推动力的经济发展；人类科技发展正临近由网络化和智能化带动的系统性、颠覆性突破，马克思所预言的机器系统对人的劳动的替代，正在从替代体力劳动为主转向替代脑力劳动为主的新阶段。这一技术革命的必然后果并不是更多失业和更大收入差距（尽管在资本主义条件下这是大概率事件），而是劳动者越来越多地掌握以现代科学为基础的复杂生产技能，劳动在直接生产过程中的地位和作用日益提高，生产过程的技术进步路径越来越倾向于劳动者技能，逐步形成一种生产的物质要素与人的要素协同并推的"双边路径"。这是社会主义公有制经济中资本实质上从属于劳动的必要物质基础。我们从社会生产力当前的发展趋势可以看到这一基础形成的必然性，从中国特色社会主义实践发展进程可以看到这一转变的可能性，从新时代新质生产力发展的新现象可以看到向资本实质上从属于劳动转变的现实性。一个本来意义的社会主义生产方式将在中国特色社会主义的历史演进中趋于成熟，其基本特点是：（1）顺应当代生产力发展规律，公有资本选择偏向劳动者技能的技术进步，充分调动劳动者的创造精神；（2）在技术进步中提高职工技能，提高直接生产者的主动性和主导权；（3）与技术进步步调一致地推进企业民主管理，提高职工在公司治理中的地位和作用，将资本主权与劳动主权有机结合；（4）在技术与管理的协同进化中改善企业经营，增强企业竞争力，发挥公有经济的优势；（5）职工工资福利与企业劳动生产率挂钩，在企业绩效提升中实现劳资共赢；（6）公有资本与平等劳动协调发展，公有制企业作为劳资和谐的表率，影响和带动其他企业，提高全社会的劳动平等程度。这是社会生产力的新一轮质变与社会主义生产方式结合的题中应有之义，它将更加符合全世界社会主义者的理想追求，更多显示社会主义经济制度的优越性。

第七章　公有制为主体多种所有制共同发展

马克思把共产党人的历史任务概括为一句话：消灭私有制。一百多年来，实践的社会主义在经过反复摸索以后，选择了公有制为主体、多种所有制经济共同发展的中国特色社会主义，其中的实践逻辑和学理逻辑究竟是怎样的？它是在正确方向上的实践探索和理论创新，还是对马克思主义经典的偏离甚至背叛？政治经济学必须直面这一重大理论和实践问题，给出清晰而完整的答案。

第一节　社会主义市场经济与多种所有制并存

社会主义建立在资本主义发展起来的社会化大生产强大的生产力基础上，这个生产力发展的历史趋势一定是商品经济的消亡和自由人联合体的建立。问题是，社会化大生产迄今为止仍然是由现代市场经济来组织运行的，而且从全球经济的实际来看，它现在也只能由市场经济来组织运行。"超越生产力"的制度变革是 20 世纪社会主义实践屡遭挫折的主要原因。当社会主义试图以单一公有制的计划经济来取代市场经济，靠政权的力量消灭商品生产和商品交换时，它遇到来自实践的巨大阻力。

首先，农村经济与工业生产存在巨大差异。"国家辛迪加"不可能把农业囊括到自己的大科层组织范围之内。农业直接面对高度多样化的自然环境，存在土地条件的差异、气候条件的差距、水利条件的差异等。农业劳动不可能像工业劳动那样标准化，其用机器替代人力的进程极其缓慢。事实上，大多数社会主义国家起始阶段的农业，都还停留在前资本主义的小规模家庭经营水平上，距离社会化大生产还有很大距离。因此，列宁提出以工业商品与农业商品交换为主要特征的"新经济政策"。列宁之后，1929 年苏联共产党内部经过长期争论，终于选择了集体农庄的发展道路，保留了工业与农业之间的商品交换。之后的社会主义国家大多仿照苏联的模式推进农业的社会主义改造。新中国在工业化初期，曾经试图建立较大范围的农村人民公社集体经济，最终因为农民的瞒产私分，而不得不退回到"三级所有，队为基础"的状态。一百多年来的社会主义实践已经充分证明，在当前生产力水平上，社会占有全部生产资料是不可能的。

其次，因为商品交换不可避免，货币也成为社会主义经济不可或缺的工具。苏联共产党人在实践中很快就承认这一事实，不得不允许商品买卖和货币流通。货币流通的直接结果是，商品形式的普遍化。正如恩格斯在《反杜林论》中预见的那样，"甚至以前直接为自己消费而生产出来的物品，被货币强加上商品的形式而卷入了交换之中，于是商品形式和货币就侵入那些为生产而直接结合起来的社会组织的内部经济生活中"[①]。城乡劳动者收入的货币化不仅使农产品必须通过商品交换进入每个家庭，而且也使得"国家辛迪加"生产的全部工业品具有了商品形式。当然，这只是公有制经济之间的商品交换，或者公有制经济与劳动者个人及家庭的商品买卖，生产资料的私人所有制仍然是被禁止的。

20世纪社会主义一开始就建立了公有制一统天下的计划经济体制，并且在社会主义原始积累阶段发挥了积极作用：将全社会十分有限的剩余劳动集中起来，修复战争创伤，兴修农田水利，克服巨大社会惯性启动国家工业化的巨轮，建立比较完整的国家工业体系，等等。但是，这个经济体制存在根本缺陷，与发展生产力的矛盾随着时间的推移而逐步加深，甚至发展到危及社会主义生存的严重关头：在中国，危机转化为共产党主动引致的改革；而在苏联，危机则直接导致政权倾覆，国家解体。总结而言，共产党人主动放弃市场经济这一现代生产力的组织手段，在与资本主义的残酷竞争中束缚自己的手脚，实在是20世纪社会主义发展的极大教训。

计划经济对于发展社会生产力的功能缺陷究竟在哪里？多数学者认为，其主要缺陷在资源配置上，事实上这并没有抓住问题的要害。以奥斯卡·兰格为一方、以哈耶克为另一方的关于计划经济与市场经济的持续争论，可以套用罗纳德·科斯的话语概括：假定交易成本为零，两个体系资源配置的结果是一样的。[②] 即使考虑交易成本，仅从理论层次也推导不出孰优孰劣的结论。计划经济要求把全部经济信息集中到一个计

---

① 恩格斯：《反杜林论》，载《马克思恩格斯选集》第3卷，人民出版社2012年版，第698页。
② 罗纳德·科斯：《论生产的制度结构》，上海三联书店1994年版。

划中心，并且通过这个中心发布指令，以"看得见的手"来指挥全部社会经济运行，这其中存在信息传递和信息处理的巨大成本，且仍然不能避免信息的扭曲和决策的失误。市场经济依靠利己者的分散决策，在市场供求矛盾引起的价格波动中传递信息，以"看不见的手"来实现社会经济均衡，这同样要消耗交易成本，并且在市场波动中导致社会资源的巨大浪费。哈耶克强调，经济信息天生是分散分布的，因此利用分散决策的市场经济具有天然优势。但依靠相似的逻辑，也可以从现代生产力高度社会化出发，推导出全社会统一规划的计划经济天然合理的结论。

20世纪计划经济在发展生产力方面的根本缺陷有二，一是它利于"集中力量办大事"，却不精于"分散力量办小事"，在社会资源动员方面成了"跛脚巨人"。现代生产力还高度依赖于"旧式分工"，这种分工不仅导致城市和乡村的分离，而且迫使劳动者终身从事特定的职业分工，成为根据劳动方式而区分的"经济变种"。生产力的发展伴随"经济变种"的不断分化，生产技术千变万化，营销环境千差万别，劳动组织方式和企业组织形式越来越复杂多样。单一公有制只能用大科层体制自上而下地编织起硕大而稀疏的行政网络，只能靠牺牲"细支末节"来谋求社会经济的综合平衡。毛泽东当年其实已经注意到"苏联模式"在这方面的缺陷，提倡以乡村工业和五小工业来弥补大工业的不足。可惜在缺乏多元产权、市场竞争的大背景下，此类举措的效果十分有限。"一大二公"是集中统一指挥的制度保障，不仅雇工经营必须严格禁止，小生产因为"每日每时地产生资本主义"也应当在禁止之列，亿万农民群众的"资本主义尾巴"必须割除。结果是，企业利用有限市场信息"找米下锅"增加生产的积极性被完全封杀，普通老百姓自谋职业、自主创业的积极性被完全压制，大科层网格漏出的分散资源得不到充分利用，蕴藏在人民群众中的潜智潜能无法得到适当利用，社会生产力发展受到极大伤害。现在看来，"发展小生产"的积极性，在社会主义环境下其实也就是人民群众劳动致富的积极性，应当姓"社"而不姓"资"。

计划经济的另一个致命缺陷是创新激励不足。[1] 马克思在《资本论》中对市场经济的创新激励机制有清晰的阐释。市场竞争严酷的优胜劣汰环境，迫使企业尽最大努力

---

[1]　参见斯蒂格利茨：《社会主义向何处去——经济体制转型的理论与论据》，吉林人民出版社1998年版，第237页；荣兆梓：《公有制实现形式多样化通论》，经济科学出版社2000年版，第223—229页。

提高经济效率。在现代市场经济中，企业提高效率的主要途径是通过技术创新和制度创新提高劳动生产率。创新使得企业生产商品的个别价值低于社会价值，进而获取超额利润。超额利润是市场竞争给创新者的超额奖励，足以激励以利润为生产目的的资本所有者竭尽全力。但是，这种市场奖励又会因其他竞争者的模仿跟进、商品生产的社会必要劳动时间逐步降低而趋于消失。超额利润是市场永远的诱饵，技术和制度创新则是企业永不落幕的戏码。由于这一过程必然导致全社会范围的劳动力商品价值降低、剩余价值率提高，因此马克思把它称作相对剩余价值生产①。马克思在《共产党宣言》中指出："资产阶级在它不到一百年的阶级统治中所创造的生产力，比过去一切世代创造的全部生产力还要多，还要大。"②它之所以能够做到这一点，依靠的就是这个神奇的相对剩余价值生产机制。

计划经济的问题在于，没有企业之间以利润为目的的市场竞争，也没有了对企业创新永不衰竭的激励源泉。计划经济在组织创新成果的模仿与推广方面尚有一定优势，因为它能够集中一国之力在给定目标或明确方向上不断努力，使既有的创新成果被较快地消化吸收、推广运用；但对于以不确定性为特征的原创性、颠覆性创新来说，这种强调集中统一指挥的体制就弊大于利了。创新是面向未知领域的探索，它以试错为必要手段，不可能有真正意义上目标明确与计划严密的大规模行动，它依靠大量探索者进行自由独立的创新活动，在无数可能性中寻找成功的机会；而成功往往借助直觉，产生于偶然。计划体制自上而下的控制模式不鼓励大多数中下层成员的独立思考与自主活动，一切都必须在中央计划者的监督与控制下进行，而计划者又不可能总是理解丰富多彩且新颖独特的创新项目，不可能给予充分耐心并作出恰当评价，更不用说合理有效的激励了。随着社会生产发展所要求的创新速率提高，计划经济迟早会从赶超战略的制度保障转化为可持续发展的障碍。

总之，计划经济体制的推动力来自上层，其传动机制是自上而下的；它依靠一个积极性，即国家计划中心的积极性，而不是最大限度地调动各方面的积极性，尤其是千百万劳动者通过自己的劳动创造自己幸福生活的自下而上的积极性。因此，这个体

---

① 《马克思恩格斯文集》第5卷，人民出版社2004年版，第363页。
② 《马克思恩格斯文集》第2卷，人民出版社2009年版，第36页。

制不能充分发掘社会主义经济制度蕴藏在人民群众中的无限活力与创造力，不能满足人民群众不断提高的物质与文化生活需要，不能适应生产力相对落后的社会主义各国在短期内赶上和超越发达资本主义国家，摆脱国际经济与政治较量中被动局面的需求。体制的僵化和活力不足是不可避免的。改革是社会主义经济发展的内在要求，发展和完善社会主义市场经济是历史的必然和人民的心声，是革命的共产党人无可推卸的使命与担当。

发展市场经济就需要发展个体经济和私营经济。市场经济要求多元产权、平等竞争，多种经济并存的混合经济是现代经济的共性特征。如果说私营经济是"灾难和瘟疫"，那么，市场经济就是装着这些"灾难和瘟疫"的潘多拉魔盒。既然必须打开市场经济这一魔盒，就不能害怕放出盒子里的东西，何况我们现在已经知道，盒子里所装的并非都是"魔鬼"。

第二节　市场经济下两种所有制的相对优势

按照所有制的本质规定，两种生产资料所有制的高低优劣立判当下，共产党人消灭私有制的正义之锚定位精准，于情于理均无可挑剔。为什么现实的社会主义经济还允许生产资料私有制发展，并且在基本经济制度中规定多种经济成分并存的内容？回到20世纪社会主义的实践场景，答案显而易见。

实践告诉人们，当代生产力条件下的私营经济并非绝对的"恶"，公有经济也并不是绝对的"善"。两种所有制都有其自身固有的二重性，因此在实践中的表现也有两面性。

私有制有阶级剥削的一面，生产资料的私人占有与生产社会化有不可克服的矛盾，这是经济危机不可避免的根源。但它同时也有推动生产力发展的另一面。马克思比任何资产阶级学者更加明确地强调资本主义（发展生产力）的"历史方面"，认为迫使劳动者超出必要劳动之外提供剩余劳动，是资本主义私有制伟大的历史方面。[①] 它在短短数百年时间内创造了比以往任何历史时期之总和更高的社会生产力。而资本主义经

---

① 《马克思恩格斯全集》第46卷上，人民出版社1979年版，第287页。

济不断提高的生产率，正是由私人企业主之间以超额利润为目标的市场竞争激发的。①一场马克思主义政党领导的人民革命运动能否在一夜之间改变这一切？革命者一开始以为能，但后来的事实证明，其实不能。伟大的人民革命可以推翻一个旧政权，建立一个新制度，却不能在短期内改变社会生产力的基本性质，资本的历史使命没有完成，私有制在现代经济中还有用武之地。实践表明，私营经济的优势是，分散决策有利于充分利用散落民间的经济资源来发展小规模生产和小规模经营，这一方式的决策成本低、市场反应灵活；资本与劳动两种要素的分离对市场决定资源配置也是有利条件，由于完全以外人相待，资本可以更低成本利用"无限供给"的劳动力资源。国有制因为自下而上和自上而下的委托链条过长，在小规模生产经营中并无优势；另一种可能的公有制形式——工人合作工厂，又因两大生产要素直接结合而阻碍市场化的资源配置，其通过市场引入资本与辞退员工方面的难题从来没有得到满意解决。20世纪90年代国企改革中"抓大放小"方针的顺利实施，以及城市经济改革中职工合作制与股份合作制的失利，便是这一理论认识的注脚。

私营企业主在劳动关系中有双重身份。一方面，作为纯粹财务资本的所有者，他是物质生产要素的人格代表，靠资本利息生活，是无偿占有别人剩余价值的剥削者；另一方面，作为职能资本的所有者，他行使资本职能，既是企业市场经营的操控者、企业创新活动的推动者和实施者，又是企业劳动的组织者和管理者。现代经济中的企业管理也有两面性。一方面，它是由一切结合的社会劳动引起的特殊职能，就像一个乐队指挥一样，"这是一种生产劳动"；另一方面，它是资本与劳动矛盾的生产方式中"必然产生的监督劳动"②，这是"迫使劳动者超出必要劳动时间之外提供剩余劳动"的劳动，本身不具有生产性。企业管理的上述两面性都为社会生产所必需。因此说，私营业主在社会主义市场经济中仍然可以作出贡献，并非说"剥削有功"，而是他的管理与创新活动可以为社会生产力的发展创立新功。

社会主义市场经济下的公有制同样有二重性。公有制适应生产社会化的发展，在组织社会化大生产方面有显著的优势；公有制消灭阶级剥削，为人民群众生产积极性

① 《马克思恩格斯文集》第5卷，人民出版社2009年版，第366—371页。
② 《马克思恩格斯文集》第7卷，人民出版社2009年版，第431页。

与创造精神的释放奠定了基础。但是，公有制仍然带有历史的烙印，其平等劳动的本质特征以劳动能力先天存在的不平等为前提；因为不能在短期内改变劳动者不愿意超出必要劳动提供剩余劳动，劳动者整体利益与个人利益存在矛盾这一事实，公有制必须设置为具有双重排他性产权的制度：对外、对其他所有制经济的排他性，以及对内、对劳动者个人的排他性。公有制表现为整体意志对个人的强制，尽管强制已经不再有阶级压迫的性质，公有产权代理人与普通劳动者的矛盾仍然难以避免。代理人与委托人之间存在双向的监督关系，"一个人监督所有人，所有人监督一个人"。代理人脱离群众，公权私用的可能性始终存在。严重时，公有制的相对优势就会被完全销蚀，甚至蜕变为最坏的私有制。为了防止出现管理腐败，公有制企业不仅需要自上而下的体制性监管和自下而上的群众监督，而且需要一个竞争的市场环境。私营企业是公有企业改善管理的参照系，而后者同样也能为前者提升管理提供参照。

显而易见的是，两种所有制的两个二重性产生于同一个生产力根源。现代市场经济的生产力决定了劳动者个人利益与社会利益的矛盾。物质财富尚未充分涌流，工作日时间太长，旧式分工迫使人们奴隶般服从，生产过程中劳动者仍然是机器系统的附属物；因此，劳动仍然只是谋生手段。正是当代生产这一基本特征，决定了劳动者个人与社会对待剩余劳动截然相反的态度，构成市场经济与资本关系的生产力基础，构成两种所有制经济的两个二重性的根源。实践证明，没有一种所有制形式是十全十美的，公有制经济与私有制经济必须并存、竞争、互补，才能满足现代生产力发展的需要。现代生产力的这些性状不可能在短期内得到根本改变，劳动者个人不愿意超出必要劳动之外提供剩余劳动这一基本事实也不可能在短期内根本改变；因此，两种所有制经济的并存与互补也将长期存在。

社会主义市场经济下的不同所有制经济，在复杂多变的市场环境下，在不同的产业领域和市场环境中具有各自的相对优势。国有资本主导的股份制企业更适合大规模生产、大规模经营领域；大众创业、万众创新的草根经济则适用于民营企业、个体经济；劳动密集的小企业可以采取劳动者合作经济，而资本密集型企业大多采取资本主权的公司制；农业的基本经营形式是家庭经营；技术劳动者密集的高新技术企业可以更多发展职工持股制（像华为那样）；垄断或寡头垄断的大企业最好实行国有资本控股制，竞争领域的公司制企业则大可放开实行股权多元化和分散化。没有一种产权形式和企业形式能在所有产业领域和所有市场环境中普遍适用，不同的企业在不同环境中具有自己的特殊优势。从社会经济的整体来看，多种所有制成分和多种企业形式同时并存、平等竞争、相互补充，将提高社会经济的整体效率。只要市场经济的历史前提尚存，私营经济的历史使命就没有完成，它与社会主义公有制并存与竞争的局面就不会结束。有鉴于此，我们主张"竞争中性"的市场管理，以期多种经济成分在公平竞争中最大限度地发挥相对优势。

按照微观经济比较优势的逻辑，中国共产党人选择了公有制为主体、多种所有制经济共同发展的社会主义基本经济制度。于是，公有经济和私有经济双双放开手脚，并肩进入高速发展期。在1979—2008年的三十年间，中国的国有经济工业总产值从3 673亿元增加到143 950亿元，增长约四十倍；私营经济和外资企业工业产值则从零开始，分别发展到132 571亿元和146 172亿元。公有经济与私有经济共同创造了中国经济增长奇迹。公有制为主体的多种所有制经济，在平等的市场竞争中协同演化、互补共赢、共同发展，构筑了中国经济增长奇迹最坚实的微观基础。

第三节 公有制为主体的理论依据与实践经验

一、所有制结构量的规定性

经过四十多年改革开放的洗礼，社会主义市场经济的优越性已经得到充分证明，很少有人继续坚持反对市场经济，也很少有人反对多种经济成分并存的方针。但是，关于所有制结构，关于公有制经济与私有制经济谁为主、谁为辅，以及如何理解"公有制为主体"，意见分歧仍然大量存在。如果说，社会主义允不允许私有制经济是定性问题；那么，当前争论的焦点显然在定量方面。

什么是所有制结构？从现象来看，它不过是所有制比例的量的规定，首先表现为不同生产资料所有制成分所占的比重，或者说不同所有制经济的相对数量。但这里仍然存在两个不明确。其一，考察范围不明确。这里考察的是工业经济中的所有制比重，还是生产劳动部门的所有制比重，抑或是全部经济部门的所有制比重？关于这个问题其实至今没有形成统一的意见。其二，计量标准不明确。这个相对数量是按照产出

（总产值或增加值）比重计算，按照从业者人数计算，还是按照资本投入比例计算？按照不同的计算标准，其计算结果会有很大差别。而真正的问题是，所有这些数量规定与经济制度的性质有什么关联？如果说，这里存在一个从量变到质变的过程；那么，导致性质变化的数量界限又在哪里？想当然地将超过半数（百分之五十一）作为界限是否具有科学根据[①]？

政治经济学关于所有制结构的分析依据是马克思的理论。马克思在《政治经济学批判导言》中指出："在一切社会形式中都有一种一定的生产决定其他一切生产的地位和影响，因而它的关系也决定其他一切关系的地位和影响。这是一种普照的光，它掩盖了一切其他色彩，改变着它们的特点。这是一种特殊的以太，它决定着它里面暴露出来的一切存在的比重。"[②] 所有制结构分析的目的是把握这个"特殊的以太""普照的光"。在资产阶级社会中，与雇佣劳动相对立的私人资本是"支配一切的经济权力"，它必须成为政治经济学分析的起点和终点。[③] 马克思认为，已经确立资本主义生产方式的工业经济是英国社会"特殊的以太"，它对包括农业经济在内的其他经济形式具有决定性的影响作用。那么，中国特色社会主义经济中这个"特殊的以太"在哪里？它又是如何作为"普照的光"改变其他社会经济形式的色彩的？毫无疑问，这才是中国特色社会主义政治经济学所有制结构分析的真问题所在。

二、国有大企业的主导作用

当代社会主义与当代资本主义一样，已经进入现代市场经济阶段，其经济结构具备与马克思当年所观察的传统资本主义很不相同的特点。不理解这些特点，我们就无法将马克思当年对资本主义的分析方法套用到当代社会主义的所有制结构研究中。早在 20 世纪六七十年代，美国经济学家加尔布雷思在对美国经济的分析中，就以鲜明的理论形式表达了当代资本主义的结构性特点。他认为，美国经济已经割裂为两个截然

[①] 李济广主张公有制应当保持在绝对多数水平上，具体说应当达到三分之二，甚至 80%。可惜他的主张只是从"主体"一词的汉语语义出发，而不是依据政治经济学的理论逻辑。（李济广：《论所有制结构量化评估方法——兼与裴长洪研究员商榷》，《当代经济研究》2017 年第 7 期）

[②]《马克思恩格斯全集》第 46 卷上，人民出版社 1979 年版，第 44 页。

[③]《马克思恩格斯全集》第 46 卷上，人民出版社 1979 年版，第 45 页。

不同的系统，其中"一个系统可以支配环境，另一个系统则一般来说，依然被环境所支配"①。前者由一千家大型及超大型企业组织构成，经济总量占全美经济的一半以上，他把它称作"计划系统"。由于规模巨大，这些企业组织"在它那个行业中所占的地位就越来越重要，因此，在规定价格和成本时，它的势力也越大；一般来说，它对消费者、社会和政府发生的影响也越大，总之，它影响环境的能力，即部署它的环境的能力也越大"②。后者是"市场系统"，是"为数约计一千二百万的较小商号"，这些企业完全在独立个人的控制之下，"在价格和生产上不存在控制力量，因此在市场系统残存着明显的、新古典派体系的平均主义倾向"③。"市场系统必须与计划系统并肩存在，其发展必然要大大受到这一事实的影响。"④ 这是美国经济半个世纪以前的情形，但加尔布雷思所描述的情形仍然适合绝大多数资本主义经济的现实，而且对于已经进入工业化中后期的当代中国也有重要的参照意义。

笔者手头没有 2023 年中国企业 1 000 强的现成资料，只能根据 2017 年相关数据作粗略讨论。2018 年 9 月，中金公司公布中国企业 500 强名单⑤，它们 2017 年营收总额达 71.17 万亿元人民币，接近 2017 年中国的国内生产总值 82.71 亿万元，大约相当于 2017 年国内总产出（新增价值加转移价值之和）的 30%。其中，国有企业为 263 家，民营企业为 237 家，而且在前 100 家顶级的大企业中，国有企业占绝对多数。2018 年初中国财政部公布的 2017 年国有企业总营收为 52.20 万亿元，其中央企的营收总计达到 30.82 万亿，地方国企的总营收为 21.38 万亿。⑥ 同年 8 月，一年一度的中国民营企业 500 强榜单出炉⑦，500 强民营企业 2017 年总营收为 24.48 万亿元。另外，根据 2018 年 7 月公布的世界财富 500 排行榜⑧，中国内地入围企业达 111 家；其中，国务院国资委监管的中央企业有 48 家入围，国家电网、中石化、中石油进入营收前 10 名之列。

---

① 加尔布雷思：《经济学和公共目标》，商务印书馆 1980 年版，第 56 页。
② 加尔布雷思：《经济学和公共目标》，商务印书馆 1980 年版，第 46 页。
③ 加尔布雷思：《经济学和公共目标》，商务印书馆 1980 年版，第 51 页。
④ 加尔布雷思：《经济学和公共目标》，商务印书馆 1980 年版，第 50 页。
⑤ 《2018 中国企业 500 强名单发布》，《经济日报》2018 年 9 月 2 日。
⑥ 《财政部 2017 年财政收支情况新闻发布会实录》，证券之星，2018 年 1 月 25 日。
⑦ 《2018 中国民营企业 500 强排行榜》，凤凰网财经，2018 年 8 月 29 日。
⑧ 《2018 年财富世界 500 强排行榜》，财富中文网，2018 年 7 月 19 日。

这些数据互有交叉，不能推算出准确的结果，但给大家的粗略印象应该是一致的：中国 2017 年的市场集中度应该已经接近或者达到美国 20 世纪 70 年代的水平，在超过 3 100 万户企业主体中大约有 1 000 家，至多 2 000 家大企业，构成一个以垄断企业、寡头垄断企业、各行业龙头企业和综合商事企业共同组成的企业金字塔顶层，其总规模应该已经接近或者达到社会经济总量的 50%。而且，在这个顶级企业群落中，国资委监管和财政部监管的大企业在规模与赢利能力方面总体实力突出，国有企业雄居企业顶层的顶层是不争的事实。

首先，与现代市场经济各国情况相同，中国的市场经济也是大企业主导的市场经济，总数不超过 2 000 家的大企业在国民经济中具有影响环境和支配环境的实力。一是大企业通过生产订单和营销渠道，层层联系着数量巨大的中小企业，部署自己的"计划系统"，从而对社会生产形成远超自身规模的控制力；二是其巨大的市场份额和产业链中关键性的位置对相关产业的成本与价格具有极大影响力；三是大企业通过巨额广告支出和其他手段影响社会需求，甚至对社会消费文化有塑造能力；四是大企业与政府机构的联系密切，对社会政策的制定也有较大影响作用。与其他现代市场经济国家一样，中国经济中具有决定性地位与影响的是一个占总数不到万分之一的大企业构成的群体，它们分布在金融业、制造业、能源业、交通业和通信业，以及零售业、建筑业和房地产业等产业领域，是各自领域的垄断企业或寡头垄断企业，或者行业龙头企业和综合商事企业。其市场权力几乎覆盖所有经济领域。无视这一基本事实，就无法讨论现代经济的所有制结构；脱离这一基本事实，对公有制为主体的理解就难免偏离实际。

进一步的结论是，在这个大企业群集中，国有经济的主体地位无可争议，对于社会经济的主导性也显而易见。这不仅是因为国有经济在这一企业层次上的数量优势，而且还因为国家制度性质和宏观经济环境造成的加倍释放的影响力与支配力。国有经济是这样一种生产方式：生产资料归国家所有，国家所有者的意志对企业经营战略具有重要影响力。这是一个以马克思主义为指导思想的执政党领导的以人民为中心的国家政权，对国有经济的管理以人民群众的长远利益和国民经济的发展利益为出发点和落脚点，要求企业通过平等竞争实现国有资本的意志。无论改革采取什么措施，这个基本点从来没有改变，将来也不会改变。国家通过相关的法律法规，通过派驻国有控股或参股公司的所有者代表影响公司治理，通过劳动民主的方式依靠职工群众监督公司运营。在所有这些管理环节上，党组织都发挥了领导作用。党的领导与依法治企相结合；党的领导要求企业高管与职工群众紧密联系，依靠群众改善管理提高效率；党的领导要求基层工会组织将职工权益与企业发展有机结合，实现劳动与资本的互利双赢。国有经济的政企关系有自身特点。一方面，它必须按照市场经济规律，实现体制与机制上的政企分开和政资分开，将政企间的行政隶属关系转变为平等契约关系，这是保证"竞争中性"的制度前提。另一方面，它与政府之间有更多协调：政府要依靠国有经济实现政策目标，自然会努力为企业营商提供优质服务，包括必要时为企业排忧解难；而企业从自身发展目标出发，也会主动同政府的经济与社会发展规划对接，愿意为政府分担一部分社会责任。不难理解，在中国特色社会主义市场经济中的政企关系与资本主义市场经济中大资本与政府之间以资本利润为目标的俘获与被俘获关系有根本区别。就前者而言，国家利益与人民利益是其政企关系的中心，这是中国特色社会主义强大生命力之根基所在。

这种生产方式在大规模生产、大规模经营中，对其他生产方式和经营模式有巨大影响，并且通过处于社会经济顶层的大企业集群，形成照亮全社会的"普照的光"。社会主义的法律法规能够有效节制私人大资本的负面因素，敦促它们合法合规经营，为增长和繁荣创立新功。国有大企业起到承担社会责任的表率作用、协调企业劳动关系的表率作用，都会对非公有制经济特别是大规模私营经济产生持续的正面影响。国有经济的政企关系同样会影响非公有制经济，这是中国"亲、清"政商关系得以形成的前提。共产党组织在非公有制经济中的存在，包括在大型私营企业中的存在，使得社会主义的"普照之光"在所有经济组织中产生更强的穿透力。可以肯定的是，如果党和政府手中没有实力强大的国有经济，政府被掌握国民经济命脉的大资本俘获是很难避免的；没有国有经济和政府之间新型政企关系的引导，政府与非公有制经济之间的"亲、清"政商关系也难以实现。特别地，通过国有资本主导的混合经济，不同所有制经济在同一股份公司内部互助融合，国有资本对社会责任的坚守与民营经济对市场竞争的敏感互为补充，对构建具有强大竞争力的一流企业形成有力推动。政治经济学从这个意义上理解"国有经济是中国共产党执政的基础"，进而理解"做强做优做大国有资本"和"做强做优做大国有企业"的特殊意义。

这里当然存在质与量的辩证法，但是首先必须明确，现代市场经济的企业群体并不是一个同质的平面，而是一个有大、中、小企业相互制约的立体结构，只有在这个立体结构中去理解企业顶层拥有绝对优势的国有经济，所谓国有经济的主导作用才拥有政治经济学的合理解释。此处理论逻辑的要害不在于数量的计算，而在于事物性质的规定。在社会主义市场经济发展的不同阶段，公有制经济的比重有时会大一些，有时又会小一些，这不应当过度解读。在从计划经济的公有制一统天下向市场经济多种所有制成分并存过渡的过程中，短期内所有制相对比例的"公退私进"是正常现象，不应将此改革的阶段性特征错误认作改革目标。不同所有制成分相对数量的变化是市场经济的常态，关键是必须保持国有经济在大规模经济中的主导性，保持公有制经济在整个国民经济中的主体地位。

三、农村集体所有制的基础性作用

对于公有制的主体地位不应当仅仅"眼睛向上"地理解，它不是只有保持国有经济主导地位一个方面。向下看，土地所有制，特别是作为国民经济基础的农业经济中的所有制结构也具有重要意义。改革开放中形成的农村土地集体所有制基础上的家庭承包经营是一种复杂的所有制形式。一些人认为它形式上是公有制，而本质上是私有制。这是对这个至今仍有2亿就业人口的产业部门所有制性质的误判。笔者认为，当前农村经济即使从所有制的本质规定来看，其主体也是社会主义公有制。必须破除那些孤立地、静态地观察农业经济的形而上学倾向，要从发展的过程和演化的趋势去理解中国特色社会主义农业发展道路。

首先，由于土地集体所有制的约束，农村社会的阶级分化和农业生产的雇工经营在长达四十多年的市场化进程中被有效抑制。承包农户的所有制始终建立在自己劳动的基础上，农业生产的分工协作主要依赖产前、产中和产后的专业化服务。其次，土地作为主要生产资料，其最终处置权仍然掌握在农民集体手中。涉及农村社区范围，甚至更大地域范围的农田水利基本建设，只能由农村社区基层组织参与决策，或者由社区居民共同协商并组织实施。涉及农地所有权的处置，则更加需要社区集体经济组织在国家政策范围内发挥主导作用。再次，由公有制决定的土地溢价分配方式兼顾了个人、集体和国家多方利益，对四十多年城市化进程的财富效应产生了重大影响。农业用地向城镇用地转换产生的巨量溢价，已经转化为全世界规模最大的公共基础设施，这个因国民经济增长而产生的巨量财富仍然保持了公有制属性。最后，也是最重要的，随着农业经济专业化、商品化发展，承包农户生产决策协调以及销售渠道组织也在悄然发生变化，统一规划的趋势正在改变自发分散的局面，各种形式的劳动者合作经济和股份合作经济迅速崛起，标志着家庭经营的未来走向越来越明确。而所有这一切的背后，农村土地集体所有制这一基础性制度安排仍然在发挥真实的不可或缺的作用。这虽然不是典型形式的公有制，但是观察其在国家工业化、城市化和农业现代化进程中所发挥的作用，所产生的与多数国家私有制农业完全不同的后果，我们仍然有理由相信，这是中国特色社会主义的公有制。虽然公有制的性质相对较弱，但它仍然是公有制经济在中国农业特有的历史与现实背景下发展起来的特殊形式。[①] 千万不要在理论上轻视这一性质规定，在实践中践踏这一性质规定。

之所以说这种所有制形式的公有性质相对较弱，一是因为承包农户的生产经营是分散的，农户间除土地以外的农业生产资料存在很大差别，这与平等劳动的初始条件不同。二是因为地少人多，多数农民家庭的青壮年劳力已经外出务工，大多数承包农户已经成为兼业农户。外出务工人员离开了集体土地，脱离了家乡的农业集体经济。集体土地对他们只剩下社会保障托底的意义。三是因为现代意义上的农民合作经济组织发展缓慢。在市场经济发育的最初几十年内，承包农户暴露在严酷的市场竞争环境之下，生产方式落后，销售渠道不畅，产前、产中、产后服务无人问津，严重暴露出家庭经营的弱质性。在家庭承包经营基础上组织农民自己的合作经济或股份合作经济是客观需要。合作社发展滞后，主要原因是承包农户自身的专业化、商品化程度不够，

---

① 列宁 1923 年 1 月在《论合作制》中写道："我们现在有理由说，在我们看来，单是合作社的发展就等于社会主义的发展"，"在我国现存制度下，合作企业与私人资本主义不同，因为合作企业是集体企业，但它与社会主义企业没有区别，如果它占有的土地和使用的生产资料是属于国家即属于工人阶级的。"（《列宁选集》第 4 卷，人民出版社 1995 年版，第 772 页）

农业经营者老龄化，对现代农业技术的学习能力不足，对合作经济的自组织能力不强。但是也不难理解，所有这些因素都会在工业化和农业现代化进程中逐步化解。动态地看，中国农业经济的公有制性质有一个逐步增强的过程，它内涵在土地集体所有制的本质规定中，必然随着生产力的发展而渐次展开。

进入新时代，预期的变动正在发生。农民合作经济伴随农业现代化的进程，取得显著进步。各地在探索乡村振兴之路的过程中，创造了各具特色的新型农民合作经济或股份合作经济组织。承包农户和集体经济组织的关系正在恢复和加强，分散的家庭经营通过各种各样的农民自治组织方式与社会化大市场形成紧密联系并逐渐拓展开来。这当然与中国现代化进程、市场经济发育的大背景直接相关，但同时也体现了公有制为主体的农业经济自身发展的内在逻辑。随着乡村振兴事业的发展，越来越多的青壮年务工人员带着在市场拼搏中掌握的新知识回到家乡，投身于农村合作经济发展的大事业中，农村公有制经济新的发展前景越来越明朗。在此过程中，基层党组织发挥了极其重要的引领作用，战斗在农业第一线的共产党员发挥了模范带头作用。中国共产党在农村致力于完善和加强社会主义生产关系，它带领广大农民群众走共同致富道路的人力资源与物质资源也正在重新集结。

总之，由农业生产力状况决定，这里通行的仍然是"土地集体所有制＋家庭经营"为基础的公有制，分散经营的小农户通过多种形式的合作制与股份合作制与大市场衔接，与以大企业为主导的工业经济平等交换，形成遍布中国的"特殊的以太"——一种自下而上地由农民自主治理的平等劳动组织。我们相信，会有越来越多的劳动群众在合作经济中学习自主治理，在自主治理中发挥劳动致富的积极性和创造精神。这种黄土地里长出来的公有制，规模虽小但数量巨大；基于其普遍性与"草根性"，这种公有制对小规模经济中其他经济成分会有越来越多的渗透与浸润，其对公有制主体地位的补充和放大作用绝不应被忽视。

我们所理解的"公有制为主体"，包括大规模国有企业在大企业顶层的"普照的光"，以及土地公有制、承包农户与农民合作经济组织三位一体地形成的作为国民经济基础的"特殊的以太"；两种公有制互为前提、相向而行，体现了人民群众整体利益与劳动者自主治理的结合，给整个社会经济奠定了社会主义的鲜亮底色。这种充分利用公有制多种实现形式相对优势而构建的社会主义公有制，符合现代市场经济要求，能够在与其他所有制经济的平等竞争中保持公有制在所有制结构中的主体性，最大限度地推进社会生产力发展。这是中国共产党在四十余年改革开放中探索创新的重要成果，也是中国特色社会主义政治经济学所要理解与阐释的最重要的实践经验之一。

第四节　这就是中国特色社会主义

共产党人在近百年的社会主义实践中摸索创造的实践的社会主义，很显然与一百多年前经典文献中对共产主义第一阶段的预想有差别。这是一个存在商品、货币、资本关系的市场经济的社会主义，包括私有制在内的多种所有制经济同时并存、相互竞争、共同发展；社会主义公有制的主体地位表现为企业金字塔顶层上大企业群体中国有资本的主导地位，以及建立在土地公有制基础上的以承包农户为成员的合作经济组织的发展。这是一个产权多元化、企业组织形式多样化的混合经济，是马克思、恩格斯在他们那个年代未曾预见，也不可能预见的社会主义。一部分长期从事马克思主义政治经济学研究的学者，对于中国特色社会主义实践及理论发展的现状存在疑虑，怀疑这样一个没有消灭商品货币关系、没有消灭私有制、"降低了标准"的社会主义还是不是社会主义！回答这个疑虑，需要强调两条准则。

其一，发展生产力是社会主义的本质要求。马克思运用历史唯物主义的方法研究资本主义经济制度，从资本主义生产关系与当代生产力的固有矛盾得出，其必然灭亡且必然由一个消灭了商品价值关系的自由人联合体取代这一结论。但是在后来的实践中人们逐步发现，这个理论存在时间上的断裂：一方面，资本主义经济制度一直到今天也没有创造出一个足以使商品价值关系消亡的生产力条件；而另一方面，这个制度对当代生产力的发展已经形成严重桎梏，它以间歇性的巨大破坏力（全球性经济危机）制造自己继续生存的条件，对生产力的发展形成不可跨越的限制。因此，马克思主义的历史结论可以进一步修订为：资本主义的灭亡是必然的，但取而代之的新制度还不可能消灭商品价值关系，它要在市场经济中继续组织社会生产力，一直到共产主义的物质条件充分具备。社会主义就是这样一个为共产主义高级阶段准备物质条件的过渡性制度装置，它在市场经济的诸多构件上与资本主义相似，但无论如何必须在一个基本点上与资本主义完全不同，即它必须超越资本主义对生产力的桎梏，以一种全新的制度安排保障社会生产力长时间内可持续发展。20 世纪以来的社会主义实践尽管曲折艰难，但在多数时间里还是证明了自己在这一历史方面的巨大动能。特别是中国特色社会主义在四十多年的实践中，坚持公有制为主体的市场经济，在发展社会生产力方面取得令全世界惊艳的成就。2008 年以来中国经济在抵御全球经济危机中显示的宏观调控能力，以及中国在新一轮发展方式转变中所显示的科技创新活力，则进一步预示中国特色社会主义在持续发展社会生产力方面具有巨大潜能。

其二，关于社会主义的判断标准还应该到以人民为中心的制度特征中寻找。社会主义的生产力发展必须最大限度地使人民群众受益。中国共产党在一个生产力较落后的发展中大国建设社会主义，其解放和发展生产力的每一步是否都有利于人民？回顾历史，答案是肯定的。这可以从居民消费水平、人类发展指数，以及减贫工作和"精准扶贫"工作的成就等许多方面得到印证。中国在经济高速增长的同时，保证了人民消费水平的高速增长。按照人均 GDP 衡量，中国在开始社会主义经济建设的 20 世纪 50 年代之初，是全亚洲乃至全世界最贫穷的国家。经过七十余年的艰苦奋斗，到 2022 年中国人均 GDP 达到 12 700 美元，已接近中等发达国家水平，中国已经全面建成小康社会。往后，党和国家将以人民群众美好生活为目标，以共享发展的理念推进经济社会高质量发展，社会主义的制度优越性和道德感召力会更加凸显。

特别需要强调的是，中国获得的所有这一切成就，都是自力更生、艰苦奋斗的结果。七十多年来，中国在极端艰难的内外部环境中崛起，没有靠对外掠夺与扩张积累原始资本，而是通过默默劳作，把一代又一代人的汗水挥洒在自己的家园，并依靠改革开放逐步提升国际竞争能力，最终在西方发达国家的压倒优势中成功突围。因此，现代中国的崛起为全世界发展中国家带来了希望，为最终改变垄断资本主导的世界经济秩序提供了前景。中国的成功依靠 14 亿人民的勤劳与智慧，而把如此巨量的"人力资源"动员和组织起来的，则是全新的社会制度。中国共产党人领导的，公有制为主体、多种所有制经济共同发展的市场经济与资本主义有根本不同。中国特色社会主义之所以能够随着生产力发展满足人民群众日益增长的美好生活需要，实现共同富裕的目标，根子在社会主义的基本经济制度。理解这一制度演化的内在逻辑，我们有充分自信：它将担负起共产主义第一阶段的历史使命。因此，可以理直气壮地宣示，这就是中国特色社会主义！

第八章　资本一般、资本特殊与资本作用两面性

社会主义不仅需要发展市场经济，而且需要利用资本关系。中国特色社会主义市场经济中多种所有制经济并存，通过市场竞争共同发展，这就决定了社会主义也必须发展多种资本形态，利用多种资本形态组织社会生产。中国现阶段存在国有资本、集体资本、民营资本、外国资本、混合资本等多种资本形态，[①] 它们在社会主义市场经济中一同发挥资本的历史作用，共同推进社会生产力发展。然而，社会主义并不能在发挥资本积极作用的同时，完全消除资本的负面作用。如何理解资本作用两面性及其产生的原因，是社会主义政治经济学面对的理论难题。显然，不能简单地认为公有资本具有积极作用，私有资本则具有负面作用；笔者也不同意将资本的正面作用归功于所谓的"资本的自然属性"，而将其负面作用归咎于"资本的社会属性"。基于此，本章从判定资本作用的两面性植根于资本的社会的形式规定性切入，在微观与宏观两个层次上讨论资本作用的两面性，提出在微观与宏观两个层次的互动中驾驭资本的理论与政策思路。

第一节　资本的社会的形式规定性和内容规定性

一、资本的社会的形式规定性

资本是马克思主义政治经济学的核心范畴之一，马克思用《资本论》的全部理论逻辑展开了资本范畴的丰富内容。在最抽象层次上，马克思给出资本的简明定义——资本是"自行增殖的价值"[②]。马克思将资本的这一抽象规定称作资本的"社会

---

① 习近平：《依法规范和引导我国资本健康发展　发挥资本作为重要生产要素的积极作用》，《人民日报》2022 年 5 月 1 日。
② 《马克思恩格斯文集》第 5 卷，人民出版社 2009 年版，第 653 页。

的形式规定性",并且认为这才是反映资本本质的东西。[①] 马克思说:"资本的这个社会的形式规定性就是,劳动直接转化为资本,另一方面,这个资本购买劳动不是为了它的使用价值,而是为了自行增殖,为了创造剩余价值(更高的交换价值)'用来获取利润'。"[②] 这里包括两层含义。一方面,劳动直接转化为资本,因此具有商品价值运动的形式。商品具有使用价值和价值两因素,对应具体劳动与抽象劳动的二重性。在商品生产和商品交换中,抽象劳动上升为独立的社会中介,价值成为一般财富的特殊历史形式。正如马克思所说,价值是"纯粹社会的东西"[③]。"商品只有作为同一的社会单位即人类劳动的表现才具有价值对象性,因而它们的价值对象性纯粹是社会的,那末不言而喻,价值对象性只能在商品同商品的社会关系中表现出来。"[④] 而这种商品同商品的社会关系,实质上必然是商品生产者与商品生产者、商品所有者与商品所有者之间的社会关系。

另一方面,价值并不直接等于资本,资本也不是单纯的价值关系。资本是运动中自行增殖的价值。马克思将资本运动的总公式表达为:$G—W—G'$,并且从资本增殖的奥秘切入讨论资本范畴。如果说价值关系是等量劳动相交换的关系,那么这个总公式的矛盾是显而易见的。货币流通中贱买贵卖是可能的,却没有必然性;从长期来看,一些人的货币增值必然与另一些人的货币贬值相互抵消。马克思说:"资本不能从流通中产生,又不能不从流通中产生。它必须既在流通中又不在流通中产生。"[⑤] 价值增殖的真正奥秘在生产过程中。由于资本主义生产使用了劳动力这个特殊的商品,其价值和使用价值存在差额,即劳动力价值取决于劳动力再生产的费用,而劳动力的使用价值即劳动本身,即劳动创造价值。劳动创造的价值若大于劳动力商品价值就会给资本所有者带来剩余价值。这就是价值增殖的秘密所在。因此劳动力商品买卖双方在市场上和生产中的经济关系,以及生产过程中所创造的价值与剩余价值的占有关系,便是资本这个自行增殖的价值所反映的实质性社会关系。

总之,资本"不是物,而是一定的、社会的、属于一定历史社会形态的生产关

①② 《马克思恩格斯全集》第36卷,人民出版社2015年版,第305页。
③ 《马克思恩格斯文集》第5卷,人民出版社2009年版,第72页。
④ 《马克思恩格斯文集》第5卷,人民出版社2009年版,第61页。
⑤ 《马克思恩格斯文集》第5卷,人民出版社2009年版,第193页。

系"①。与以往历史形态不同的是，这种社会关系"体现在一个物上，并赋予这个物以独特的社会性质"②。资本是一种以物为中介的人和人之间的社会关系。其次，作为价值增殖关系，资本建立在商品与商品全面交换关系的基础上，服从价值规律和剩余价值规律"看不见的手"的调节，它是物对人的统治，是通过劳动力商品买卖实现的资本所有者对劳动的管理性强制，是由资本所有者指挥的劳动组织，是企业内部普遍存在的命令—服从关系。资本增殖明显地具有社会经济关系的属性。

二、资本带动生产要素集聚配置

从资本循环图式（8.1）不难看出，资本在运动中可以是任何一种生产要素，但生产要素未必就是资本；这是一个包含流通过程和生产过程在内的周而复始的循环运动。

$$G-W \genfrac{<}{}{0pt}{}{A}{Pm} \cdots P \cdots W'-G' \qquad (8.1)$$

运动中资本可以是进入价值增殖过程的生产要素，它表现为厂房、机器、原材料等生产资料［图式（8.1）中的 Pm］，马克思称之为不变资本；资本也可以是进入生产过程的劳动力［图式（8.1）中的 A］，即可变资本。现代生产中知识产权和数据资源等生产要素也都可以成为资本。但是，所有这些生产要素都只有掌握在资本所有者手中，进入价值增殖过程才会成为资本。③资本的物质形式甚至也并不一定要表现为生产要素。"如果把增殖中的价值在其生活的循环中交替采取的各种特殊表现形式固定下来，就得出这样的说明：资本是货币，资本是商品。但是实际上，价值在这里已经成为一个过程的主体，在这个过程中，它不断地变换货币形式和商品形式，改变着自己的量，作为剩余价值同作为原价值的自身分出来，自行增殖着。"④资本是循环中不断变换物质形态的价值体，它可以是货币，可以是商品，可以是进入生产过程的任何生产资料以及劳动力；在所有这些生产要素或并非生产要素的商品（如作为生活资料的商品）、尚未成为生产要素的物品（经销售回笼而不继续购买生产要素的货币）中，只有一个不变

①② 《马克思恩格斯文集》第7卷，人民出版社2009年版，第922页。
③ 《马克思恩格斯文集》第6卷，人民出版社2009年版，第44页。
④ 《马克思恩格斯文集》第5卷，人民出版社2009年版，第180页。

的"灵魂",即"自行增殖的价值",只有它才是资本的"本主"。

资本以其对剩余价值的执着追求,在多种多样的生产要素的物质形态中不知疲倦地穿梭旅行,变换身份,带动生产要素的集聚配置。典型地,它将货币转化为作为物质生产条件的生产资料与作为人身生产条件的劳动力,将两者结合到一起,实现了生产过程的资源配置。按照同样机制,资本也将现代生产中高度多样化的生产资料按照其工艺与技术的要求组织在一起,实现了资源的优化配置。这个过程并不只限于单个企业范围,而是也存在于企业与企业之间。资本的运动场所在联结社会分工的全部市场网络中,资本的增殖途径是价值规律调节的市场竞争。因此,资本带动生产要素集聚配置,引导普遍的物质变换和全面的社会关系,发挥了组织社会分工、推动社会生产的作用。在此过程中,剩余价值的追求始终是资本运动的方向标和动力源。

三、资本一般新解释与资本特殊新维度

马克思主义政治经济学要求人们透过形式规定性了解资本背后的阶级内容,或者说,揭示隐藏在资本的社会的形式规定性背后的资本的社会的内容规定性,这就是资本与劳动两个阶级之间的剥削和被剥削关系。马克思将资本所体现的社会关系称作资产阶级的生产关系、资产阶级社会的生产关系;显然,这里不仅是指其中的价值关系、等价交换和市场竞争关系,而且是指资本家与工人之间的劳动力商品买卖和阶级剥削关系。在马克思的理论分析中,这两部分内容可以分头叙述、分层递进;但在马克思看来,这些内容具有不可分割的内在联系。资产阶级社会的生产关系是商品内在矛盾展开的必然结果,这其中只有发育程度的差异,而并不存在在理论上作进一步区分的必要。"资本作为自行增殖的价值","包含着阶级关系,包含着建立在劳动作为雇佣劳动而存在的基础上的一定的社会性质"[1]。这就是包含在自行增殖的价值关系背后的阶级内容。

社会主义市场经济在发育中产生了多种多样的所有制关系,形成了包括公有资本在内的多种资本形态。实践要求社会主义政治经济学重新讨论资本作为社会生产关系

---

[1] 《马克思恩格斯文集》第 6 卷,人民出版社 2009 年版,第 121 页。

的内涵。摆在研究者面前的是两种具有截然不同阶级内容的资本范畴。既然如此，为什么公有资本与私有资本同样被称作资本，并且在社会主义市场经济的实践和理论中并列存在？实践的发展引导理论范畴的创新。社会主义市场经济有必要区分资本作为社会生产关系的两层含义。一层含义是资本的"社会的形式规定性"[①]，即资本是运动中"自行增殖的价值"，这是资本主义生产方式区别于之前各种社会形态的基本特征，也是社会主义市场经济多种资本形态的共性特征，是使"资本成为资本"的东西[②]，可以称作社会主义市场经济中的资本一般。马克思从来没有，也不可能将资本一般归结为资本的物质属性或者"自然属性"。请注意，此处与资本一般概念对应的资本所有者也具有一般性，可以是私人资本家，或者代表社会资本共同所有者的公司法人，也可以是作为公有资本人格代表的社会主义国家或某个劳动者集体。无论如何，这种价值增殖关系是资本所特有的，是公有资本与私有资本共同拥有的资本的"社会的形式规定性"。

另一层含义是资本的社会的内容规定性，这是隐藏在形式规定性背后的阶级内容、特定的社会关系。资本总是承载着某种特定内容的社会阶级关系，这是反映资本特殊的一个新的维度，包含公有资本和私有资本两种类型的资本特殊。由于生产资料所有制的区别，资本所代表的劳动占有关系，即经济权力和利益结构有完全不同的性质：私有制经济的资本归私人资本家所有，表现为资产阶级对工人阶级的剥削与被剥削关系；社会主义的公有资本表现为劳动者阶级内部整体利益与个人利益的对立统一，表现为劳动者集体意志对个人意志的管理性强制。这些都是有关劳动社会组织中的权力和利益关系，包括劳动力商品的占有、劳动的占有、劳动产品的占有。资本作为劳动占有关系的社会属性不仅体现为生产过程中由谁当家作主，而且表现为收入分配中剩余价值归谁所有。

在前一层含义上，公有资本与私有资本具有相同的社会属性，因此可以同时表征为资本范畴；在后一层含义上，两种资本具有完全不同的社会属性，因此必须区分为公有资本与私有资本。社会主义政治经济学需要这样的范畴创新，进而对资本一般这

---

① 《马克思恩格斯全集》第36卷，人民出版社2015年版，第305页。
② 《马克思恩格斯全集》第30卷，人民出版社1995年版，第213页。

一理论范畴作出更加完整的理解。[①]熟悉《资本论》的读者都知道，马克思不是这样使用资本一般与资本特殊概念的。他认为资本社会性质的两重含义都属于资本一般，所谓资本特殊则涉及如产业资本、商业资本和借贷资本这样的职能差异。传统的政治经济学不区分资本社会属性的两层含义，因此在解释社会主义经济中公有资本现象时遇到困难，在解释资本积极作用与负面作用并存的原因时陷入困境。有人直接从所谓资本的自然属性与社会属性的二分法来解释资本作用的两面性，将资本一般理解为资本的"自然属性"[②]，这种解释显现不符合马克思资本理论的基本立场。如前所述，在马克思看来，资本的形式规定性是资本社会属性的一个方面，而不是资本的自然属性。

第二节　资本作用两面性及其原因

一、单个资本行为的两面性

单个资本作为市场主体就是一个自主经营、自负盈亏的企业。单个资本通过市场购买生产要素，在企业内部组织生产劳动，产品再通过市场销售以实现价值，最后，单个资本回到要素市场购买生产资料和劳动力商品，进入下一轮循环。每一单个资本都是在包括生产过程和流通过程的资本循环中不断运动的，其努力行动的目的皆在于获取利润，趋利性是单个资本行为的共同特征，对剩余价值（利润是其外在形式）永无止境的追求是资本的动力源泉。

剩余价值不仅要在生产中创造出来，而且要在流通中实现。资本的趋利性驱使它在生产中不断增加产出、降低成本，从而提高生产效率。不仅如此，资本的趋利性还会驱使它在流通中提高效率，缩短流通时间，降低流通成本，提高预付资本的利用效率。从企业效率乃至社会效率的整体来看，流通效率与生产效率同样重要。所有这些都关乎商品使用价值和价值（进而剩余价值）的生产与实现，因此关乎"把蛋糕做大"的事情，可以统称为"生产性趋利行为"。

但是，企业获取利润并非仅此一个途径，另外一个增加利润的途径是通过"切蛋

---

① 荣兆梓：《公有资本与资本一般》，《教学与研究》2004 年第 10 期。
② 周丹：《社会主义市场经济条件下的资本价值》，《中国社会科学》2021 年第 4 期。

糕"实现的，也就是在既有的价值和使用价值中设法分得更大份额。企业必须为此而采取行动，因为财富和收入分配是通过市场进行的，企业必须采取行动维护自己的生产成果。但是，对单个资本而言，将"蛋糕"切得更加有利于自己是获取利润的一种手段，尽管一个企业的利润增加一定对应另一个或另外一些企业的利润减少。可以将单个资本的此类活动称作"分配性趋利行为"[①]。总体而言，资本的生产性趋利行为是有益的，而资本的分配性趋利行为则是无益甚至有害的。分配性趋利行为就其本性而言只能损人而利己，具有经济学所谓"机会主义行为"的特征。被损害的对象可能是作为竞争对手的其他企业，可能是产业上游的要素供应者或者下游的产品购买者，包括最终消费者，也可能是因寻租与设租行为而受到损害的全体纳税人和整个市场秩序。譬如：利用消费者不良嗜好生产黄赌毒；利用信息不完全和不对称坑蒙拐骗、制假售假；利用市场行为的外部性排放污染物；利用市场垄断地位获取超额垄断利润，利用税收征管漏洞偷税漏税，利用不正当竞争行为牟取不正当利益；等等。总之，企业趋利行为具有两面性，政治经济学认为前一类行为具有其正当性，而后一类行为是应当被限制甚至取缔的。这是对资本设置"红绿灯"的理论依据之一。发达资本主义国家也对资本的分配性趋利行为有所制约，这方面有些经验中国可以借鉴。

马克思主义政治经济学认为，有一类资本行为从表面看似乎是"生产性趋利行为"，而实质却是彻头彻尾的分配性趋利行为。那就是资本主义企业对"劳动成本"的控制，特别是资本通过延长工作日、增加劳动强度、压低工人工资等方法生产绝对剩余价值。这种降低生产成本、提高生产效率的方法是通过对工人利益的直接侵害获取的，因此是彻头彻尾的"分配性趋利行为"。即使是资本主义国家，从其阶级总体利益出发也要对资本侵蚀劳动的过度行为采取限制措施，比如，对法定工作日加以限制，对最低工资加以限制，建立社会保障制度，对劳动力再生产进行一定程度的社会化，等等；因为，对劳动的过度压榨会导致全社会劳动力资源枯竭和社会秩序崩溃。

社会主义基本经济制度决定了资本形态的多样化。一方面，资本行为总是具有趋利性，这是由资本的社会的形式规定性使然，尽管资本形态有区别，但单个资本的

[①]　鲍莫尔等：《好的资本主义坏的资本主义》，中信出版社 2008 年版。

行为具有共性特征；另一方面，不同形态资本的行为特点又是有差别的。不同产业领域、不同行业部门的资本会有不同特点，处于资本循环不同阶段的企业逐利行为也会有很大差异。特别是社会主义的公有资本（包括国有资本和集体资本）虽然也追求利润目标，其行为也包括生产性趋利和分配性趋利两种形式，但是利润并不是公有资本的唯一目标。社会主义的公有资本归劳动者所有，以劳动者"完全利益"为追求目标，一方面从劳动者整体利益与长远利益出发，关注利润生产和剩余价值积累；另一方面从劳动者个人与家庭当前利益出发，关注劳动者工资和福利、劳动者消费生活的提升。因此，我们将公有制企业的生产目标界定为包含利润与工资在内的企业增加价值。公有资本的所有者当然要求公有资本的保值和增值，但它同时也要求随着企业劳动生产率的提高而提高劳动者报酬，两者都是公有资本的生产目的本身。公有制企业发挥工会和职代会作用，通过人力资源管理调动全体员工积极性以提高企业生产效率，将资本利益与劳动利益的对立关系转换为协同关系、共享关系。这是公有资本保持与私有资本相同的趋利性目标的同时，所坚守的与私有资本根本不同的行为特点；这也是政治经济学关于为什么国有企业职工的工资水平总体上高于私营企业的主要理论解释。

二、许多资本作用的两面性

关于资本作用两面性的理解不应该停留在单个资本层面，而应该更多从社会层面考察。从社会层面来看，许多资本共同行为的结果并不等同于单个资本行为，也不等于所有单个资本行为的加总，许许多多资本行为的总体性后果具有"涌现"特征。

单个资本自主选择自己的逐利方式，其市场行为具有盲目性和随机性，其结果具有极大的不确定性。但是，在特定市场环境中，如供求高度失衡或者某个行业利润畸高时，许多资本在单个市场乃至整个社会经济范围内，会形成"统一行动"，"涌现"一定期限内有明显倾向性的市场结果，这就是所谓市场"跟风"现象，此类现象往往导致市场失衡和社会资源的大规模损失。比如，资本在同一产业领域的大规模重复投资造成产能过剩，资本向具有高额利润的房地产业投资导致房地产泡沫，股票市场的"跟风"行为造成股票大幅度波动进而形成"股灾"，以及资本利润向金融业过度倾斜带来的经济社会"脱实向虚"问题，等等。

在理想状态下，市场本身有纠错机制，长期中市场供求会自动保持平衡。单个资本从自身利润出发的逐利行为会在无意中带来有利于全社会的后果，许多资本的市场竞争在长期中形成供需平衡，从而调节资源配置，满足消费者越来越多样化的消费需要，并推进社会生产力的持续进步，这就是经济学所谓"看不见的手"，政治经济学称之为"价值规律"。价值规律的出现具有"涌现"特征，这个规律是在所有市场主体、资本主体的背后发挥作用的，它并不是单个资本行为的简单加总，甚至与单个资本的行为特点和目标取向有明显差异。单个资本只追求自身利润的最大化，但它在无意中遵循了价值规律，按以商品社会价值（准确地说是实现利润率平均化后的生产价格）为基准的市场价格调节生产行为和经营行为。为了更多地获取利润，单个资本会努力创新生产方式以获取超额利润，即通过采取新技术和新管理方式降低个别价值，从而获取个别价值与社会价值之间的差额。这些都是单个资本从自身利益出发的逐利行为；但是，正如马克思所分析的那样，它推动了企业生产力的提高，而且由于市场竞争的作用，带动了整个行业生产力的提高。价值规律作用的结果是整个社会生产力持续提高，这显然不是单个资本的目标。

一般认为，"看不见的手"理论是由亚当·斯密首先提出的，这一理论是对经济学发展的划时代贡献。但按照马克思主义观点，这个理论却存在很大的片面性，它只看到了规律作用的正面效应，而严重忽视了其中的负面效应。价值规律延伸到资本运动中便是剩余价值规律，两者的作用都有两面性，这是理解资本作用两面性的重要观察角度。价值规律的内在本质是社会关系的物化，是人与人的经济关系通过物与物的交换关系进行连接，是具体劳动与抽象劳动的对立，以及抽象劳动的全面统治。资本正是抽象劳动统治的承担物和主导者。资本在社会经济运作中的主导性决定了价值规律和剩余价值规律在发挥正面作用的同时，不可避免地具有负面性。这种负面性首先是由资本追求剩余价值的目的决定的，资本永无止境地追求剩余价值，成为一部为生产而生产的"永动机"；而剩余价值的生产却以对劳动的无休止压榨为前提。因此，生产的无限扩大就与社会消费需求的有限性直接对立，价值生产就与使用价值的实现直接对立。资本必然成为疯狂旋转的"跑步机"，它早晚要让无法叫停的奔跑者"摔死"。

从这个层面来看，时间并不总是能消解许多资本运动所导致的市场偏差的，资本主义市场经济在长期中的失衡具有必然性。价值规律和剩余价值规律的负面影响包括：由规律作用形式决定的社会生产的无政府状态和社会资源的巨大浪费；由无约束资本行为导致的社会经济周期性波动乃至经济危机和金融危机；因为资本与劳动的阶级对立导致的收入分配两极分化和社会动荡。当今世界资本运动造成的突出问题是地球生态圈遭受破坏，扭转这一趋势已经成为人类命运共同体的当务之急。资本的无序扩张还会向社会生活的其他领域蔓延，如资本对社会文化的侵蚀、对政治生活的渗透，这是资本主义市场经济不可避免的结果。观察资本作用的两面性，绝不能忽视这一层面的内容。

价值规律是分散的、数量巨大的市场主体行为在市场整体上的"涌现"，许多资本运动的长期后果同样具有"涌现"特征。现代复杂系统理论所谓的"涌现"特征包括微观和宏观层次的区分以及两者的双向互动、一致关联，微观组分之间存在逻辑一致的关联关系，这种相关性约束着底层分散的组分，并使得它们相互关联起来，形成一个高层宏观整体。除此之外，"涌现"还具有两大特征：一是分散控制的特征，系统没有指导其宏观行为的集中控制部分，只是利用微观的自动机制影响全局；二是完全新奇性特征，即相对于微观层次的个体行为，系统的全局行为是新奇的、在个体行为中未曾出现的。[①] 社会经济中单个市场主体与许多市场主体构成的整个市场之间存在这样的微观、宏观关系，单个资本与许多资本构成的总体行为规律也具有这样的微观、宏观关系，存在自主盲目行为中生成的规律性，因此都适合用"涌现"概念来讨论，既要承认两者的联系，又要明确两者的差别。仅仅在单一层次上讨论资本作用的两面性是不完整的。尤其值得注意的是，单个资本规模扩张有可能形成市场垄断；在这里，资本负面作用的两个层面相互叠加，其破坏作用更大。单个的规模巨大的垄断资本就能直接冲击宏观经济，其游走于法律边缘的机会主义行为会对宏观经济平衡产生巨大影响。社会主义政府必须严格规制垄断企业行为，防止垄断资本无序扩张造成全局性的负面后果。

---

① 金士尧等：《复杂系统涌现与基于整体论的多智能体分析》，《计算机工程与科学》2010 年第 3 期。

三、社会主义不可能消除资本作用的两面性

实践的社会主义经过数十年探索，才明确在社会主义条件下发展市场经济的必要性和必然性，市场经济是当代生产力条件下劳动分工的组织形式，它以企业内部的科层组织和社会范围的市场交换组织社会劳动。随着社会主义市场经济体制的展开，在社会主义条件下利用和驾驭资本也就成为顺理成章的事。资本是最活跃的市场主体，是资源配置的桥梁与纽带，是社会分工的组织者。说到底，市场经济和资本形态具有共同的生产力基础，只要社会生产力尚未充分发展，职业专门化的旧式分工尚未消灭，劳动仍然"仅仅是谋生的手段"，而不是"生活的第一需要"①，劳动者还不愿意提供超过必要劳动的剩余劳动②，那么市场经济就一定是组织社会分工的基本形式，资本的历史使命就仍然没有完成。毛泽东曾经说过，"商品生产的命运，最终和社会生产力的水平有密切关系"③。由生产力状态所决定，社会主义不仅要发展市场经济，而且也一定要利用资本形态。

然而，社会主义在利用资本组织社会生产的同时，却不可能完全消除资本作用的两面性。根本原因是，资本作用的两面性植根于资本的形式规定性。

资本的形式规定性包括两个方面。其一，资本生产的产品是商品；因此，"全部生产由价值来进行调节"。"价值规律不过作为内在规律，对单个当事人作为盲目的自然规律起作用，并且在生产的偶然波动中，实现着生产的社会平衡。"④"生产的社会联系只是表现为对个人随意性起压倒作用的自然规律。"⑤其二，剩余价值生产是生产的直接目的和决定动因。这个以资本增殖为目的的生产只关注价值数量的增加，而无所谓过程的内容，使用价值仅仅是达成目的的手段，因此在这个无止境地追求剩余价值的过程中天生具有不择手段的倾向。由于剩余劳动时间与必要劳动时间存在零和关系，对劳动的管理性强制是资本达成目标的必要手段。这里未必具有阶级对

---

① 《马克思恩格斯文集》第3卷，人民出版社2009年版，第435页。
② 《马克思恩格斯全集》第30卷，人民出版社1995年版，第286页。
③ 《毛泽东读社会主义政治经济学批注和谈话》，中华人民共和国国史学会，1998年1月。
④ 《马克思恩格斯文集》第7卷，人民出版社2009年版，第996页。
⑤ 《马克思恩格斯文集》第7卷，人民出版社2009年版，第998页。

立，但利益矛盾始终是存在的。这些体制机制都存在不可避免的负面性。资本主体的机会主义行为不可能杜绝，丑陋与罪恶总是在市场秩序的缝隙中泛出；秩序在不断纠错中建立，规律在个人盲目行为背后实现；要价值规律就必须利用资本的独立性和自发性，这不仅适用于私有资本，而且在一定程度上也适用于公有资本。总之，资本作用的两面性产生于资本的社会的形式规定性本身，真可谓"成也萧何，败也萧何"。

同时也应当看到，资本的内容规定性对资本负面作用的强度和长期后果有重要影响。在公有资本主导的社会主义市场经济下，资本对社会经济的负面作用会受到约束，从而有所减弱；尤其是资本对社会经济的长期性、全局性消极后果不再具有必然性，这与资本的社会的内容规定性有极大的关系。社会主义建立了公有制为主体、多种所有制经济共同发展的基本经济制度，大范围改变了市场经济中资本的阶级属性，公有制经济的平等劳动成为社会经济的"普照之光"，从而逆转了资本对社会生活全面渗透的局面。社会主义的制度优势决定了资本与劳动的阶级对立不再是社会主要矛盾，社会主义经济增长的长期趋势是劳动者消费生活的不断改善和劳动能力的不断增强，进而促进社会生产力的可持续发展。中国特色社会主义最本质的特征是中国共产党领导，它从根本上保证劳动者是国家主人，社会主义是发展方向。中国共产党创造性地在社会主义条件下发展市场经济，在社会主义市场经济中驾驭多种形态的资本共同建设社会主义现代化。社会主义消除了资本运动在资本主义经济中长期负面后果的必然性。但是，由于资本的社会的形式规定性普遍存在，并且民营资本与外国资本的社会的内容规定性仍然包含阶级剥削关系，竞争产生垄断的规律仍然发挥作用，进而大资本利用市场权力对中小资本的控制与剥夺也不可能避免，货币拜物教对社会意识形态仍然有极大影响。对于资本主体行为失范经常导致的负面性，政府可以加强管理，通过营造公平竞争的市场秩序、防范不正当竞争行为来予以节制，却不可能一劳永逸地消除资本主体各式各样的机会主义行为。改变资本运动在资本主义经济中长期负面后果的可能性已经具备，但由可能到现实的转化并不是自动实现的，并且在极端情况下产生颠覆性后果的风险依然存在。

第三节 在社会主义市场经济体制下驾驭资本

社会主义要利用市场经济体制组织社会生产，就必须掌握驾驭资本的本领，即在充分发挥资本正面作用的前提下，有效防范和节制资本的负面作用，在对资本行为的规范和引导中实现中国式现代化目标。社会主义制度给出了资本运动的长期趋势与未来目标，规定了资本这匹烈马的赛道，但赛道的走向还不是决定资本运动后果的充分条件，烈马要戴上笼头由聪明的骑手驾驭才能奔向既定方向。

一、构建公平竞争的市场秩序

规范资本行为的第一条举措是建设平等竞争的市场秩序。自发的市场秩序存在太多漏洞，资本机会主义行为更是无孔不入，解决这一问题的主要方法是由政府来设置"红绿灯"，以堵住市场漏洞并引导市场主体，驱使所有资本主体将主要精力用到生产性趋利行为上。其一，政府应当明令禁止一切有害人民生活生命健康的商品生产和销售，取缔黄赌毒，以严格的市场监管保障食品安全和其他商品生产消费的安全。其二，政府应当防止商家利用市场信息不对称对消费者造成侵害，严惩欺诈行为，禁止制假售假，杜绝虚假广告，等等。其三，政府在保障企业职工权益方面应当有更多作为，要严格执行并不断完善劳动法，使得社会主义的劳动关系朝着劳资和谐的方向逐步推进。其四，政府要在维持公平竞争的市场环境、反对资本主体不正当竞争行为方面持续发力。其五，政府在具有市场外部性的领域要发挥引导作用，防止环境污染等不良后果蔓延。其六，政府要强化垄断规制，对生产力发展中不断产生的新的垄断组织和新的垄断行为作出及时的反应，与时俱进地调整和完善反垄断的法律法规。政府在健全市场秩序、防止出现由资本机会主义行为经常性导致的负面作用时，必须兼顾（但不仅限于）以上各个方面。资本的健康发展需要公平竞争，而公平竞争的制度环境不能仅靠市场自发力量。中国政府在建设公平竞争的市场环境方面已经做了大量工作、积累了丰富经验。然而，情况仍然在不断变化，新的问题仍然不断出现。要进一步全面深化改革，营造更加有利于资本健康发展的市场环境和法治环境；要为竞争设置"红绿灯"，强化反垄断，防止资本无序扩张，有效防范风险，维护市场公平竞争。

政府在做好市场制度建设和秩序维护的同时，还需要时刻关注自身建设。在竞争中企业不可避免地会采取分配性趋利行为，如压低工人工资，压低中小企业订单价格，通过土地出让、税收优惠、政策补贴等从政府手中获取额外好处等。尽管此类逐利行为也是市场竞争的组成部分，是市场发挥资源配置作用不可缺少的因素，也是政府在实施产业政策时需要利用的机制；但分配性逐利行为往往包含损人利己的机会主义动机，企业可以借用各种各样的借口向政府要求政策优惠，甚至通过暗箱操作满足一己私利。这就是所谓的"寻租"。寻租行为的动因源于资本与生俱来的趋利性。资本无孔不入的寻租诱惑是政府完善市场监管的最大挑战；经不住诱惑的政府官员会利用企业的寻租需求，通过设租获取私利。如果政府机构像某些自由主义经济理论所说的那样，与企业一样是追求自身利益最大化的"经济人"；那么，资本机会主义行为的负面影响就不可能被节制，反而很可能发展成为不受控制的"裙带资本主义"。所以，社会主义国家的政府必须时刻警惕资本利益的侵蚀，通过不间断的自我革命保持为人民服务的初心。

二、完善社会主义宏观经济治理体系

许多资本运动造成的长期性、全局性负面影响，主要依靠国家的宏观经济治理来防范。首先，经济社会发展需要有中长期规划，规划不仅表达了发展的目标和速度，而且涉及发展过程中宏观经济结构的平衡和变化。中国共产党在制定和实施经济社会发展中长期规划方面有优异表现，并积累了丰富经验。正如习近平总书记所说："用中长期规划指导经济社会发展，是我们党治国理政的一种重要方式。"[1] 社会主义的本质要求决定，中国的宏观经济治理不能仅仅满足于短期均衡，单纯将抑制通货膨胀、促进充分就业当作目标，还要在保障经济运行短期稳定的同时，更多关注经济长期增长、社会生产力持续发展和人民生活不断改善。因此，要用连续的跨周期政策设计来弥补逆周期调节的不足，以中长期规划的制定和实施来保证经济社会长期、稳定、高质量发展。中国特色社会主义的宏观经济治理兼顾稳定、结构、

---

① 习近平：《在经济社会领域专家座谈会上的讲话》，《人民日报》2020 年 8 月 25 日。

增长等多重目标，旨在在国民经济的持续发展中顺利实现全体人民共同富裕的根本目标。

其次，国家有多层次、多样化的调控手段可以将资本运动长期中可能产生的不良后果控制在一定限度内，以防止产生颠覆性影响。中国特色社会主义的宏观经济治理手段不限于财政政策与货币政策。党的十九届五中全会通过的国家"十四五"规划纲要明确提出，"健全以国家发展规划为战略导向，以财政政策和货币政策为主要手段，就业、产业、投资、消费、环保、区域等政策紧密配合，目标优化、分工合理、高效协同的宏观经济治理体系"。治理手段的多元化是社会主义制度优势的必然结果，是防范资本负面作用的重要倚仗。

从经济领域看，关键性的控制目标有四个。第一，协调国民收入中劳动报酬与资本回报的比例。社会主义的生产目的从根本上说是物质财富（使用价值）而不是价值，是包含消费需要与投资需要在内的劳动者完全利益，所以与资本单纯追求剩余价值的目标有重大区别。社会主义在利用资本发展生产力的同时，决不能陷入唯利润目标的陷阱。国家的调控目标是劳动者长远利益的最大化，必须兼顾积累与消费，将劳动报酬率与社会剩余价值率等指标控制在适度区间。第二，供给侧结构与需求侧结构的匹配。不是单纯的总量调控和需求管理，而是从供给与需求两方面发力，从结构调整和产业升级中寻求宏观经济发展的动态平衡，以防止资本运动内在矛盾导致的宏观经济失衡。第三，协调虚拟经济与实体经济的关系，按实体经济发展的需要改革和调控金融业，防止经济在资本逻辑的推动下脱实向虚，防止虚拟经济的过度膨胀对全社会剩余价值的虹吸效应和对实体经济利润率的稀释效应的产生[①]，防止金融领域的突发性风险事件。第四，协调两种资源、两个市场，按照国内经济发展的需要调整对外经济关系，在积极参与国际竞争的过程中确保国家产业体系的独立完整和民族工商业的自主发展，防止国际垄断资本的侵蚀与控制。

总之，资本作用的长期后果需要由制度来规范，这里不仅包括社会主义的根本制度、基本经济制度，而且包括宏观经济治理体系、经济社会发展规划、多种多样的宏

---

① 李艳芬、荣兆梓：《虚拟经济自增长机制及适度规模边界——基于劳动价值论视角》，《财经科学》2022 年第 10 期。

观经济调控制度等。

三、在场与结构的耦合中驾驭资本

资本作用的两面性不仅要从单个资本微观层次观察，而且要从许多资本的宏观层次观察。两个层次的资本作用既有联系，又有区别，这就决定了在社会主义市场经济下驾驭资本也需要从单个资本的微观结构与许多资本的宏观场域两个层次着手。构建平等竞争的市场秩序、完善宏观治理的制度体系固然重要，然而企业微观制度和市场主体行为的构塑更具有基础性意义。

现代复杂系统理论认为，"涌现"现象具有场与结构的耦合效应 [1]，这符合市场经济中单个资本与许多资本在微观、宏观层次上相互作用的特点。企业行为虽然受外部市场环境约束，归根结底还是由自身的制度结构决定。市场并不是一个先于所有市场主体而独立存在的"平台"场域，而是许多市场主体共同行为"涌现"的结果。虽然"涌现"现象与系统单个组分的行为并不相同，却又是组分间关联互动的结果，这就是场与结构的耦合效应。要在社会主义市场经济条件下有效驾驭资本，利用场与结构的耦合效应，从市场与企业两个层次着手应该是正确选择。

公有资本是企业改革的产物，通过改革将资本逻辑注入国有企业的制度结构，从而改变了国有企业行为。计划经济体制下的国营经济并不具有资本性质，国家对工商业经济中全部生产资料的统一支配构造了覆盖全社会的"国家辛迪加"，不仅国有经济内部没有市场竞争，而且强大的国有经济也抑制了社会范围的市场竞争。没有竞争就没有企业的趋利性行为，也就没有资本。国有企业改革在探索市场经济下国有制有效实现形式的过程中选择了股份制，进而构建了国有股份资本与公司法人资本分开的财产组织形式，形成了国有企业在商品市场、劳动力市场和资本市场上与多种所有制经济竞争的局面，国有资产因此而转变成国有资本。在此过程中，场与结构的互动与耦合决定了事物的进程：多种所有制经济的快速发展造成竞争压力，迫使国有企业改变体制机制；反过来，国有企业的改革和完全融入又塑造公有制为主体的市场经济，决

---

[1] 黄吉平：《复杂系统中基于场与结构耦合效应的一些涌现特征及其物理机制》，《上海理工大学学报》2011年第5期。

定市场经济的社会主义性质。国有企业改革创造了国有资本这种全新的资本形态，不仅其微观结构与其他所有制的资本有所不同，而且其行为也影响其他资本形态，产生出不同于资本主义市场经济原有特点的新特点。

社会主义市场经济的资本主体行为需要规范也能够加以引导。民营企业主是资本的人格化代表，他在生产关系中的既定位置决定了他会受利润指挥棒的影响。当然，受影响程度因人而异。社会主义的特定政治制度、经济制度和文化氛围又有引导资本主体向上向善的可能性和必要性。社会主义市场经济环境中成长起来的民营资本自身也在发生变化，很大一部分民营资本主体认同社会主义核心价值观，在共产党领导与公有制经济的影响下，在社会主义与爱国主义旗帜的感召下，合法合规诚信经营，更加凸显生产管理者和创新推动者的积极作用。同样是趋利性行为，民营企业主可以从短期利润着眼，把赚钱作为企业经济的首要目标，也可以从企业长期发展着眼，把企业的做优做强目标放在首要位置，以几代人的努力打造"百年老店"。赚钱和"做企业"是两种不同的企业文化，长期中两类企业的前途将完全不同。习近平总书记指出，"非公有制经济要健康发展，前提是非公有制经济人士要健康成长。希望广大民营经济人士加强自我学习、自我教育、自我提升"[1]。

在社会主义条件下发展市场经济，是中国共产党的一个伟大创举。习近平总书记指出："我们是在中国共产党领导和社会主义制度的大前提下发展市场经济，什么时候都不能忘了'社会主义'这个定语。"[2] 在社会主义条件下发展市场经济，也就是在社会主义条件下利用资本形式，两者具有不可分割的必然联系。在社会主义条件下利用资本，标志着中国共产党对马克思主义政治经济学基本原理的深刻理解，体现了中国共产党在中国特色社会主义实践中开拓进取的勇气和智慧。有人担心利用资本、驾驭资本便不能最终消灭资本、消灭阶级剥削和阶级压迫；[3] 用列宁的话说，这些人

① 《习近平谈治国理政》第3卷，外文出版社2020年版，第267—268页。
② 《"五位一体"谱华章（习近平新时代中国特色社会主义思想学习问答（26）——关于中国特色社会主义事业总体布局）》，《人民日报》2021年8月23日。
③ "驾驭资本"的潜在含义是，资本必须得存在。如果马儿不存在了，骑马的人如何驾驭马儿呢？因此，"驾驭"一词的狡猾诡谲之处正是要党和资本成为长期的共存关系。这样，党带领广大无产阶级消灭剥削、消灭资本、消灭压迫，实现无差别的共产主义社会的目的就被取消了。（季立东：《"驾驭资本"和"将资本关在笼子里"的提法都是错误的》，季立东文化纵横谈，2022年7月18日）

"自称马克思主义者，但是对马克思主义的理解却迂腐到无以复加的程度"①。中国共产党的历史英雄主义集中表现在它的坚韧与耐心、勇于担当而有所作为上。既然消灭商品货币关系、消灭资本这种社会生产特殊方式的条件尚不具备，那么我们为什么不能在社会主义制度下利用这些形式来发展生产力，为最终消灭商品、货币以及资本创造条件！

---

① 《列宁选集》第 4 卷，人民出版社 1995 年版，第 775 页。

第九章 增加价值生产与社会主义创新激励

社会主义生产以满足全体人民不断增长的美好生活需要为目的。从根本上说，这个生产目的是使用价值性质的目的。但是社会主义又采用市场经济体制，其生产劳动的产品具有使用价值和价值二因素。满足劳动者社会的全部净产品总是在价值形式上表现为净产品价值，即社会生产的全部增加价值的总和。所以说，增加价值是社会主义生产目的的价值形式。在市场经济下企业劳动的社会有用性质需要通过产品售卖在市场交换中实现。因此，对于企业来说，它所追求的直接生产目的就不是产品使用价值，而只能是价值形式的存在，这是社会主义市场经济下不同所有制企业的共同特点，公有制企业也不例外。与私有制企业单纯追求剩余价值的生产目的不同，社会主义公有制企业的生产目的是包含必要价值与剩余价值在内的增加价值。必要价值用于满足企业劳动者的消费需要，剩余价值则可以满足劳动者社会的公共消费以及企业和社会扩大再生产的需要，两者共同构成劳动者的完全利益。从这个意义上说，公有制企业的生产目的与社会生产目的一致。

第一节 增加价值与社会主义生产目的

一、增加价值分解为必要价值和剩余价值

在社会主义经济中商品价值仍然由生产资料的转移价值 C 和新增活劳动投入 L 构成，活劳动投入创造的增加价值 L 分解为（$V+M$），商品价值的构成就成为（$C+V+M$）三个部分。增加价值是生产过程中新创造的价值，是企业劳动者全部劳动投入的物化形式。增加价值可以分解为两部分，一部分是必要价值，另一部分是剩余价值，两者对应《资本论》中所说的劳动力商品价值和剩余价值。

如何理解社会主义公有制企业中增加价值两部分的经济含义？首先，公有制企业

创造的全部增加价值要分解为两个部分来使用：一部分用于满足劳动者个人及其家庭的消费需要，另一部分则用来满足劳动者社会的整体需要。在劳动者个人的收入分配之前，企业要先将商品价值中用来补偿已经消耗的生产资料的价值扣除。而对于增加价值，为保障劳动者公共利益与长远利益则需要进行下述两项扣除。第一，社会消费的需要。具体而言，社会管理，社会安全，由社会负担的教育、医疗及其他一些文化设施等开支，以及社会上丧失劳动能力的人或者是不具备劳动能力的人，包括儿童、老人、残障人士等的生活需要，都要从增加价值当中支出 ①。第二，社会扩大再生产的追加投资。为了保障劳动者长远利益不断增长的需要，应该从增加价值中留下一部分用于扩大再生产。必要价值是劳动者个人收入的部分，而剩余价值则是增加价值扣除必要价值之外的部分，其实就是生产公共基金的那部分劳动量。所以，在增加价值的两部分中，必要价值体现的是个人利益和当前利益，而剩余价值体现的是劳动者的整体利益和长远利益，两者结合起来，就构成劳动者的完全利益。公有制企业的生产目的包含劳动者个人利益和社会利益两部分，在商品价值中表现为必要价值和剩余价值。

二、企业生产目的的差异性

社会主义市场经济有一个很特殊的现象：社会主义生产目的与社会整体的生产目的具有差异性，即使是公有制企业也是如此。

公有制企业以增加价值为生产目的，它覆盖企业劳动者的完全利益，其内容与社会生产目的（即全社会劳动者的完全利益）没有区别。但事实上，社会生产目的最终落脚在产品使用价值上，而公有制企业的生产目的则落脚在价值形式上。更重要的是，社会主义的生产过程中不仅包括公有制经济，还包括多种所有制形式的企业，而这些企业并不都像公有制经济那样关心劳动者的完全利益。比如数量最多的个体经济，它的生产目的就是个体经营者的个人与家庭的消费需要。不过在市场化程度较高情况下，即使个体经济的生产目的也是通过增加价值实现的。有少数经营很好的个体经济还想进一步发展，会把自己的增加价值分成两部分，一部分用于当前消费，另一部分用于

---

① 参见马克思：《哥达纲领批判》，《马克思恩格斯文集》第 3 卷，人民出版社 2009 年版，第 361—362 页。

未来的扩大生产。但即使如此，个体经济的目的还是很明确的，即为了改善自己和家庭的生活，为了个人与家庭的消费需要。

雇工经营的私营企业的生产目的又如何呢？这些私人资本家投资企业组织生产的目的当然是获取利润，也就是企业劳动者所创造的剩余价值，这和资本主义经济的情况区别不大。企业生产当然会创造增加价值，包括必要价值和剩余价值两部分。但是对于私人资本而言，必要价值是用来购买劳动力商品的，是生产成本的必要部分，与生产中必须消耗的生产资料价值没有区别。实现剩余价值则是生产的全部目的，必要价值在这里表现为劳动力商品价值，它是实现生产目的必须付出的代价，是必须支付的工资成本，而不是生产目的本身。私有资本的生产目的是获得剩余价值。

实际上，公有制企业的情况也不那么简单。公有制企业总体而言当然是追求劳动者完全利益，公有制经济是劳动者自己的经济，是劳动者共同占有生产资料条件下的平等劳动，所以它追求的是劳动者利益，并且它不光要保障劳动者的个人利益，而且要追求整体利益，进而需要把整个增加价值作为生产目的。这是从公有制经济总体而言具有共性的东西，不管采用什么样的产权形式和组织形式，增加价值的生产是公有制企业生产的目的，这是它的一般性。但不同公有制实现形式的企业的生产目的，至少在侧重点上不一样，这是体现问题复杂性的方面。公有制的实现形式是多样化的，两种公有制形式——国有制和集体所有制，包含多种多样的具体实现形式。而且这些实现形式会随着经济的发展而不断改变。这些企业层面的制度差异会在生产目的上体现出来，表现为共性前提下的差异性。比如说劳动者合作经济，它更关心劳动者个人的劳动收入，所以把必要价值的落实放在首要位置。就拿合作社来说，合作社有没有盈利分配？可能会有，但盈利分配不是合作社生产目的，合作社生产目的就是为社员服务，就是保障每个社员个人及其家庭的劳动收入，这才是核心。例如，一个果农合作社如苹果生产者合作社。该合作社的主要任务是把社员家庭生产的苹果运到城里卖掉。这是基本任务，合作社经营有没有盈余并不重要，其他形式的合作社也一样。一般而言，劳动者集体所有自主治理的公有制经济的生产目的侧重于关注劳动者的个人利益，优先考虑落实增加价值中的必要价值部分。还有一个很好的案例是南斯拉夫的自治劳动体制，它强调把企业的决策权交给劳动者自己。这个自治劳动体制在长期经营中出现的问题就是过于偏重于劳动收入的分配，而忽视企业的积累与投资。从一个较长时期来看，这正是导致南斯拉夫经济后劲不足、增长乏力的重要原因。有许多研究者讨论过这个问题，大家基本上形成了共识①。劳动自治经济在某些方面具有相对优势，但在这一方面的缺点也很明显。

利用公有资本形式来实施管理的国有经济，在生产目的和收入分配上更加侧重于资本回报和资本积累。在实践中，这些企业会把增加价值中的剩余价值部分放在企业生产目的的首要位置。国有经济现在基本上都实现了公司制改造，成为股份有限公司或有限责任公司，公有资本控股的混合经济在生产过程中追求什么？它侧重于追求企业利润，强调国有资本的保值增值，因此企业目标与职工利益有可能发生矛盾。

公有资本与剩余价值生产有必然联系。总体来说，公有制企业的生产目的是全部增加价值，但是公有资本控制的企业更侧重于剩余价值。首先是市场竞争的外在压力使然，企业要想在竞争中生存和发展，没有剩余价值的不断积累是不可能的，因为没有剩余价值的积累，企业就会在竞争中萎缩，所以剩余价值是企业长期发展的一个必要条件。如果在竞争过程中，某一企业与同在一个市场上的其他企业相比，剩余价值生产能力比较弱，就意味着其发展潜力较弱，那么这家企业将在竞争中明显处于劣势，无法在与其他企业的竞争中胜出。公有资本对剩余价值的追求，也代表对劳动者长远利益的追求。从这个意义上看，外来压力造成的对剩余价值的追求与公有制企业内在本质的追求并不矛盾。从长远来看，企业发展是有利于社会生产力不断提高、有利于劳动者整体利益的。所以公有资本对剩余价值的追求来自内在、外在两个方面的驱动，由此形成的客观趋势推动社会生产力的发展。

从劳动者的整体利益来看，剩余劳动和剩余价值都是手段，而不是目的。最终目的是提高劳动者的生活水平，是要满足日益增长的美好生活的需要，因此这个手段是必要的。如果不是只看眼前，而是从长远角度去看每个劳动者个人的家庭利益，会发现发展生产和劳动者的利益并不矛盾。只有协调好两者的关系才能最大限度地满足劳动者的需要。

① 参见余文烈等：《市场社会主义：历史、理论与模式》，经济日报出版社2008年版，第136—139页。

尽管有所差异，公有资本控制的企业和劳动者自主治理的企业总体上均符合公有制经济追求劳动者完全利益这样一个基本判断。总体上看，公有制企业是以劳动者完全利益也就是增加价值为生产目的的，但不同的公有制形式的企业生产目的侧重点有区别：在同样兼顾劳动者完全利益的前提下，劳动者自治经济更偏重于个人劳动收入，而公有资本控制的企业则更偏重于剩余价值。

三、社会生产目的与企业生产目的综合考察

综上所述，从社会整体来看，社会主义生产目的与公有制为主体、多种所有制经济成分存在这样一个基本的生产资料结构相吻合。这不仅体现在占主体的公有制企业的生产目的的特点上，而且还体现在作为社会整体利益代表的国家在经济治理方面从劳动者整体利益出发上，体现在执政党和政府在管理社会经济时以人民为中心的根本立场上。但同时也应当承认，由于社会经济当中有大量不同所有制形式、不同企业形式，它们的生产目的有所区别。大体而言，个体经济把必要价值放在前面，私人资本的企业把剩余价值放在前面，而公有制经济则兼顾两者。

进一步比较社会生产目的和企业生产目的的差异，还可以看到使用价值目标与价值目标的差异。整个社会的生产目的是劳动者的完全利益（整体利益加上个人利益），追求的就是劳动者的美好生活，是其物质文化生活的逐步提高，它应当归于使用价值的范畴。但是具体到不同所有制经济的企业，不管是公有制企业还是私有制企业，由于劳动都是间接的社会劳动，都要通过市场买卖过程才能实现劳动的社会有用性，因此企业生产目的是直接指向价值的。可以这样概括社会主义社会的生产目的：它追求的是以增加价值为外在形式的国民财富。增加价值是一个价值性质的东西，而国民财富应该是一个使用价值性质的东西。社会生产目的从本质上讲是使用价值，是劳动者的美好生活，但是在市场运动的外在形式下表现为增加价值。增加价值这个概念在社会主义的劳动过程和价值增殖过程中有特殊的重要性。

社会总的生产目的是以增加价值作为外在形式的国民财富积累，企业生产目的则体现在价值形式上，它因所有制不同而不同，公有制经济以增加价值生产为目的，私有制经济以剩余价值生产为目的。这就是社会主义生产目的的复杂性；使用价值和价

值在这里对立而统一，它背后根本的东西是劳动者当前利益与长远利益、个人利益与整体利益的对立统一和相辅相成。劳动者个人利益和整体利益的矛盾实质上就是劳动者当前利益和长远利益的矛盾，但两者的对立不是绝对的。一个劳动者集体如果只顾个人利益、当前利益，而不顾长远利益和整体利益，要不了多久就会发现经济增长太慢，最后还是会影响和损害个人利益。所以，这两者并不是绝对对立的关系，因而需要一种总体权衡下的劳动者利益最大化。社会生产目的和企业生产目的虽然有差异，但并不总是矛盾的，这道理也是一样的。社会主义社会的生产目的，要在公有制为主体、多种所有制经济共同发展的总体格局中实现；也就是说，要通过这些既有共同点又有差异点的多种多样的所有制经济共同发展，来实现社会主义的生产目的。

第二节　增加价值生产的两种方法

一、绝对增加价值生产和相对增加价值生产

作为社会主义公有制企业生产目的的增加价值，其生产方法也有两种。一种是绝对增加价值生产，即增加活劳动投入导致的价值增加；另一种是相对增加价值生产，即劳动生产率提高导致的超额增加价值生产。其中，绝对增加价值生产是基础性的，体现了劳动者社会"劳动创造美好生活"的根本法则；而相对增加价值生产对达成社会主义生产目的更为重要，说到底劳动生产力的不断提高才是劳动者生活不断改善的来源。

绝对增加价值是在劳动生产率不变前提下活劳动投入增加导致的价值增加，它的价值增加与使用价值增加同步。投入活劳动的增加使得增加价值增加，但增加价值增加的幅度和使用价值增加的幅度是一样的；这里没有劳动生产率的变动，因此劳动投入增加多少，劳动产品也就增加多少，产品增加导致产值增加与活劳动投入增加导致使用价值增加，两者的内涵都是一致的。但是，绝对增加价值生产不能提升劳均产出量，对消费生活改善的作用有限。当然，在人口增长的同时增加就业至少可以保证劳动者的物质生活不会被"稀释"，因此在同等人口水平下提高人口就业率也不失为改善人均消费的策略之一。

相对增加价值是劳动生产率提高导致的超额增加价值生产，任何企业的超额增加

价值都会在市场竞争中因为追赶者生产率的提高而逐步消失，而在同样劳动时间内生产使用价值（社会财富）的增加却会在竞争中推广到整个行业，也就是说，在相对增加价值生产中，使用价值会在超额增加价值一轮又一轮的产生与消解中增加。长期来看，相对增加价值生产中价值与使用价值的变动是脱钩的。相对增加价值生产直接增加劳均产出的物质财富，有利于提高劳动者的消费水平，因此是达成社会主义生产目的的基本手段。

绝对增加价值生产不能够增加劳均产出量，因此对消费生活的改善作用是有限的。它可以提高就业，比如，一个家庭的就业人数增加，导致家庭收入增加从而使生活改善；但是，除此之外，它对于整体消费者生活的改善作用是有限的。因为劳动者生产的产品一样多，每个劳动者的生产量即财富创造能力没有改变。但相对增加价值生产直接增加劳均产出的物质财富，因为劳动生产率提高，同样时间生产的产品更多了，因此导致劳均产出持续增长。所以从使用价值角度去考虑，它有利于提高劳动者的消费水平，并且这种作用是无限的。因为劳动生产率在长期中可以无限提高，所以它也就成为达成社会主义生产目的的基本手段。

二、绝对增加价值生产

绝对增加价值生产，即在既有生产率水平上通过增加劳动投入来生产更多增加价值。企业增加劳动投入有两个途径：一是在现有劳动队伍中挖掘潜力，延长工作时间，增加劳动强度；二是招收更多工人，组织更加庞大的劳动大军。个体经营者与家庭经营者的绝对增加价值生产同样有两个途径：一是挖掘家庭成员的劳动潜力，让其更加起早贪黑地辛苦劳作；二是增加劳动成员，包括生养更多子女参与家庭劳动，以及必要时利用学徒、伙计、雇工来展开经营。

中国的农业生产在相当长的时间里主要依靠绝对增加价值生产而发展。15 世纪前后，欧亚大陆东西两端几乎同时出现农业产出大幅增加的现象。在欧洲，首先是西欧的农业生产出现剩余，并通过向工业经济的转移逐步在农业经济之外伸展出越来越长的分工链条，由于市场范围的不断扩大，以矿物能源为动力、机器生产为特点的产业革命爆发，生产力高速发展的资本主义生产方式建立起来，从而确立了西欧世界工厂的地位。而在欧亚大陆另一端的东方大国，农业生产剩余未能大规模导向工业方向，而更多滞留于农村，投入农业劳动力的扩大再生产；在农民家庭经济的固有框架内，在土地资源没有明显增长的前提下，一系列以高密度劳动投入为特征的农业技术进步得以推进，包括一年两熟甚至三熟农作物、套种或间作技术等。此类技术极大地提高了单位土地的产出率，从而在相同的土地上容纳更多劳动力，以此养活更多的人口，却不能有效提高劳动生产率，这一模式被称作内卷式农业发展模式 [1]。造成这一历史路径分叉的原因也许是古代东方农业生产方式具有更多的适应性和包容性，与此相关联，统治阶级对农业人口增长采取鼓励态度。清朝时期雍正皇帝的"摊丁入亩"与许多欧洲国家实行的长子继承权制度显然产生了不同后果。但这肯定不是答案的全部，甚至不是要害。欧洲工业化的发育依靠新大陆的发现、大西洋三角贸易、殖民主义等一系列开拓世界市场的大事件，类似事件在东方一直到 19 世纪中晚期都未有发生。市场发育是推进工业化的必要条件，中国工业化的真正启动是在改革开放打开国内国外两个市场之后。然而，内卷式农业发展历史对于当代中国经济并不是毫无意义的，特别是与之并行的农业劳动者 X 效率 [2] 的养成传统，外界称其为"勤劳革命"，它在数百年时间里培育了勤劳节俭的社会文化，为现代工业化进程的展开准备了一支吃苦耐劳、讲究效率、勤于学习、自我约束、能够适应工厂纪律的规模巨大的，具有极高潜在 X 效率的产业后备军 [3]。一旦条件成熟，其积聚形成的巨大爆发力就会震撼世界。

从社会经济的大范围来看，勤劳也可以进一步分解为人口的就业比率和劳动的时间与强度两个方面。就一个国家的人口中有多少人在参加生产劳动这一方面而言，中国表现非常突出，包括农业在内的就业人口占中国总人口的比重始终很高，这是一个勤劳指标。当然，中国人的勤劳还表现在劳动时间和劳动强度上。中国人的工作时间与欧美发达国家相比明显较长。但与发达资本主义国家相比，中国的技术水平还偏低，

[1] 黄宗智：《长江三角洲小农家庭与乡村发展》，中华书局 1992 年版。
[2] X 效率由哈维·莱宾斯坦 1966 年最早提出，指一种组织或动机的（低）效率，其中，X 代表造成非配置（低）效率的一切因素。政治经济学认为，其中最重要的因素应该是与劳动者主观能动性相关的劳动积极性。参见罗杰·弗朗茨：《X 效率：理论、论据和应用》，上海译文出版社 1993 年版。
[3] 参见乔万里·阿里吉：《亚当·斯密在北京》，社会科学文献出版社 2019 年版，第 354 页。

靠吃苦耐劳来展开竞争其实是以绝对增加价值生产谋发展的方式。

增加劳动投入的同时也要增加与之配套的生产资料投入。企业要绝对增加价值生产，主要靠两项措施来实现：一是增加投资，同时增加更多的劳动岗位，从而招更多工人；还有一项是加强劳动激励，让劳动者在同样的劳动时间里、在同样的岗位上，能够发挥更多的劳动积极性从而增加产出。这一点与劳动强度有关，有时候也被称作X效率[①]，可以在生产方法、生产流程和人均生产资料的投入（至少是机器投入）都没有增加的前提下增加产出。因为激励的有效性，劳动者发挥了劳动积极性，所以增加了生产。当然X效率到底是属于绝对增加价值生产，还是属于相对增加价值生产，其中有没有劳动生产率的提高，还可以进一步讨论。在同样的时间里劳动者积极性更高或者劳动强度更大可以看作劳动效率提高的途径。

企业劳动投入的增加不一定要增加投资，也可以通过更有效地利用现有的生产资料来增加产出。比如说，一个企业原来是一班制，现在改成两班制或三班制，这样至少在同样机器设备条件下可以吸纳更多的劳动力来生产绝对增加价值。但是原材料增加总是不可避免的，所以说绝对增加价值的生产，除了需要增加活劳动投资之外，还要有相应生产资料的增加来配套，只不过两者增加的比例不一定完全相同。

企业还可以让员工延长劳动时间。绝对增加价值生产的核心问题就在这里，这在私有资本的企业中与绝对剩余价值生产的机制是相同的。关键是公有制经济中延长劳动时间体现的是不一样的生产关系，其追求的不是剩余价值生产，不是一个阶级对另一个阶级的"榨取"，而是劳动者阶级为了自身利益而作出的更多努力。特别是在社会主义建设初期，为了摆脱贫困陷阱，全体劳动者延长劳动时间、增加劳动强度，从而为自己长远利益的发展积累更多的剩余劳动。[②] 这是绝对增加价值生产在社会主义发展中起到的不可或缺的重要作用。[③]

[①]　参见罗杰·弗朗茨：《X效率：理论、论据和应用》，上海译文出版社1993年版。

[②]　本书第十二章将进一步讨论这个问题。

[③]　孟捷的"有机生产方式"概念，以及"有机生产方式"与相对剩余价值生产不可分割的联系，在理论上存在片面性，也难以解释中国实践的这一重要方面。（孟捷：《历史唯物论与马克思主义经济学》，社会科学文献出版社2016年版）

三、相对增加价值的概念

增加价值生产还有另一个方法，即相对增加价值生产。相对增加价值是劳动生产率提高导致的超额增加价值生产。一个企业的劳动生产率提高了，同样的劳动投入量生产的增加价值就比其他企业多。比如，原来一小时生产 10 件产品，现在一小时生产 100 件产品，每一个活劳动投入生产的价值从企业角度来看是相同的。但是当产品在市场上出售时，同样是一小时的劳动投入，从企业个别价值来说仍是一小时，但按市场价值来看是 10 小时，所以这一企业产品的个别价值是低于社会价值的，从而在市场上获得了 9 小时的超额增加价值。这就是相对增加价值生产的基本含义，它是由劳动生产力提高导致的超额增加价值。

但是这种价值生产在竞争过程中会不断地回归原有水平。当某家企业的劳动生产率提高从而获得超额增加价值时，其他企业必定都会去研究这家企业所采用的具体方法，进而逐步模仿，跟上领先企业劳动生产率提高的步伐。当大多数企业都学会这种先进生产方法时，这种商品生产的社会必要劳动量就会下降，比如，从原来的十分之一小时生产一件产品，逐步降到百分之一小时生产一件产品，百分之一小时就成为这件产品现在的社会必要劳动时间。从价值生产来看，一小时还是一小时，从市场获取的超额增加价值会逐步消失，但使用价值（也就是社会财富）在超额增加价值一轮又一轮的获取又回归的过程中会一直增长。这就是相对增加价值生产的实质。所以相对增加价值的生产，从形式上看是增加价值的增长，实质上却是使用价值的增长，这就是相对增加价值生产概念的特殊性。

长期来看，在相对增加价值生产中价值与使用价值的变动是脱钩的，相对增加价值生产只是使用价值生产的增加，而不是真正意义上的增加价值增长。但是在现代信用货币条件下，相对增加价值生产使用价值的实质内容却在货币形式上体现出来。现代信用货币的币值以购买力锚定，它不直接反映商品生产的社会必要劳动时间，而是以能够购买的使用价值实物量来衡量。从这个意义上说，相对增加价值生产表现为信用货币的数量变动。所以说，相对增加价值生产所增加的使用价值量，与按照现代信用货币形式来计量的商品价格是显著相关的。这一点在观察现代生产过程时要特别注意。按照马克思的理论，商品价值量是按照商品生产的社会必要劳动时间来计算的，随着劳动生产率的提高和商品生产的社会必要劳动时间缩短，商品价值进而商品市场价格相应降低。但是，人们现在面对的不是金属货币，而是现代信用货币，是纸币甚至是一个电子符号。信用货币币值原则上是与购买力挂钩的，要扣除通货膨胀的影响并考虑币值的稳定，它的基准就是购买力，也就是购买力平价（PPP）。因此，在相对增加价值生产中，以 PPP 计算的增加价值，直接随着劳动生产率的提高和单位劳动时间内生产的使用价值量的增加而增加。商品价值量随着劳动生产率的提高而下降的实质，在很大程度上转换为商品市场价格稳定前提下的企业销售额增加现象。总体而言，按 PPP 计算的 GDP 一定是随着相对增加价值生产的发展而不断增加的；相对增加价值生产在体现 PPP 的货币形式上，直接表现为一个持续增大的量。但是要记住，这里实质上增加的只是使用价值量而不是价值量。

四、相对增加价值生产

相对增加价值生产依靠提高劳动生产率来达到增加价值生产的目的。企业通过创新提高劳动生产率，从市场上得到超额增加价值。短期来看，这是企业生产中用同等劳动时间生产商品实物量以及销售中实现商品价值量的增加。但因为市场竞争中同行业所有企业都会跟进，商品生产的社会必要劳动时间就会下降，创新企业产品的市场价值也逐步回落，其超额增加价值会逐步消失，最后大家回到同一起跑线上。所以，从长期来看，任何企业的超额增加价值总是昙花一现，同等劳动时间所创造（实现）的价值量不会增加。在相对增加价值生产过程当中，真正持续增加的是企业生产的商品使用价值、物质财富的量，不仅创新企业的实物生产量增加了，而且竞争中行业整体的生产量也会大幅度增加，并且这个过程会不断地重复出现。花费同样的劳动时间，同样的商品价值所生产的使用价值量增加了。所以，相对增加价值生产是持续不断的物质财富使用价值量增加。

（一）超额增加价值

相对增加价值生产以超额增加价值生产为前提。什么是超额增加价值？一个企业通过技术创新和制度创新提高了劳动生产率，该企业生产的个别价值会低于社会平均价值。比如，某件单位商品生产需要 10 个小时，这是社会平均价值；但是企业提高劳动效率后，只需 5 个小时就能生产同样数量的使用价值。劳动时间的差异导致企业在市场销售时以 5 个小时的个别价值实现了 10 小时的社会价值，那么 10 小时与 5 小时的差额就是企业超额增加价值。具体而言，企业 5 小时的超额价值可能有两种情况。一种情况是因为商品生产中生产资料消耗并转移到商品价值中的转移价值减小了。比如，原来商品生产 10 个小时的必要劳动时间里面有 3 个小时是生产资料的价值。企业通过采取新的技术、新的管理节约了生产资料的消耗，例如，用更有效的机器，或者在生产工艺上节约原材料，等等。现在企业生产中只消耗 2 小时价值的生产资料，这样就节约了 1 个小时的转移价值，这是企业超额增加价值的一个来源。另一个来源就是，企业采取新的工艺、新的技术、新的管理，活劳动投入也节约了。同样生产这个商品原来劳动投入需要 7 个小时，现在只需要 3 个小时。这样劳动投入上节约了 4 个小时，加上生产资料消耗节约了 1 个小时，加起来就有 5 个小时，这是企业超额增加价值的来源。从整体来看，对于企业超额增加价值的来源，笼统说是企业提高了劳动生产率，而提高劳动生产率可以通过两种方式：一种是生产资料的节约，另一种是活劳动投入的节约。在现实生产提高劳动生产率过程中，关于这两个方面的节约都存在。更常见的情况是企业采取新技术的时候，可能生产资料的投入反而增加了，原来消耗的生产资料是 3 个小时，现在可能因为采用了更加先进的机器，需要 4 个小时的生产资料进行生产，这时消耗的生产资料的价值反而增加了。但这不代表企业劳动生产率不能提高，只要转移价值增加额小于与此同时节约的活劳动量，那么企业劳动生产率还是提高了，商品生产的企业个别价值仍然是下降的。比如，企业采用新的机器，虽然在机器投入方面它多花了 1 个小时，现在商品价值中的转移价值为 4 个小时；但与此同时，原来 7 小时的活劳动变成 1 个小时的活劳动，原来要 7 个人工作，现在自动化生产线上只要 1 个人工作，商品生产的个别价值下降为 5 小时，这样就可以提高劳动生产率，从而创造出超额增加价值。也就是说，企业通过各种方式使自己的劳动生产率高于这个行业平均劳动生产率、企业个别价值小于社会价值，从而获得超额增加价值。

（二）相对增加价值与相对剩余价值

相对剩余价值生产与相对增加价值生产有一些相似性，两者依靠的都是劳动生产力的提高，依靠的是生产过程中的创新，即用更加先进的工艺、技术、更加先进的机器、更加先进的企业管理方法，或者更加先进的经营手段等来生产更多产品。创新带来劳动生产力的提高，在同样的劳动时间内劳动者创造出更多的使用价值。所谓相对剩余价值生产，也是在同样的劳动时间里创造出更多的使用价值。相对增加价值生产和相对剩余价值生产都要提高劳动生产率，因此同样都存在超额增加价值的生产。资本主义条件下的企业想要获取超额剩余价值，首先要通过提高劳动生产力来创造超额增加价值，即在同样的劳动时间里创造的商品量要多于行业内其他企业以及社会平均水平，将这些商品拿到市场上出售的时候，虽然单位商品价格跟别家的一样，但因为数量更多，出售的总价格也比别家更多。该企业首先获取的是一个超出平均值的超额增加价值，即以同等劳动换取了比别家更多的增加价值。其次，因为企业获取了超额增加价值，因此里面也包含超额剩余价值。所以，讨论相对剩余价值时马克思所用的那些经济学范畴，比如说个别价值、社会价值、社会平均劳动生产率等，用在讨论超额增加价值时也同样适用。如果把考察的焦点集中到增加价值的生产上，首先看到的是企业的超额增加价值，其次才是超额剩余价值。企业首先在市场上实现超额增加价值，然后把工人的工资扣掉就有了超额剩余价值。也就是说，企业获取超额剩余价值与获取超额增加价值的路径是相同的，区别仅在于把必要价值当作投入还是产出、视为手段还是目的。

更加重要的是，要看到相对增加价值生产机制和相对剩余价值生产机制有根本区别。相对剩余价值机制短期内需要一个超额增加价值，然后企业获得超额剩余价值，这只不过是增加价值的一部分。从长期来看，经过市场竞争同等劳动时间创造的商品价值还会回到原位，单位商品价值同时下降，最后企业的超额增加价值和超剩余价值都会消失。但是在这个过程当中，资本主义企业相对剩余价值生产的长期后果是随着劳动生产率提高工人的劳动力商品价值下降。所以在长期中，劳动生产力提高过程也是一个相对剩余价值率提高的过程、剩余价值对劳动力商品价值的相对比例提高的过程。这里所谓的相对剩余价值提高是直接从价值概念上说的，是一个价值比率问题；必要价值部分会缩小，而剩余价值部分的比例会增加，这是一个有关价值和价值比的结果，即剩余价值率提高。相对剩余价值生产是因为劳动力商品价值增加一定慢于剩余价值增加。假定工人的劳动力商品价值以再生产劳动力所需要的消费资料为前提，那么同等消费资料量在劳动生产率提高前提下的价值量一定是下降的。

社会主义企业追求的不仅仅是剩余价值，而是增加价值和剩余价值两部分同步增长；不是以单纯的资本所有者利益提高为目的，而是希望劳动者和公有资本所有者的利益都随劳动生产率的提高而提高；同样的劳动付出，两者得到的物质产品数量，即使用价值量都同样增加。也就是说，社会主义生产追求的是物质财富的增长、使用价值的增长，追求的是人民群众日益美好的生活。从这个意义上讲，社会主义的增加价值生产过程中相对剩余价值生产，即剩余价值率的不断提高不是必然现象。其必然现象应该是相对增加价值所代表的使用价值量、物质财富量的增加。所以两者从长期后果看是不一样的，相对剩余价值生产的长期后果仍然是剩余价值率提高，这是价值比概念，是价值现象；而相对增加价值生产的长期后果则是使用价值量增加、物质财富量增加。

（三）相对增加价值的源泉

超增加价值的源泉是劳动生产率提高，提高劳动生产率主要靠的是技术创新和管理创新。创新对于相对增加价值的生产来说是一个决定性因素，而创新如何推动劳动生产力的提高，如何推动企业超额增加价值的生产，其具体的影响机制也和相对剩余价值在生产过程中的机制相似。首先是企业创造出超额增加价值，然后到市场上出售产品从而获取超额利益，然后其他企业跟进。即创新者刺激同行的其他企业，催生出大量的创新跟随者，而所有这些创新跟随者的积极模仿最终导致行业平均劳动生产率提高。在劳动生产率提高以后，单位商品价值也就随着社会必要劳动时间的下降而下降，企业在同等劳动时间创造的价值量最终会回到原点，创新企业的超额增加价值也就消失了。具体而言，在信用货币体系下，这一机制短期内会通过行业内竞争和行业间竞争而使利润率平均化，进而影响产品售价，一直到超额增加价值完全消失；在长期中，虽然商品市场价格不会随着劳动生产率的提高而等比下降，但劳动生产率提高更快行业的商品相对价格仍然会下降。比如，工业品的价格相对于农产品的价格会有下降，家用电器的价格也会比一般工业消费品的价格下降更快。企业关注的是增加价值的价值量，或者说是商品价值的货币表现，因为其产品对企业和企业劳动者自身而言并没有使用价值，为了继续获取超额增加价值，企业还需要继续创新。所以，超额增加价值形成—消失—再形成的过程，维持了创新推进的社会生产力持续提高。这一机制其实和相对剩余价值生产推进劳动生产力提高的机制是相同的。

影响劳动生产率有两个主要因素，一个是科学技术，另一个是劳动社会结合方式，所以创新一定是技术创新和管理创新两者的结合。当然还有其他因素。除了这两个主要的途径之外，技术变化和管理变化也会影响企业规模的变化，而企业规模的变化对于生产率来说也是一个很重要的因素。许多生产过程都存在一定的规模效应，随着企业规模的扩大，很多生产资料都可以更加节约，其劳动过程更加密集或者管理更加有效，自然劳动生产率也就会提高。所以，生产资料投入的增加，对于创新过程来说具有双重效益，不仅绝对增加价值生产需要生产资料的追加投入，而且相对增加价值生产也需要生产资料的增加投入。如果没有进一步追加投资，生产过程的创新是不可能推广，也不可能落实的；如果不增加资本投入，一个企业要使用新技术是不可能的。无论是绝对增加价值生产，还是相对增加价值生产，都少不了生产资料投入的增加。也就是说，生产的发展与生产资料投入的增加是不可分割的。

进一步考察影响企业创新活动的因素，还包括宏观经济环境、制度环境、一般科技水平以及资源和生态环境等方面。就一般科技水平而言，它比较依赖国家的创新能力、创新体系以及国家关于科学技术发展的规划与投入。比如说，很多基础科学研究是不可能完全依靠企业来做的。而一个国家的创新能力、国家创新体系的建立以及国家基础研究的发展对于企业创新发展而言是一个很重要的外部环境。另外，还需要考虑自然环境，其实自然环境对于生产力有重大影响，在一个更加丰裕的自然环境中，同样的劳动投入生产出来的使用价值就会更多一些；在相对贫瘠的土地上，要生产同样的产量就需要投入更多的劳动。这其实是劳动生产力决定因素中一个很基础的东西。随着现代经济的发展，自然环境和生产力之间的关系变得越来越突出。这是因为随着人类劳动生产力的不断提高，人类改变自然环境的能力也在不断加强。由于生产能力提高了，一个大规模生产过程可能在很短的时间里就对生态环境产生巨大影响。所以，现在特别要关注生产与自然环境之间的和谐。如果在产出增加的同时对自然环境产生了很大的破坏，比如说破坏了生态环境，或者把不可再生资源消耗殆尽，那么今天的生产力增加就是对将来生产力的破坏，这是今天生产对未来生产造成的负外部性。如果不考虑这个外部性，只是在今天的生产力增加上自得其乐，从劳动者整体利益与长期利益来看显然是不明智的。经济增长以对资源与环境的破坏为基础，那就包含了虚假成分。

第三节 社会主义市场经济中创新激励的二重来源

企业创新在资本主义市场经济下与相对剩余价值生产密切相关，马克思通过解释相对剩余价值生产的内在机理，间接探讨了资本主义企业创新以及企业劳动生产率的提高。在社会主义政治经济学中存在与此相类似的社会主义企业创新，它必然的逻辑前提是企业追求相对增加价值生产，这两者之间有着内在的逻辑关联。资本主义条件下的创新激励有一个来源，即超额剩余价值，企业创新的目标就是追求超额剩余价值。而在社会主义条件下，创新激励是两重的，除了超额剩余价值具有创新激励作用之外，还有一种创新激励，叫作劳动致富激励。下面分别讨论这两种激励。

一、超额剩余价值及其对企业家的创新激励

超额剩余价值及其对企业家的创新激励，应该和资本主义市场经济条件下的情况是一样的，至少它的作用机理有相似性。

（一）相对剩余价值与企业创新激励机制

马克思的相对剩余价值理论，强调企业首先是为了追求超额剩余价值，才采取新的生产方式、新的管理模式，或者在其他销售方面追求技术创新和管理创新。对于资本主权型企业来说这是共性，有远见、有勇气、有能力的资本家和企业家都会利用创新方法来追求更多的剩余价值。这一机制不仅对创新的企业来说促进了其劳动生产力的进步，而且由于创新企业的超额剩余价值刺激了其他企业跟进，所以可以带动整个行业的发展。这是资本主义市场经济条件下创新激励的主要机制。虽然超额剩余价值在竞争中会消失，但正是由于创新者无法永远获益这一特性，市场机制才保证了源源不断的创新动力。这就是超额剩余价值的创新激励机制。

这个机制在社会主义市场经济条件下仍然存在。首先，社会主义市场经济存在大

量私营企业，对于这些私营企业的企业家来说，超额剩余价值的激励机制继续有效。同时，大量的社会主义公有制企业采取公有资本的实现形式，特别是国有企业经过公司制改造已经成为资本主权型企业，企业治理遵循盈利原则，谁投资谁决策，谁投资谁分享利润，公有资本追求剩余价值的目标是存在的，在竞争中追求超额剩余价值的机制也是发挥作用的。国有资本的所有者会通过经营考核指标和公司治理机制，将资本保值增值的目标传递给企业管理层。在当前国企改革过程中，越来越多企业倾向于让企业高层经理人员通过年薪制、股权激励及其他与企业绩效挂钩的奖励制度分享企业利润。国有企业的管理者已经成为剩余分享者，更加具有追求超额剩余价值的动机。所以，对于已经实现公司制改造的公有制企业来说，超额剩余价值的创新激励也同样发挥作用。

（二）相对增加价值与企业创新激励机制

国有企业不能只追求剩余价值和超额剩余价值，完整地说，其生产目的是增加价值。企业追求超额增加价值推动劳动生产力发展，这个机制与追求超额剩余价值推动劳动生产力发展机制的作用是一样的。社会主义市场经济条件下公有制为主体，公有制经济总体上追求的是增加价值，只是不同类型企业的侧重不一样。资本主权型国有控股公司侧重于追求剩余价值，而劳动主权的工人合作工厂以及其他形式的劳动者合作经济，侧重追求劳动报酬，即增加价值中的必要价值部分。无论企业是什么类型，它在市场竞争中首先要努力获取超额增加价值，只有获取超额增加价值，才能有机会获取超额剩余价值。超额增加价值的实现，是超额剩余价值的前提条件。

总体而言，社会主义企业的共同点在于通过创新获取超额增加价值，然后超额增加价值才能为企业的两部分利益——劳动者利益和资本所有者利益——提供创新红利空间，即形成一个可以利益共享的红利分配空间。超额增加价值的机制对劳动者阶级全体成员都具有激励效应，这是社会主义条件下创新激励机制与资本主义不一样的地方。在社会主义经济中，企业追求超额剩余价值的行为一定能导致相对增加价值的生产。因为追求超额剩余价值，首先要生产超额增加价值，无论是超额剩余价值还是超额增加价值都以劳动生产力提高为前提，而劳动生产力的提高意味着同样的劳动时间可以创造更多的物质财富，创造更多的使用价值，这是相对增加价值生产的长期趋势。

但是要注意，即使单纯从资本主权型企业来看，社会主义生产与资本主义生产也是有区别的。对资本主义经济来说，超额剩余价值的激励机制最终一定是导致相对剩余价值生产，剩余价值与劳动力商品价值之间的比例一定是逐步提高的。但是这种情况在社会主义经济中没有必然性。其中的关键是看在相对增加价值生产中是不是能够对创新红利空间实现公平分配，能不能真正实现劳动者实际报酬随着劳动生产率提高而同步提高。从总体来看，如果劳动者报酬与劳动生产率的提高同步增长，那么社会主义的创新激励过程不会导致剩余价值与劳动力商品价值的比例越来越高，即不可能导致相对剩余价值生产，这与资本主义经济不同。现代资本主义经济必然是相对剩余价值生产，而社会主义的创新激励机制是以相对增加价值生产为核心，最终导致的是必要产品实物量与剩余产品实物量（实际物质财富量）同步增长。所以说，相对增加价值生产和相对剩余价值生产从表面看似乎区别不大，但是从长期的实际后果来看则具有根本差异。

（三）企业家与企业家精神

企业家在企业创新中的作用很重要，这个问题熊彼特说的比较清楚。企业家是承担创新功能的专业人士，在企业里面主导创新、引导创新、实施创新。企业家创新受超额剩余价值激励，因为企业家的利益和剩余价值的生产及实现是直接挂钩的。现代市场经济的大多数规模以上企业都是资本主权型企业，都是各种各样的股份公司或者业主制企业、合伙制企业。对这类企业来说，超额剩余价值激励发挥主要作用，这里的核心人物、精神领袖是企业家。国家主席习近平在 2014 年亚太经合组织工商领导人峰会开幕式的演讲中指出，市场活力来自人，特别是来自企业家，来自企业家精神。按照政治经济学的观点，企业家精神就是创新精神：勇于创新，善于创新。企业家精神的激励在于对超额增加价值和超额剩余价值的追求。即使公司制企业的高层经理人员不是资本所有者也不是股东，超额剩余价值激励同样发挥作用，因为公司合约是一个剩余分享合约，合约规定高层经理人员可以分享公司剩余价值。高层经理人的高工资和高报酬，用按劳分配是解释不通的，劳动报酬不可能存在这么大的差别，只能说通过分享企业盈利，激励企业家的创新精神，并激励他们为资本利益忠诚尽职。

（四）超额剩余价值的创新激励强度

超额剩余价值对企业家的创新激励是不可缺少的。无论是资本家还是资本所有者的代理人都需要创新激励。还要强调一点，在市场经济中超额剩余价值的创新激励强度很高。计划经济条件下给技术革新者的奖金或荣誉称号是依按劳分配原则制定的，激励强度不是太高。而在市场经济中使用超剩余价值的激励机制，例如，企业采取新技术以后，企业的产品规模有多大，激励强度就有多大。卖出去的每一件产品里都有一个超额增加价值和超额剩余价值，所有超额部分都归企业家所有，所以激励强度非常大。企业家对创新有很高积极性的原因与超额剩余价值激励强度有关。

当然，激励强度会随着市场上其他企业的跟进而逐渐减弱。为了鼓励创新人们在制度上进行一些人为的安排，典型的如专利制度，用法律形式去延长超额剩余价值的获取时限，提高超额剩余价值的激励强度，这种机制有利于鼓励率先创新，但也有负面影响。专利保护为其他人跟进设置障碍，对创新成果推广有阻滞作用。那么专利制度要不要？专利制度的强度和时间安排要怎么设计？这就涉及效率的权衡问题：到底是鼓励创新更重要，还是推广创新成果更重要。毫无疑问，没有创新就不可能推广，所以要鼓励创新，但是完全偏向于鼓励创新也未必是最好的制度设计。经济学有一个两者之间的权衡问题。例如，美国医药行业专利制度设计就存在很不合适的一面，许多药物能够救命，专利制度大幅抬高了药价，使其推广延迟，这个利弊得失需要重新思考。

创新激励还存在另外一个问题，即企业创新把许多科研成果和技术革新在创新产品里面运用，得到了市场的巨额奖励。但是任何创新都不可能一蹴而就，都是由许多人一步一步的小改小革累积而成，甚至经历了许许多多失败的试错过程，在实验室的很多枯燥乏味、辛苦危险的实验操作，才取得科技进步。没有一个重大创新是由一个人单独完成的，都是背后许多人创新积累的结果。企业之所以拿到创新激励，是因为它闯过创新活动最后一道难关，即把创新成果运用到企业生产中，即使是这个最后过程，也需要企业许多劳动者的共同努力才能完成。但是市场激励机制的一个重大缺陷是，只把鼓励的重点放在最后过程的组织者——企业老板——身上。因此，很多基础研究的报酬不可能像市场上超额剩余价值的激励强度那么大。单纯靠市场调节机制和超额剩余价值激励来推进科技进步和生产力提高存在缺陷。不能单靠市场来推动创新，还要有其他机制。特别是要建立国家创新体系，要统筹考虑整个创新过程和研发过程的所有环节。这就存在创新机制和创新激励机制的科学设计。

二、劳动致富激励：创业与创新

社会主义条件下的创新激励还存在另外一个机制——劳动致富激励。这个激励机制是针对广大劳动者而言的，和市场经济条件下创新创业的群众运动是直接相关的。社会主义创新激励机制的相对优势是，它可以在一定程度上调动更多劳动群众参与创新，至少相较于资本主义私有制条件下的创新激励机制有更多优势。劳动是物质财富创造的唯一手段。劳动从劳动者主观行为上可分解为勤劳与智慧两部分。劳动不光要靠手，还要靠脑；勤劳的另一面是智慧，劳动效率的提高很大程度上要依靠智慧的力量。

社会主义条件下劳动致富已经成为最广大人民群众积极性的一个基本和主要方面。每个老百姓都具有劳动致富的积极性，他们不一定有对未来世界最终理想的追求，但是每个人都靠自己的双手、靠自己的劳动来致富。在公有制为主体的市场经济条件下，劳动致富的积极性就是社会主义的积极性。因此劳动致富加上劳动者的主人翁精神，就是社会主义经济中创新发展的不竭动力。为了劳动致富，劳动者不仅要辛苦努力，而且要发挥聪明才智，要进行创新。

基层劳动群众的创新表现在两个方面。一方面，因为公有制经济的劳动关系不同于私有制经济，公有制经济中的工会组织和基层班组有更多的制度优势，可以鼓励和组织基层劳动群众在日常工作中发挥创新积极性。这是现代企业管理的一个重要方面，不仅是社会主义经济，而且一部分管理先进的资本主义企业也强调职工参与创新。比如说，日本的全面质量管理，其实是通过基层去调动劳动者关心企业革新的积极性，让其提出合理化建议，等等。现代管理的新趋势与社会主义制度的本质要求是契合的，可以也应该将之发扬光大。这方面，华为的管理经验值得深入研究。

另一方面，还有很多劳动者不在各种各样的企业组织里面，他们想要通过自己创业来实现劳动致富。改革开放早期，大部分创业可以称作温饱型创业，即创业者主要是为了解决自己的温饱问题。市场经济发展到今天，创业类型已经从以温饱型创业为主，转化为以机会型创业为主。创业者发现在某个领域的创新机会，从而创办一个小微企业。创业者的人员结构和文化结构也在发生变化，从温饱型创业时代的学历不高的创业者，到现在越来越多的高学历创业者。国家通过一系列金融手段和政策手段来鼓励这种高新技术的创业者和高新科技创业公司。风险投资越来越热门，并成为企业家的温床，很多企业和创业者从这里走出来，其公司也借助风险投资而成功上市。这就是创业和创新之间的关系。对于大多数劳动群众来说，劳动致富是其动力，通过创业来创新，这是创业和创新之间不可分割的内在关系。

三、企业技术革新的群众运动

社会主义实践中始终存在企业技术革新的群众运动，发展过程可能有起伏，有时候高涨，有时候低落，但是总的历史过程中的群众运动是清晰可辨的。在群众运动中创新激励的两重来源汇合到一起。从企业创新过程可以看到，大部分企业依靠改革开放以来对国外先进技术的引进、消化、吸收，然后在这个过程中干中学，通过边际型创新，即对国外技术进行消化、吸收、模仿，然后做一点适合中国国情的边际性改进。通过这样的方式，企业的技术创新和技术革新运动从来没有停止过。改革开放以后，技术革新运动其实是通过引进消化吸收、边际创新的方法推进的。在这个过程中有两个创新渠道，一个渠道是企业有组织地研究和开发；另外一个渠道是工人在企业技术升级的过程中"干中学"，企业技术升级的同时工人的创新能力和技术水平也提高了。

研究开发和干中学这两个创新渠道在不同企业的重心不同。例如，像华为那样以脑力劳动者为主干的高科技企业，更多的是利用脑力劳动者的创新积极性，通过研究和开发不断推进创新发展。改革开放中发展起来的数量庞大的企业群体，在引进消化吸收和边际创新过程中调动亿万职工群众干中学的积极性，使他们在生产过程中学习创新，从而助推企业发展。生产力提升说到底是劳动者能力的提升，这正是社会主义公有制条件下平等劳动创新活动的必然趋势。中国的社会主义实践是人民群众有史以来最大规模的学习运动，亿万人从传统农业的生产方式转换到日新月异的工业化进程中，学习现代生产技术和组织管理，在实践中增加知识，在创新中发挥才能。劳动者个人能力的提升与企业能力的提升及社会整体能力的提升结合在一起。在讨论中国增长奇迹根本原因的各种观点中，认为中国增长奇迹的根本原因就是投资和积累率比较高的说法显然是片面的。更重要的原因在于社会主义市场经济体制调动了亿万劳动者的创业、创新积极性，激发了亿万劳动者的聪明才智，使技术与管理不断创新，使企业竞争力不断提高，这才是中国经济获得耀眼表现的秘诀。

第十章　按劳分配与按要素分配的对立统一

　　按劳分配与按要素分配的关系是中国特色社会主义政治经济学探讨的重要问题，也是难点问题。之前有过一些争论，但问题并没有讲清楚。学术界大体存在三种倾向性观点：一是认为按要素分配不适用于社会主义经济，进而不赞同在社会主义政治经济学中使用资本范畴、地租范畴等；第二种，也是当下更流行的观点，认为按劳分配适用于公有制经济，而按要素分配则适用于私有制经济；[①] 第三种观点则主张按劳分配与按要素分配是本质与现象的关系。周为民、陆宁认为："按劳分配属于社会关系的范畴，是由社会主义的劳动者所有制决定的分配关系的社会性质……是社会主义分配关系的本质规定……与此不同，按要素分配如等价交换一样是一种市场现象，是与市场配置资源的过程相联系、相统一的具体分配方式。"[②] 笔者以为，第三种观点才是解决问题唯一正确的探索方向。可惜周为民、陆宁的论文过于强调本质与现象的同一性，以至于认为："只要劳动具有自主性质，各种要素收入都可以在理论思维中分别还原为要素所有者的劳动收入，从而揭示出隐藏在各种收入形式后面的按劳分配本质。"[③] 这种将所有要素收入还原为劳动收入的理论思维抹杀了社会主义条件下多种所有制经济分配制度的本质差异，妨碍了理论在正确方向上的进一步拓展。本章在既有研究基础上作进一步深入探讨，主要观点是：按劳分配是社会主义公有制特有的分配制度，体现了劳动者之间以劳动为尺度的分配平等关系；按要素分配则是市场经济普遍存在的分配机制，既可以服务于私有制经济，也可以服务于公有制经济。两者不是同一理论层次的范畴，但两者间又有密切的逻辑关联，按要素分配不仅是私有制经济分配制度的实

---

① 洪银兴：《非劳动生产要素参与收入分配的理论辨析》，《经济学家》2015 年第 4 期。
②③ 周为民、陆宁：《按劳分配与按要素分配——从马克思的逻辑来看》，《中国社会科学》2002 年第 4 期。

现形式，而且是社会主义公有制经济按劳分配制度的实现形式。这里，分配制度与分配机制的区别，以及形式同一性与实质差异性的共存，是理解按劳分配与按要素分配相互关系的关键。

第一节　中国特色社会主义的按劳分配

一、按劳分配的一般性质

马克思所设想的共产主义初级阶段的按劳分配，是在没有商品货币关系的情况下进行的。在此条件下，按劳分配至少具有以下四个方面的性质。

（一）按劳分配是特定生产条件分配方式的必然结果

按照马思主义政治经济学原理，"消费资料的任何一种分配，都不过是生产条件本身分配的结果；而生产条件的分配，则表现生产方式本身的性质"[1]。生产条件的分配主要有两方面内容：一是生产的物质条件即生产资料的分配，比如厂房、机器设备、原材料、燃料和辅助材料等；二是人身条件即劳动力的分配。资本主义生产的特殊之处在于其生产的物质条件属于一个阶级——资产阶级，而生产的人身条件属于另一个阶级——工人阶级。当两种生产条件处于分离状态时生产无法进行，拥有物质生产条件的资本家通过劳动力市场购买生产的人身条件，即购买劳动力商品，使这两个条件结合。生产条件的分配决定了资本主义的生产方式，同时也决定了资本主义的分配方式，即全部生产成果归资本家所有；资本家支付劳动力商品价值，并获取劳动者创造的全部剩余价值。

分配方式由生产条件的分配决定对社会主义同样适用。社会主义公有制下全部生产条件归劳动者所有，但这么说还不足以解释社会主义的分配方式，因为共产主义高级阶段的情况同样如此。众所周知，共产主义两个阶段的分配方式并不一致，而这种差异应该是由两阶段的生产条件分配方式的差异导致的。两者的区别在于：在共产主义第一阶段，生产的人身条件——劳动力——属于每个劳动者个人。劳动力个人所有是指这样一种现实经济关系：劳动对于劳动者来说仅仅是谋生的需要，因此当事人不

---

[1] 《马克思恩格斯文集》第 3 卷，人民出版社 2009 年版，第 436 页。

会自觉自愿地为社会无偿付出，他要求回报；相应地，拥有生产资料的劳动者整体也不能强迫工人进行义务劳动，而需要为工人的劳动贡献支付报酬。这一现象体现着一种权利关系或者意志关系：我做为了你给；或者反过来，我给为了你做。在社会主义条件下，拥有公共生产资料的劳动者整体和拥有劳动力的个人是两个权利主体，两者的身份是有差异的，利益也是有矛盾的。为了调节这种劳动者整体利益和个人利益的矛盾，按劳分配便应运而生。政治经济学教科书只用生产资料公有制来解释按劳分配，是不充分的；它可以解释社会主义公有制分配制度与私有制分配制度的区别，却不能解释社会主义分配制度与共产主义高级阶级分配制度的区别。

（二）按劳分配是平等劳动的分配原则

平等劳动是对共同拥有生产资料的社会主义劳动者之间生产关系的理论概括，它既表现在生产过程中、流通过程中，也表现在分配过程中。[1] 平等劳动在生产过程中首先表现为决策平等和管理平等；其次还表现为分工平等，即按照个人的劳动能力分配工作岗位，以各自的劳动能力为依据实现分工协作。按劳分配是平等劳动在分配过程中的体现，劳动者从社会取得的是其在社会生产中提供的劳动量同等比例的消费资料。但劳动平等的原则不等于平均主义，而是承认劳动者个人能力和努力的差异。每个劳动者对社会付出的劳动时间和劳动强度、劳动数量和劳动质量都不一样，社会会以此为依据来分配个人的消费资料。平等的权利以劳动为尺度，"这里通行的是商品等价物的交换中通行的同一原则，即一种形式的一定量劳动与另一种形式的同量劳动相交换"[2]。马克思认为："这个平等的权利总还是被限制在一个资产阶级的框框里。"[3]

（三）按劳分配包括两个步骤：扣除公共基金和分配个人消费资料

在《哥达纲领批判》中，马克思详细讨论了按劳分配的实现步骤。首先，劳动者共同拥有生产资料并共同劳动，因此全部劳动产品归劳动者共同所有。马克思强调，不能把所有的劳动产品都分配给个人，他批评了德国社会主义工人党在《哥达纲

---

[1] 《马克思恩格斯文集》第 7 卷，人民出版社 2009 年版。
[2] 《马克思恩格斯文集》第 3 卷，人民出版社 2009 年版，第 434 页。
[3] 《马克思恩格斯文集》第 3 卷，人民出版社 2009 年版，第 435 页。

领》中"不折不扣的劳动所得"的提法，提出劳动产品在个人间进行分配之前需要做六项扣除，概括地说有两个方面：一个方面是整个社会的准备金和扩大再生产基金，属于生产性扣除；另一个方面就是全社会公共消费的需要，包括公共管理所需以及丧失劳动能力者的抚养费用等。① 这些扣除都归社会公共所有，由社会共同支配。因此，按劳分配的第一步不是讲个人报酬，不是对劳动成果的"不折不扣"分配，而是讲共同扣除。然后才是将扣除后剩下的劳动产品在劳动者个人之间进行分配。我们可以把扣除后剩下的这部分劳动产品叫作劳动基金。狭义的按劳分配直接表达的就是这一步骤中劳动基金在劳动者个人之间的分配：按照劳动者个人为社会生产提供的劳动量（劳动时间和劳动强度）来分配消费品，每个人所得到的是他为社会付出成比例的部分。

（四）按劳分配适应当代生产力要求

按劳分配符合社会主义的分配正义。然而，按劳分配并不是单纯从分配正义角度出发，它在当代生产条件下具有激励效应，符合提高劳动效率的要求。"多劳多得"，甚至"不劳动不得"等规定明显含有效率优先的意蕴。按劳分配所表现的激励原则能够促使个人行为和社会利益相一致，它要求每个人踏踏实实地为社会做贡献，它希望通过这样一种分配方式来激励全体劳动者的劳动积极性，甚至促使一部分想偷懒的人更好为社会劳动。按劳分配不能单纯从分配正义原则去考察，它直接表现为公平与效率的统一。社会生产力的特定状况决定了对大多数劳动者而言，劳动付出必须给予适当回报。此处所谓生产力状况是一个大历史时段的概念，主要特点包括：机械化、自动化、智能化的发展不平衡不充分，所有能够为物替代的人类劳动还远没有被机器所替代；劳动作为机器系统的附属物大量存在于直接生产过程之中，劳动者的工作时间过长而自由时间不足；职业专门化的旧式分工仍然存在，脑力劳动与体力劳动、管理劳动与操作劳动的分工还在；生产劳动具有重复、单调、乏味等性质，对大多数人来说仅仅是谋生手段，因此个人不愿意超出必要劳动时间提供剩余劳动。马克思在分析商品价值关系消灭的原因时列出了这些生产力条

---

① 《马克思恩格斯文集》第 3 卷，人民出版社 2009 年版，第 432—433 页。

件，^① 而在《哥达纲领批判》中讨论按劳分配向按需分配转变的历史条件时，他开出的清单与此基本相同。^② 这应该不是巧合，而是隐含理论逻辑的内在关联。

二、社会主义市场经济下按劳分配的特点

马克思在《哥达纲领批判》中设想了一个没有商品货币关系的按劳分配模式。社会主义市场经济实践中的按劳分配，不同于马克思在《哥达纲领批判》中所预想的按劳分配，可以概括为四个特点。

（一）按劳分配以价值为尺度，以货币为形式

市场经济下的按劳分配不是直接计算具体劳动时间，要将具体劳动时间换算为抽象劳动时间。原因在于，社会主义的劳动具有二重性，具体劳动时间并不直接等同于抽象劳动时间，比如同样是 8 个小时具体劳动，如果某些人的劳动复杂程度要高一些，而另一些人的劳动复杂较低，那么两者的劳动时间按抽象劳动的标准衡量就是不同的力量。实际上，市场经济中的按劳分配是按照抽象劳动时间进行计算的，并且抽象劳动时间的计算采取价值形式。在分配过程中，劳动者得到的也不是直接记录具体劳动时间的"劳动券"，更不是直接进行实物分配，而是获取与劳动付出相应的货币工资，然后再用货币工资购买消费品。

（二）按劳分配以企业为分配主体，与企业绩效挂钩

市场经济条件下的按劳分配并不由一个社会计划中心直接执行，而是以企业为单位对每个劳动者个人进行分配。企业按市场绩效来计算可分配总额，在作公共基金的必要扣除后再按每个员工对企业贡献的比例分配个人劳动报酬。企业绩效是在市场竞争中形成的，可以按照企业增加价值来计量。在竞争中形成的企业增加价值背后有一个统一的社会尺度，即生产商品的社会必要劳动时间。如果某企业花费 20 个工时生产一辆汽车，但是实际上生产一辆汽车的社会必要劳动时间是 10 个工时，那么这辆汽车在市场上的售价只相当于 10 个工时。相反，如果另一个企业只需要用 5 个工时生产出

---

① 相关论述散见于马克思的《资本论》手稿，尤其在《政治经济学批判（1857—1858 年）手稿》中较为集中，有学者将此称作"马克思条件"（参见周为民、陆宁：《按劳分配与按要素分配——从马克思的逻辑来看》，《中国社会科学》2002 年第 4 期）。
② 《马克思恩格斯文集》第 3 卷，人民出版社 2009 年版，第 435—436 页。

同样的汽车，那么该企业员工每一小时劳动在市场交换中平均来说就可视为2个小时社会必要劳动量。因此。该企业在市场交易中实现的增加价值比较高，企业绩效也就比较好，这也就使得该企业员工具备了获得较高工资额的可能性。可见，价值规律作为调节市场经济的首要规律，对调节收入分配也有重要作用。价值规律形成了统一的社会标准，商品价值由商品生产的社会必要劳动时间决定。具体到每个劳动者，由于分配总额由企业绩效决定，个人收入也就与企业绩效联系起来。进一步说，企业职工的劳动所得虽然取决于个人劳动者的能力与努力，却不可避免地包含企业管理与经营水平，甚至企业在市场竞争中的机会和运气成分。在市场经济条件下，既然是按抽象劳动时间即社会必要劳动时间作为标准去衡量劳动贡献，那么，劳动的付出和报酬之间的关联就会出现一定的偏离。市场经济下的按劳分配不是完全精确的，它不可避免地被市场的各种偶然因素所影响。

（三）按劳分配与多种分配方式并存

在市场经济条件下，按劳分配并不是独一无二的分配方式，而是按劳分配为主体，多种分配方式并存。这里包含两层含义。首先，生产资料所有制的不同决定了分配制度的差异。社会主义市场经济是公有制为主体的混合所有制，这种所有制结构决定了公有制经济内部实行按劳分配，私有制经济内部实行按资分配，以及个体经济实行"建立在自己劳动基础上"的分配方式。其次，按要素分配是市场经济中收入分配的一般机制，社会主义的按劳分配制度与市场经济的按要素分配机制并存。所谓按要素分配是这样一种分配机制：生产要素的所有者按要素价格在市场交易中获取收入，资本所有者获得利润，土地所有者获得地租，劳动力所有者获得工资。从市场现象的表面来看，这种机制是以要素贡献为标准的，等量投入（贡献）取得等量报酬。这种分配机制适用于不同的所有制，既适用于私有制经济，也适用于公有制经济。在两种所有制经济中，要素报酬总是由要素所有者获取。从这个意义上说，"按要素所有权分配"与"按要素贡献分配"不存在任何冲突，前者讲的是分配主体的归属，后者讲的是分配数额的决定。进一步说，按要素分配包含效率层面的考量，各种要素要提高使用效率，就必须按照市场原则收费。所以说，它是市场经济资源配置的重要环节，甚至可以说，"按要素分配与市场配置资源是同一个过程，市场按要素分配收益就是在执行配置资源的职能"①。社会主义不仅实行按劳分配为主体、多种分配方式并存的分配制度，而且也必须利用按要素分配的机制，多种多样的分配制度都要通过按要素分配的市场机制来实现。

（四）按劳分配要在企业与社会两个层面上实现

按劳分配首先是企业层面实行的分配平等，但单纯依靠企业层面的按劳分配是不够的。平等劳动在社会主义市场经济条件下不可能完全实现：一方面，因为还有许多非公有制经济存在，非公有制经济的基本分配原则不是按劳分配；另一方面，公有制经济在市场经济条件上实现平等劳动也会受到各种各样的阻碍，其内在矛盾决定了在企业内部和企业之间都不可能充分实现按劳分配。因此，企业层面的初次分配必须由社会层面的再分配来补充；提高全社会范围内按劳分配的实现程度不能单纯依靠企业层面的按劳分配，还要依靠国家在社会层面的调节。在社会层面贯彻分配平等原则，按劳分配原则便上升为共同富裕原则。社会层面的共同富裕原则与企业层面的按劳分配原则互相结合、相互补充，才能更好地实现社会主义经济的分配平等。

第二节 社会主义基本分配制度及其内在矛盾

一、社会主义基本分配制度

社会主义是公有制为主体、多种所有制经济共同发展的混合经济，因此，其分配制度也具有多样性。与按劳分配相对应，社会主义还存在私营经济的按资分配和个体经济建立在自己劳动所有权基础上的收入分配制度。公有制经济的按劳分配制度既区别于私有制经济的按资本分配制度，也区别于个体经济的分配制度。三种分配制度体现了三种不同的阶级关系和权力与利益关系。与按劳分配对应的按资分配同样包括两部分内容，首先是资本家以工资形式支付劳动力商品价值，其次是资本家以利润形式占有剩余价值。所不同的是，在这里分配制度处理的不是劳动者阶级内部整体与个人之间的关系，而是工人与资本家两个阶级之间的关系，是作为生产资料所有者的资产阶级对作为劳动力所有者的工人阶级的阶级统治和阶级剥削关系。由于资本家利用资

---

① 周为民、陆宁：《按劳分配与按要素分配——从马克思的逻辑来看》，《中国社会科学》2002 年第 4 期。

本所有权在该分配制度中获取了最大利益，我们将这种分配制度称作"按资分配"制度。① 这种分配制度具有阶级对立性质，主要体现工人与资本家之间的零和博弈关系。

个体经济的分配制度既不同于私营经济，也不同于社会主义公有制经济。一方面，个体经济的分配以个体劳动者自己的劳动所有权为前提，全部劳动产品归个体劳动者自己所有，即使有少量雇工，个体经营户主要还是靠自己劳动获得收入，因此区别于私营企业主的主要靠占有雇佣劳动者剩余价值的情形。另一方面，个体经济的分配制度当然也不同于公有制经济，在个体经营中全部劳动产品的价值实现之后，初次分配不存在公共基金扣除情况，也不需要在不同劳动者个体之间进行分配，全部劳动所得都归个体经营户及其家庭所有。但是，由于个体经营户占有生产资料的数量与质量不同，经营条件差距很大，个体户之间劳动所得的差距，不同于单个公有制经济组织内部劳动者个人与个人之间仅因劳动贡献不同而产生的分配差距，个体经济的分配制度不同于公有制经济的按劳分配制度。

社会主义经济制度包括多种分配制度，公有制经济的按劳分配在其中占主体地位。这种按劳分配为主体、多种分配形式并存的格局，构成社会主义的基本分配制度。

二、社会主义基本分配制度的历史性质

理解社会主义公有制的历史性质，可以从公有制内在矛盾及其与多种所有制经济的相互关系两个方面展开。同样地，社会主义基本分配制度的历史性质也可以从按劳分配的固有矛盾及其与多种分配方式的相互关系中理解。

（一）按劳分配的平等与不平等

按劳分配是公有制经济平等劳动的本质规定在收入分配中的体现。按照马克思在《哥达纲领批判》中的分析，按劳分配存在两个弊病。② 一是劳动能力的不平等。劳动能力是天然权利，有人天生体力更好，更有智慧，各方面能力都更强；而另一些人的

---

① 本书将按劳分配理解为社会主义公有制经济中调节劳动者整体利益与个人利益的分配制度的综合表达，而区别于市场机制层面的"按劳动要素分配"或者"劳动—工资"的形式规定；相应地，这里所用的按资分配，是表征私有制经济中分配制度的综合范畴，必须区别于作为市场机制的"按资本要素分配"或者"资本—利息（利润）"的形式规定。

② 《马克思恩格斯文集》第 3 卷，人民出版社 2009 年版，第 435 页。

能力较弱。这种能力还会因为后天的分工差异而进一步扩大。第二个弊端是个人及家庭的消费需要不同。在社会主义条件下，个体家庭是基本消费单位，按劳分配中劳动成果会分配到劳动者个人，分配到每个家庭。个人及家庭的消费需要不同，有已婚有未婚、有年轻有年老等情况，家庭成员的数量也不同，多子女家庭与少子女家庭会产生很大的消费需要差异。这两个不平等结合到一起，按劳分配中劳动者收入分配一开始较小的差异会逐步积累，最终形成较大的差异。在市场经济条件下，积累的财富可以用于投资，可以获取收益，按劳分配就有可能逐步转化为按资分配。因此说，按劳分配有可能向按资分配转化，这与按劳分配本身的矛盾直接相关。这种对劳动平等关系的消解是静悄悄进行、一点点积累的，劳动能力的差异逐步转化为财产占有的差异。在社会主义市场经济多种经济成分并存的情况下，这种转化从局部看甚至具有必然性，社会不可能禁止私人积蓄用于投资，由于多种所有制经济共同发展的需要，国家鼓励私人投资。因此说，坚持按劳分配的主体地位，不能单纯依靠企业层面的按劳分配。

（二）多种分配制度之间的矛盾

社会主义市场经济中公有制经济与私有制经济并存，分配制度中按劳分配与按资分配并存。两者的矛盾不可避免，因为按生产资料私人所有权分配就包含收入两极分化的可能性。在劳动者拥有人身自由的现代经济中，公有制的按劳分配制度对于每个劳动者来说还是相对平等的，尽管这里面也存在差异，但毕竟劳动能力的差异不会太大。但是物质财富的占有允许更大的不平等，因为财富是身外之物，可以无限量地加诸个人，从而造成人与人之间巨大的差异。自从私有财产制度诞生以来，亿万富翁和身无分文的穷人之间的差异就普遍存在，在这种制度下物质财富的分配是可以高度不平等的。资本的逻辑就是富者更富、赢者通吃。私有制经济的按资分配始终存在两极分化的可能性，首先是财富占有的差异，然后是收入分配的差异，两者结合就有可能形成两极分化。

（三）国家对收入分配的调节

按劳分配的主体地位，甚至公有制的主体地位，都不能够纯粹依靠市场的自发性来维持。要防止按劳分配自身矛盾以及多种分配方式并存产生的负面后果，国家必须利用再分配手段进行调节。市场经济下按劳分配的实现有两个层次，不仅是公有制企业层面的按劳分配，还有国家层面的公平分配和调节。税收和财政转移支付是国家最主要的再分配手段。税收是再分配过程中公共基金的集中方式之一，但它与企业层面的按劳分配只适用于公有制企业的情况不同，普遍适用于不同所有制的企业。对资本利得普遍征税可以缩小资本要素的分配份额，有利于分配公平；累进的个人所得税、财产税和遗产税等则更加明显地具有调节收入分配的功效；以调节区域间、产业间乃至不同收入人群之间收入分配为目标的财政转移支付，也是国家收入分配的有效工具。国家调节可以减弱两极分化的趋势，阻止按劳分配向按资分配的转化。近年来，中国在缩小收入分配差距方面加大力度，并取得初步成效。

国家再分配还有一个调节目标，就是实现劳动者劳动能力发展机会平等，在教育、医疗、劳动保障等方面给全体劳动者提供相对平等的机会，特别是为未来的劳动者，即劳动者的子女提供更高程度的机会平等。社会主义社会不应出现由于劳动者的收入存在差距，其子女发展机会就不平等的现象。为此，国家正加快建设覆盖更全面、力度更大的社会福利制度，包括城乡之间教育资源的公平分配，城市内部教育资源的公平分配，覆盖全体人民的医疗保障，等等。保持收入分配的代际流动性是长期中提高劳动平等实现程度、实现全体人民共同富裕的重要举措。

尽管中国现在在分配方面还存在很多问题，但是国家正按照全体人民共同富裕的目标努力往前推进。国家对经济生活强有力的调控是社会主义坚持公有制为主体、按劳分配为主体的必要措施，是阻断或收窄通往按资分配通道的必要手段。按劳分配不可能完全依靠市场经济的自发机制去维持，所以一定要坚持两个层次的分配公平，并且国家一定要在分配方面发挥重要作用。

第三节　按要素分配是市场经济的分配机制

一、分配制度与分配机制

资产阶级庸俗经济学家将资本主义"各种经济关系的异化的表现形式"系统化为"三位一体"的公式[①]，即资本—利息、土地—地租、劳动—工资，并将资本主义描述为

[①]　参见《马克思恩格斯文集》第 7 卷，人民出版社 2009 年版，第 925 页。

要素平等的和谐社会。马克思在《资本论》中深刻揭示这一异化现象背后的实质内容：资本主义生产关系的本质是，资本家通过劳动力商品买卖占有工人的全部劳动及劳动产品，无偿攫取工人创造的剩余价值；这是建立在阶级对立和阶级剥削基础上的又一种特殊社会状态。不仅如此，马克思的理论还通过从抽象到具体逐层展开的范畴体系，全面地分析了资本主义制度本质与现象、内容与形式的辩证关系，展现了一个立体的、丰富的、活的社会有机体。资本主义经济的表现形式并不是与其本质内容直接等同的；相反，这些表现形式与事物本质相背离，对本质关系有隐藏和掩盖作用。马克思明确区分了资本主义经济的本质与现象、内容与形式，但他并不否定这些现象与形式的客观实在性，以及它们对于理解资本主义经济关系的必要性和重要性。他在《资本论》中以大量篇幅分析了现象产生的原因及其与本质相背离的含义，充分揭示出资本主义经济制度人与物的颠倒关系，以及资本统治劳动的阶级剥削的实质。在马克思看来，这些呈现于市场竞争表面颠倒了的形式是由资本主义的本质关系内在决定的，是资本主义经济制度的必然表现。在这里，现象与本质、形式与内容是不可分割地联系在一起的。

社会主义基本经济制度是公有制为主体、多种所有制经济共同发展，社会主义公有制作为一种新的所有制关系嵌入市场经济体制中。社会主义公有制的本质内容是劳动者共同占有生产资料前提下的平等劳动关系。这与私有制经济中资本无偿占有劳动者剩余劳动的阶级关系根本不同。但社会主义公有制仍然存在劳动者整体利益与个人利益的矛盾，按劳分配便是调节这一矛盾的分配制度。社会主义市场经济条件下国家所有制采取国有资本形式，劳动者通过劳动力市场与国家所有的生产资料相结合，公有资本表现为劳动者个人意志服从整体意志的特殊形式。一方面，劳动者个人通过货币工资获取劳动报酬；另一方面，国家通过国有资本的利润与利息，以及国有土地的有偿使用集中公共基金。虽然本质与内容（分配制度）已经发生根本改变，但呈现在市场经济表面的分配形式（分配机制）却仍然具有共通性。这样，在社会主义市场经济条件下，以要素价格（"三位一体"公式）为表现形式的市场机制就同时服务于两种不同的分配关系，一种是公有制经济的按劳分配，另一种是私有制经济的按资分配，其"中性特征"得以显现。按要素分配的市场机制仍然与特定的分配制度联系在一起，但它不再仅仅与资本主义私有制一种分配制度相关联，而是同时适用于公有制经济与私有制经济的两种分配制度。一方面，要素价格机制与其背后的任何一种分配制度都不会直接合二而一。"如果事物的表现形式和事物的本质会直接合二而一，一切科学就都成为多余的了。"[①] 另一方面，相对于它所表现的两种不同分配制度的本质内容而言，其形式规定却具有明显的同一性。两者同样在市场机制中实现，要素价格机制成为两种不同分配制度的表面相同的实现形式。按劳分配（包括按资分配）是反映经济实质内容的分配制度，涉及阶级利益与阶级关系等实质性内容。按要素分配则是市场经济现象层面的分配机制，与特定分配制度及其阶级内容没有必然联系。资本—利息、土地—地租、劳动—工资之间的关系，确切地说是：资本所有者凭借资本所有权通过市场交换获取利润（利息），土地所有者凭借土地所有权通过市场交换获取地租，劳动者凭借劳动力所有权通过市场交换获取工资。经济学所谓"三位一体"公式的每一条都是简单明了的形式规定，这里涉及要素所有权和要素价格，但不涉及所有制的实质内容，不区分资本属于公有还是私有，不区分土地公有制还是土地私有制，更不关涉所有者的阶级属性。按要素分配与按劳分配并不是同一个理论层面的范畴。按要素分配只是市场经济中的分配机制——要素所有权通过市场价格得以实现，这一机制既适用于资本主义市场经济，也适用于社会主义市场经济，它是市场经济下收入分配的一般机制。

二、按劳分配以按要素分配为实现形式

然而，按要素分配的机制却是市场经济下不同分配制度的实现形式，包括：公有制经济的按劳分配，以资本利润等形式实现公共基金的扣除，以劳动工资的形式实现个人收入的分配；私有制经济的按资分配，资本家以劳动工资形式支付劳动力价值，以资本利润的形式占有剩余价值。从市场过程的外在形式来看，两者具有相似性，但参与分配的主体和分配制度的本质关系是完全不同的。

在社会主义市场经济条件下，企业层面的按劳分配需要利用按要素分配的市场机

---

① 《马克思恩格斯文集》第 7 卷，人民出版社 2009 年版，第 925 页。

制来实现。一方面，公有制企业主要采取工资形式分配劳动报酬；另一方面，公有生产资料的所有者通过利润、利息、股息、地租等形式获取劳动者创造的剩余价值，形成公共基金为劳动者社会所用。从这两个方面来看，按劳分配的实现都以要素所有权为依据，采取生产要素市场价格的形式。进一步说，按要素分配的市场机制实质上就是市场经济的资源配置机制，它在实现市场配置效率的同时，也体现了要素公平的市场平等原则，等量资本获取等量利润，等量劳动得到等量报酬。因此，等量劳动相交换的经济关系需要建立在良好市场秩序的基础上，市场秩序公平与否、市场价格体系合理与否，直接构成劳动计量的基础，按劳分配所体现的平等原则要在市场平等的基础上实现。①

在社会主义市场经济条件下，物质要素的有偿使用是按劳分配的内在要求。企业生产中消耗的不变资本价值不包含在增加价值之中，因为这部分价值不是本企业劳动创造，而是上游企业的劳动者创造的价值，所以在计算企业生产的增加价值时应予以扣除。但是被扣除不代表它对企业绩效没有影响；相反，在同等条件下使用更多更好的生产资料，企业就有可能提高劳动生产率。因此，在考核企业劳动贡献时，虽然生产资料的占用和消耗不包含在增加价值中，但也是必须考虑的因素。国家要考虑的是：生产资料的社会总量是有限的，如果让企业无偿占用土地和资本，企业从自身利益出发必然尽可能地多占多用，会造成生产资料的巨大浪费。所以，从社会整体效率（或曰"全要素生产率"②）角度考虑，生产资料的使用必须有偿，这是市场经济条件下正确考核企业劳动绩效的内在要求。机器和厂房不会创造价值，但它们有助于劳动者的价值创造。为了促使企业在使用时厉行节约，提高这部分生产要素的效率，有偿使用是必要的。这种机制安排既有利于提高社会生产的整体效率，也有利于提高企业劳动贡献计算的合理性。从这个意义上说，按要素分配是市场经济下按劳分配的内在规定，它是按劳分配本身的要求，按要素分配是按劳分配制度的具体机制性安排。

① 荣兆梓：《论市场平等与劳动平等之关系》，《马克思主义研究》2014年第8期，第75—83页。
② 马克思主义政治经济学认为，测量"全要素生产率"的最合理、最有效方法还是与劳动价值论相匹配的全劳动生产率计算法。参见本书第12章第4节。

三、商品价值与收入分配

从市场交换的表面来看，收入分配表现为按生产要素市场价格分配，资产阶级经济学力图证明要素价格是与要素贡献相匹配的，因此，不仅要素价格决定商品价值，而且资本主义分配天然合理。

马克思主义政治经济学认为商品价格是其价值的货币表现，商品价值才是价格的本质，它由商品生产的社会必要劳动时间决定。但是，生产要素不是本来意义上的商品，例如，土地和劳动力就不是劳动产品，作为劳动产品的生产资料虽然有自身价值，但这个价值与资本价格无关，资本要素的价格是资本的利润和利息，两者都不是由商品生产的社会必要劳动时间决定的。马克思明确指出，收入分配按其本来含义，就是新增价值"不断分解为三个部分，这三个部分形成三种收入形式，即工资、利润和地租"，在三种要素所有者之间进行分配。至于"它们各自的价值量，即它们各自在总价值中所占的部分"，不是由决定商品价值量的相同规律（即商品生产的社会必要劳动时间决定商品价值）决定，而"是由不同的、特有的……规律决定的"。① 这些规律包括：（1）工资由劳动力商品价值决定，以及劳动力价值转化为劳动价格的规律；（2）剩余价值转化为利润，以及利润率平均化的规律；（3）平均利润分割为利息和企业利润的规律；（4）级差地租和绝对地租形成的规律；等等。

因此，说按要素分配就是按生产要素的贡献分配，只是看到市场机制的表象，真实的关系还要到政治经济学科学的体系中去寻找。马克思将除劳动价格之外的要素价格放在剩余价值分配中讨论，认为所谓要素价格事实上是要素所有者之间利益博弈的结果，它最终取决于不同社会阶级、阶层、利益集团之间的力量对比。市场供求关系的变动短期内会导致要素价格波动，但是从长期看，生产要素的均衡价格只是不同生产要素所有者长期中的博弈均衡。资本主义基本的阶级关系是资产阶级与工人阶级之间的阶级对抗，以及资产阶级在其中的主导性，因此资本主义分配在长期中倾向于资本利益，表现为剩余价值率的逐步提高和劳动者的相对贫困化。社会主义生产关系的主

---

① 《马克思恩格斯文集》第 7 卷，人民出版社 2009 年版，第 967 页。

线在劳动者阶级内部，是根本利益一致前提下整体利益与个人利益、长期利益与当前利益的权衡，不再具有阶级对抗性质，因此其分配的长期趋势也必然是共享发展、共同富裕。

第四节　工资：按劳动力要素分配

工资是按劳动力要素分配的主要形式，广义的工资制度包括奖金制度、劳动保障制度和职工福利制度等。市场经济条件下大多数企业的劳动报酬都采取货币工资形式，社会主义市场经济下多数公有制企业也通过货币工资形式实现按劳分配。

一、工资与平等劳动合约

关于工资现象，马克思在《资本论》第 1 卷里已经作了详细讨论。工资是按照工人的劳动时间计算的报酬。这一事实给人造成的表面印象是：工资就是劳动时间的价格。在企业用工中，不论是私有制企业，还是公有制企业都实行工资制，有的按月付酬或者按日付酬，实际上都是按劳动时间支付工资。需要分析的是，这个现象背后的实质是什么？

就社会主义市场经济而言，在公有制为主体、多种所有制经济共同发展的条件下，公有制经济和私有制经济中的货币工资虽然作为现象形态基本相同，但是却体现两种不一样的本质内容。马克思认为，私有制经济中工资或劳动价格的实质是劳动力商品价值。资本家付给工人其劳动力的价值，然后再使用劳动力，并把劳动者所创造的全部价值占为己有，在扣除已经付出的劳动力价值之后，资本获得剩余价值。这里的实质关系是阶级关系，是一个阶级占有另一个阶级剩余劳动的关系，但是劳动力市场的平等交换掩盖了事物的本质。而在公有制经济中，工资现象背后的实质内容是劳动者对共同劳动创造的成果扣除公共基金后进行的个人收入分配，属于按劳分配，也即劳动报酬在全体员工中按等量劳动获得等量报酬的原则进行分配，在这里，工资按劳动量计算的现象与按劳分配本质之间的关系表现得更加明了。

然而，由于中国的国有经济目前普遍实行公司制改革，采用国有资本的实现形式。股份制企业的内部权利关系是资本所有者（股东）主权，是公有资本对劳动者的关系。

公有资本与私有资本的区别在于：公有资本的剩余价值归公共所有，私用资本的剩余价值归私人所有。公有资本也需要到劳动力市场上去招聘工人，也会给工人发放货币工资，但最终其剩余价值归公共（集体或国家）所有，为公共利益所用。国有股份公司中工资现象与本质的关系比较复杂。在公有资本条件下，工资现象与按劳分配本质之间显然也存在一个劳动力的市场合约。国有企业从劳动力市场招聘工人，企业与工人按市场原则双向选择，签订劳动合同，这应该具有劳动力市场合约的性质；这是一个平等劳动合约，个人将劳动力在工作日内的使用权交给企业，企业在统一组织生产劳动的同时承诺在劳动者整体利益与个人利益的权衡中分割必要价值和剩余价值，以工资形式将必要价值按劳动贡献分配给全体员工。呈现在事物表面的是工资现象，工资现象的背后有一个中间环节，是平等劳动合约，在这个中间环节的后面，是事物的本质——公有制企业的平等劳动与按劳分配，劳动者整体与个人之间的权利关系，个人与个人之间以等量劳动相交换为原则的收入分配。也正因为这样一种现象与本质之间的曲折关系，公有制企业的必要价值转化成为工资，剩余价值则转化为利润。

当然，这只针对实行公司制改革的国有企业而言，至于劳动者合作经济，包括工人合作工厂，其分配形式就与国有制经济不同，不完全是用工资形式分配的了。合作社是为其社员服务的经济组织，在分享服务之余合作社社员实行"盈余返还"政策。所以说，公有制企业的分配方式也是多种多样的，这和公有制的实现形式多种多样具有同样的逻辑。当然，分配形式虽多种多样，但其背后的本质相同，都是按劳分配。

二、平均工资率

既然公有制企业的按劳分配采取工资形式，就会涉及关于工资的两个概念。其中一个概念是工资水平。从现象层面看，工资水平就是一定劳动时间所得工资的量，不同的企业之间，以及同一企业内劳动者个人之间的工资水平都存在差异。决定工资水平的因素主要有两个：一是个人劳动的质量，如劳动强度、劳动熟练程度，特别是劳动复杂程度，它决定个别劳动在同一时间所创造的不同的社会价值量；另一个因素是工资率，即工资占劳动者创造的全部价值（增加价值）的比例。工资率是一个很重要的数量关系，它表现的是工资所体现的价值量与劳动者所创造的价值量的比率。当然，这里的劳动时间都要按社会承认的抽象劳动时间计算，因此，相同的工资率下不同具体劳动的工资水平会有很大差异。在一个发育相对完善的市场经济中，部门之间的工资水平是有显著差异的，诸如农业、零售业、服务业等传统的劳动密集型产业的工资水平一般较低，而金融业、IT 等高科技行业的工资水平则一般较高。但是，这并不意味着部门之间的工资率差异很大。由于劳动力市场的普遍竞争，以及工人从一个部门转移到另一个部门，部门之间的工资率有平均化趋势，也就是说，不同产业部门工资总额与该部门劳动者创造的增加价值总量的比例趋于平均化，不同部门工资率的差异有缩小趋势。虽然不同产业部门的劳动复杂程度会有很大差异，因此工资水平也不同，但劳动者工资所得与其所付出劳动的数量与质量呈正比例关系，而且竞争程度越高、市场发育越健全，这种工资率平均化的趋势也就越明显。

部门间工资率平均化的趋势在社会主义市场经济中也会出现，它使不同所有制经济分配关系的本质差异变得模糊。本来现象背后的本质有两种，即私有制企业的劳动力商品价值和公有制企业的按劳分配，但是在竞争导致的工资率平均化趋势中，这种区别被"平均"掉了。平均工资率的出现使得整个社会有一个比较标准，社会主义市场经济发育越完善，平均工资率作为一个社会统一标准就越有效。首先，对于公有制经济的所有企业来说，平均工资率意味着同等的扣除（剩余价值率相同）、同等的回报（工资率相同），这与按劳分配"等量劳动相交换"的要求在数量关系上一致。其次，由于工资率平均化趋势，国家在对劳动力市场以及企业的劳资关系进行调节的时候，就有了更清晰的标准，能够更好地按照社会主义本质要求对企业劳资关系和分配关系进行调整。进一步说，平均工资率对宏观调控来说也是一个重要的参考指标，因为统一工资率直接是社会范围的劳资之间分配关系的数量指标，反映劳动报酬在全部 GDP 中所占份额。总之，平均工资率在社会主义政治经济学中相当重要，目前理论界对这个问题的研究还不够充分，今后应当有更多讨论。

三、不同所有制经济中工资制度的差异

公有制企业和私有制企业都按个人的工作表现来分配劳动报酬，但两者的性质是根本不同的。需要承认任何企业都必须有激励制度，员工的劳动贡献越大，企业所付

报酬应该越多。无论哪种所有制经济，市场经济条件下基于激励目的的工资制度应该是相似的。但是现象的相似不能否定本质的区别。从表面上看，公有制企业与私有制企业的工人都领取工资，但公有制经济的剩余价值归生产资料共同所有者的全体劳动者所有，私有制经济的剩余价值归资本家所有。因此，公有制经济的个人收入分配唯一地以劳动的数量与质量为依据，而私有制经济的收入分配则主要以资本私有权为依据。公有制企业的分配制度是按劳分配，私有制经济（包括社会主义社会中的私有企业）的分配制度是按资分配，两者在制度上有根本区别。

进一步看，随着改革越来越深化，社会主义市场经济越来越完善，两种所有制经济分配制度的本质差异就会越来越多地在现象层面表现出来。从社会统计层面看，国有经济工人的工资水平整体高于非公经济。具体到行业层面，在同一个行业有国有企业有私营企业，国企的工资水平一般要高于私企。根本原因是：公有制企业的生产目的不同于私有经济，前者不是单纯追求利润最大化，而是兼顾劳动者整体利益和个人利益，以包含工资与利润在内的企业增加值为目标。当然，企业的工资水平还受企业绩效的影响。有些企业绩效比较高，工资水平就可能比较高，比如大型网络平台公司、新兴产业领域的高科技企业，它们当中有许多是非公经济。但这里的分配差异不是公有与私有的差异，不是所有制差别所导致，而更多地表现为行业差异和企业绩效差异。

按照马克思主义政治经济学的理论逻辑，私有制为主体的资本主义市场经济必然产生两极分化现象。在这一点上，可以明显观察到社会主义与资本主义的差异。虽然改革开放以来，随着市场经济体制的引入，中国的收入分配也曾呈现出扩大趋势。但在社会主义市场经济条件下，两极分化是可以被遏制、被阻断的。由于精准扶贫、完善社会保障体系等政策措施的不断推进，近十年中国收入分配差距逐步缩小，随着全体人民实现共同富裕取得实质性进展，中国特色社会主义分配制度的现状与前景越来越令人鼓舞。社会主义经济增长一般规律不同于资本主义资本积累一般规律，根本原因在于前者的基本经济制度和基本分配制度。公有制为主体、按劳分配为主体，是社会主义经济制度与资本主义的根本区别所在。在中国特色社会主义的发展进程中，制度优势正在逐步显现。

第五节　利润：按资本要素分配的基本形式

按生产要素分配包括多种形式，如按劳动力要素分配、按资本要素分配、按管理要素分配、按技术要素分配、按知识要素分配、按数据要素分配、按土地要素分配等。按资本要素分配又可以区分为利润、利息、企业主收入、企业经营者报酬、股息、红利等具体形式；在现实中，知识产权和数据要素分配也具有按资本要素分配的性质。

一、利润仍然是剩余价值的转化形式

在社会主义市场经济下，利润仍然是剩余价值的转化形式，对于非公有制经济来说，这一点是不言而喻的。那么，公有制经济的利润是否还是剩余价值的转化形式呢？公有制企业以增加价值为生产目的，为了兼顾劳动者的长远利益与当前利益、整体利益与个人利益，增加价值必须分解为两个部分：用于个人劳动报酬的必要价值部分和作为公共收入的剩余价值部分。在市场运行中两者都采取货币形式，必要价值主要采取工资形式，剩余价值主要采取利润形式。利润仍然是剩余价值的转化形式。利润是在生产经营过程中形成的，企业经营收入减去经营成本之后的余额就是企业利润，从本质上说，它仍然是由工人劳动创造的增加价值扣除必要价值后的剩余价值；但是，对企业资本所有者来说，它却是资本保值增值的结果，这一点对于公有资本的所有者与私有资本的所有者同样适用。利润与剩余价值一开始虽然在数量上相同，但在性质却有重大区别：在市场经济的现象形态上利润是资本的产品，而不是劳动的产品。进而，利润率与剩余价值率在数量上分道扬镳：利润率 $=M/(C+V)$，剩余价值率 $=M/V$。虽然分子相等，分母却完全不同。马克思认为利润范畴掩盖了资本主义生产关系的本质；当然，它也不能直接反映社会主义公有制经济按劳分配的本质。利润仍然是剩余价值的外在形式。

在经济体制改革中，国有企业的盈利上缴制度出现过多次转变，从一开始的利润统一上交，到改革中的利润留存按比例上交，一度试验了"利改税"的办法。实践证明，这种将国有企业的初次分配（利润上交生产资料所有者）与再分配过程合二而一的办法的效果并不理想，企业经营状况千差万别，以统一税率实现公共基金的扣除肯

定是不符合实际的。之后，随着多种所有制经济的发展，国有企业改革经过经营承包责任制，最终找到国有股份公司的有效实现形式，即公司税前利润成为剩余价值的基本形式，利润上缴重新确定为企业初次分配中公共基金扣除的主要形式，这也成为企业层面按劳分配的一个重要环节。

二、利润平均化与一般工资率

资本—利润公式，作为市场经济的分配机制，必然体现市场平等的原则——等量资本获取等量利润，这个原则通过市场竞争为自己开辟道路。一方面，利润平均化由资本的"趋利性"驱动：竞争中资本总是向利润率更高的部分转移；另一方面，这个趋势又由市场供求规律来平衡：供过于求的产业部门的产品价格会被压低。于是，利润率平均化就成为必然趋势。社会一般利润率一旦形成，会调节部门间资本流动，成为社会范围内投资效率的标准，起到调节资源配置、提高配置效率的作用。这个标准对于公有资本同样适用。公有资本的效率高低，也可以按照一般利润率的标准去衡量。当然，这个标准更适用于竞争性产业领域。中国国有经济的很大部分在关系国计民生的垄断或寡头垄断领域，如交通、能源、通信等领域中，在这些产业领域中主要存在的是资本高度密集的大型企业，国家对这些企业有严格而有效的规制，因此其产品不是按垄断价格出售，而是按规制价格出售，资本利润率相对较低，这对社会经济发展总的来说是有利的。

按照马克思的逻辑，通过利润率平均化过程，将利润转化为平均利润；同时，商品价值也就转化为生产价格，准确地说，是商品市场价格围绕其波动的中心由商品价值转化为生产价格。这就是所谓价值转形过程。以下为 N 个部门的商品价值向量 λ 的表达式［式（10.1）中 A 为商品生产的物质消耗矩阵，l 为活劳动消耗向量］：

$$\lambda = \lambda A + l \tag{10.1}$$

按照各部门相等的剩余价值率 e，可以确定各部门相等的工资率 ω（工资占增加价值的比率）：

$$\omega = \frac{1}{1+e}$$

据此将式（10.1）中活劳动消耗量 l 划分为必要价值和剩余价值两部分，就形成反映劳动与资本收入分配关系的马克思主义价值方程：

$$\lambda = \lambda A + \omega l + (1-\omega)\, l \qquad\qquad (10.2)$$

最新研究表明，生产价格与商品价值数量关系的数理模型可用如下转形方程表达：①

$$\begin{cases} p = (1+r)(pA+wl) \\ \dfrac{py}{\lambda y} = \dfrac{w}{\omega} \\ px = \lambda x \end{cases} \qquad\qquad (10.3)$$

式（10.3）中，p 为生产价格向量，r 为平均利润率，x 为总产品向量，y 为净产品向量，w 为必要劳动占全部活劳动消耗的比例，$\omega = w \cdot \lambda y / py$ 则是工资率，此处指工资占净产品价格（即按生产价格计算的增加值）的比例。注意，在生产价格体系中，$w \neq \omega$，原因是转形后的净产品价格总量不等于活劳动消耗总量（$py \neq \lambda y$）。这个方程不仅意味着，经过价值转形形成的生产价格体系具有各部门相同的资本价格（一般利润率）和劳动价格（平均工资率），是一个符合按要素分配原则的"市场均衡价格"体系；而且意味着，转形前后全社会范围内劳动要素与资本要素之间的分配比例（即总剩余价值率）相等。② 这一点对于社会主义市场经济的宏观治理具有重要意义，它表明，工资作为市场经济中按劳分配的外在形式，其数量规定（工资率）在现象与本质间存在一致性，工资率并没有因为价值转形发生偏离。这对于国家宏观经济调控具有重要意义。

三、利润率下降趋势与社会主义市场经济

马克思在《资本论》中进一步讨论了在劳动生产力提高过程中，资本有机构成提高的必然性，正因如此，社会一般利润率从长期来看会呈现下降趋势。③ 社会主义市场经济中的公有资本和私有资本都会参与竞争导致的利率平均化过程；而且在资本有机构成提高规律的作用下，社会主义市场经济同样存在利润率下降趋势。由于生产目的

---

① 荣兆梓、陈旸：《价值转形 C 体系》，社会科学文献出版社 2022 年版，第 137 页。

② 更详细的讨论，参见荣兆梓、陈旸：《价值转形 C 体系》，社会科学文献出版社 2022 年版。

③ 《马克思恩格斯文集》第 7 卷，人民出版社 2009 年版，第 237 页。

的差异，利润率下降对公有资本和私有资本的影响不同。公有制经济的生产目的不是利润（或者说不仅仅是利润），而是整个增加价值，它代表的是劳动者的完全利益；不能只顾公有资本增值，还要考虑到劳动者的当前消费，它的生产目的包括工资和利润两部分。所以，公有制经济对于利润率下降的承受能力要比私有制经济强。不论利润增长，还是工资增长，这都是公有制经济的目标所在，两者并没有根本冲突。私有制经济的情况恰好相反，利润率下降对其生产目标是致命打击，直接影响资本的生产动力和投资意愿。因此，虽然利润率下降规律在社会主义市场经济中仍然存在，但因为生产目的不一样，它对公有制经济的影响和对私有制经济的影响存在差别，对公有资本的影响要小，对私有资本的影响要大。因为这种差别，利润率下降规律在经济增长周期中对两种所有制经济的影响也有所不同。在社会主义市场经济的经济增长周期中，繁荣期的一般利润率总体表现较好，非公有制经济的增长会较快，社会整体的所有制结构也会有相应的变化；而在经济不景气状态下，利润率虽然有显著下降，但对公有制的影响较小，而对私有经济的影响较大，社会整体的所有制结构会向公有制经济倾斜，公有经济的比重会上升，这有利于缓解利润率下降对宏观经济的冲击。从长期来看，在社会主义市场经济的增长周期中应该存在这种所有制结构波动的规律。

四、利息、企业主收入和经营者报酬

在社会主义市场经济下无论是私有制企业还是公有制企业，利润都会进一步分解为利息、企业主收入和经营者报酬。公有制企业资本利润的一部分会以利息形式支付给银行或其他借贷资本所有者，利润的另一部分则归作资本所有者的国家所有或者集体所有。这些按资本要素分配的形式都是按劳分配实现形式的构成要件，是公共扣除在市场经济下的具体化。

企业经营者报酬的性质相对复杂一些。职能资本的功能具有二重性：一方面，它以纯粹的资本所有权名义收取利润，在私有资本中，这一部分是剥削收入；另一方面，任何一个社会化生产过程都需要有指挥、有统一协调，正如乐队需要指挥一样，这是职能资本的经营管理职能。一方面是资本所有权功能，另一方面是资本经营权功能，但是现代经济中的上述二重功能开始分离，这与股份公司制度的发展有关。在股

份公司中，资本所有者可以不经营企业，而是把企业经营权交给专业的经理人员，这样，资本所有权和经营权就从人格上完全分离开来。企业主将经营管理权交给职业经理人，企业利润进一步分割为企业主收入和经营者报酬。经营者报酬从表面上看是纯粹的劳动报酬，而实际上，经营者执行的是职能资本二重职能中的一重，因此其报酬分配直接与经营业绩挂钩，这里所谓的经营绩效首先是指企业利润。公司董事会给经营者规定的报酬，包括年薪、奖金、股票、股票期权等，所有这些奖励制度与企业业绩挂钩，其实仍然是一种按资本要素分配的原则，表面形式是拿工资拿薪酬，但实际上这个"工资"并不与劳动贡献挂钩，而与资本收益挂钩。无论制度设计如何，从结果来看，经营者报酬与普通劳动者薪酬完全不在一个数量级上。说经营者的劳动能力比普通工人高出几十倍，甚至上百倍肯定不符合实际，其一年从公司拿走成百上千万的回报，一定不是劳动报酬。实质上它仍然是剩余价值的分割，这是一种剩余分享制。资本所有者设计这样的制度是为了激励经营者更加尽心尽责地为资本服务。

在公有制经济中，例如，在国有控股公司中，经营者报酬是什么性质？国有经济的改革越来越倾向于对公司高管也实行与企业绩效挂钩的制度，从性质上说，这同样是一种剩余分享制。公有制经济实行经营者利益分享制，是为了激励经营者更加尽心尽责地为公有资本服务。从激励机制这个层面来说，这和私有制经济的激励制度具有同等效力。所不同的是，公有制企业的生产目的是包含资本利润和劳动工资在内的企业增加价值和劳均增加价值（目前国有企业考核体系中最接近这一内容的指标是企业全员劳动生产率）。不同所有制的企业要在市场经济中平等竞争，公有制企业建立职业经理人制度就是要引进竞争机制，如果经营者激励制度改革不到位，公有制经济的经营绩效相比于私有制企业就会有较大差距。事实上，这方面的改革是按照市场原则推进的，公有制经济也应该有一种把经营绩效和经营者报酬挂钩的制度。说到底，在大规模公司制企业中，无论是公有资本还是私有资本，经营者所经营的资本都不是自己的资本，采用合理的激励制度应该会获得相等的效率。只要改革到位，两种企业的经营者的积极性应该相差无几。而公有制企业的优势是：其一，党对公司治理的领导作用，共产党员在企业工作中起带动作用；其二，公有制企业的生产目的不仅是利润，而且还包括企业劳动者收入。因此，在企业业绩考核中，全员劳动生产率指标相比于资本利润率更加重要。公有制企业把市场经济的体制机制与社会主义的制度优势结合起来，因而其管理效率应该会更高。

就按要素分配的多种具体形式而言，这里的讨论是不充分的，诸如虚拟资本的分配机制、股息和股票价格、知识产权和数据要素的分配、公有土地的地租形式、房地产价格和生态价值等，都还没有涉及。这些问题更加复杂，需要专门讨论。但就本章的主题而言，基本的结论应该是一致的：这些按资本要素或土地要素分配的市场机制都是剩余价值分配的转化形式，既可以在按劳分配的实现中发挥作用，成为提取公共基金的不同方式；又可以在私有制经济中发挥作用，成为按资分配实现形式的构成要件。因为并存于社会主义市场经济环境下，不同所有制经济的分配制度建立在同一个市场分配机制上，这体现了按劳分配为主体、多种分配方式并存的社会主义基本分配制度合乎逻辑的内在规定性。

第十一章　社会主义经济增长一般规律

本章根据新中国七十多年，特别是改革开放四十多年的发展经验，讨论社会主义经济增长的一般规律和经济未来发展趋势，核心是剩余价值率的变动及其对经济增长的影响。在现代市场经济中，扩大再生产主要依靠内涵的扩大再生产，也就是说增长必须伴随劳动生产率的提高。这一点对于劳动者社会而言特别重要，只有增加人均产出量，劳动者的物质文化生活水平才有可能提高，人民福祉才有可能增进。而要提高劳动生产率就要进行创新，因此，讨论这一话题需要从创新红利的分配开始。

第一节　经济增长与资本积累

一、扩大再生产的二重视角

社会生产必然是连续不断的再生产，不仅是物质资料的再生产、资本价值的再生产，而且也是生产关系的再生产。社会主义的生产过程同样是连续不断的再生产，同样包括物质资料的再生产、资本价值的再生产和社会主义生产关系的再生产。在劳动二重性前提下，社会再生产总是包含资本价值再生产和物质资料再生产，资本积累是价值的扩大再生产，经济增长是使用价值的扩大再生产，两者是再生产过程的矛盾统一体。一方面，没有资本积累就不会有经济增长，增长与积累始终相伴而行；另一方面，经济增长又有其独立于资本积累的运动，其增长速度并不单纯取决于资本积累率，这是抽象劳动时间与具体劳动时间辩证运动的又一表现。

进一步说，由于社会制度不同、生产目的不同，矛盾的主要方面也会有所不同。资本主义再生产中矛盾的主要方面是资本价值的扩大再生产，资本积累更加适于考察资本主义生产关系的再生产；而社会主义再生产中矛盾的主要方面是物质资料的扩大再生产，经济增长更加适于考察社会主义生产关系的再生产。社会主义生产的目的是满足劳动者美好生活需要，经济增长则是达成生产目的的必要前提；不仅生产规模必须扩大，而且内涵的扩大再生产——通过提高劳动生产率所实现的扩大生产——具有比外延的扩大再生产更加重要的意义。外延的扩大再生产以投入增加为前提，是财富物质量与价值量的同步增长，却较少能提高劳动群众的人均消费量；而内涵的扩大再生产则不同，从抽象意义上说，内涵的扩大再生产是在不增加或较少增加劳动投入前提下使用价值产出量扩大的再生产，这里的"产出量扩大"不仅指增加产出的数量，而且包含提高产出的质量。内涵的扩大再生产通过提高劳动生产率的方式使产出量增加，从而改善劳动群众的物质文化生活条件，提高劳动群众的劳动能力，即劳动力内涵的扩大再生产。

社会主义的再生产与资本主义不同，它的生产关系的再生产并不是由市场逻辑——劳动力商品价值——决定的，不像私人资本那样事先按劳动力商品价值支付工人工资，事后再从企业增加价值中扣除工资以获取剩余价值，而是可以在已经实现的全部增长价值中统筹考虑劳动者整体利益与个人利益，相对灵活地在两个利益之间作出权衡。公有制企业的必要价值与剩余价值分配不是两个阶级的权利分割，而是同一阶级内部平等劳动的利益协调，其分配的灵活性由公有制经济的性质决定。这一特点在社会范围内考察时会更加明显，中国共产党领导的人民政权坚守以人民为中心的根本立场，充分利用社会主义基本经济制度的优势，根据形势变化灵活调控国民收入的分配比例，在长期实践中把握规律，实现劳动者完全利益的最大化。

二、生产终点和再生产起点

生产条件的分配是生产过程的起点，它决定生产过程的性质，也决定产品的分配。资本主义的生产条件分配以生产的物的要素与人的要素相分离为特点，生产资料由资本家占有，劳动者除了自己的人身条件——劳动力——之外，一无所有。因此，生产条件的结合只能采取劳动力商品买卖的形式，生产过程由资本家控制，劳动大军由资本家指挥，劳动产品则全部归资本家所有。社会主义公有制的生产条件分配方式发生了根本变化，全部生产条件归劳动者阶级占有，阶级与阶级之间的矛盾与对抗不再存在，虽然公有产权仍然具有内排他性，生产资料归整体占有，而劳动者个人则拥有自身劳动力的所有权，但这种关系是劳动者阶级内部的关系，平等劳动成为生产过程的基本特点，劳动者共同劳动的产品归劳动者自己所有，这些产品根据按劳分配原则在劳动者个人间平等分配。

如果说在单个生产过程中，产品分配意味着生产过程的结束；那么，从再生产过程来看，这个过程的终点同时又是下一个过程的起点，产品分配同时也是生产条件分配方式的再生产，它在起点上决定生产关系的再生产。再生产过程揭示生产关系中某些从单个生产过程难以看清的问题，譬如，资本主义生产在起点上看似由资本家垫付工人工资，但在再生产过程中，"资本家把工人自己的对象化劳动预付给工人"①的事实再也无法掩盖；并且，即使"撇开一切积累不说，生产过程的单纯连续或者说简单再生产，经过一个或长或短的时期以后，必然会使任何资本都转化为积累的资本或资本化的剩余价值"②。

社会主义的再生产同样具有如此特征，即当前一轮产品分配的结果，在再生产过程中会影响下一轮生产的起始状态；因此，在连续不断再生产的过程中，产品分配的某些规律性特征对理解再生产规律具有重要影响。一些在单一生产过程中难以看清的问题，在再生产过程中得以澄清。社会主义的简单再生产，没有劳动生产率的提高，也没有劳动者消费生活的变化，所有的矛盾与关系在静止状态中似乎都是清晰的。但是，社会主义的再生产本质上是规模扩大的再生产，旧的平衡的打破和新的平衡的建立，给人们打开了考察社会主义经济增长规律的窗口。外延的扩大再生产，从单一生产过程来看，由于生产率依然没有变化，即单位劳动投入的产出量不变，因此劳动者的消费生活水平也不会变。变化似乎是由外生变量引致的，一个是人口增加，另一个是资本投入增加。但是从再生产过程来看，这些外生变量就立即内生化了。首先，追加资本从哪里来？如果没有外部来源，它就必须从劳动者消费基金中"节省"出来，于是，劳动者不变的消费生活会有明显的改变；其次，人口增加如果没有大规模外来移民，就必须由当前的劳动者家庭负担，这对劳动者及其家庭的消费生活同样有不小的影响。如果考察的是内涵的扩大再生产，那么在单一生产过程中，扩大生产规模似

---

① 《马克思恩格斯文集》第 5 卷，人民出版社 2009 年版，第 655 页。
② 《马克思恩格斯文集》第 5 卷，人民出版社 2009 年版，第 657—658 页。

乎只影响本轮产出的数量，从而改善了劳动者的当前生活；但从再生产过程来看，这一产出水平的提高就不仅决定了当前消费，而且因为劳动者能力的提高而对此后的生产和消费产生了长远影响。弄清楚扩大再生产过程中这一方面的问题，是理解社会主义经济增长规律的关键。

第二节　基于创新红利的分析框架

一、创新与劳动生产率

马克思主义的创新理论表现为劳动生产率提高理论。贯穿《资本论》始终的劳动生产率概念与创新具有深刻的内在联系。增长只靠投资是不够的，投入要素的效率需要不断提高，这当然要进行创新，就是采用新的生产方式，包括一般科学技术的发展与运用，直接生产过程中机器的使用和改良，劳动组织方式的改进，劳动者技能的提高，以及生产规模扩大，甚至还包括在流通过程中成本的节约、效率的提高，等等。但是，在展开以下全部讨论之前，需要强调两点。第一，马克思主义经济学的创新概念与现代西方主流经济学的创新概念有很大区别。现代经济学所谓企业创新其实包括两种类型，一种是"生产型创新"（生产性企业家活动），另一种是"寻租型创新"（非生产性企业家活动）[1]。前者与马克思在《资本论》中所讨论的提高劳动生产力的方法大体吻合，与本章所谓创新含义基本一致；后者则涉及已经生产出来的物质财富在社会阶级、阶层和个人之间的分配，是一种设法从蛋糕里多分一点的"创新"[2]。此处所用创新概念与后者无关。第二，市场经济的创新过程包括两个相互联系、相互补充的阶段。一个阶段称为"领先性创新"或曰"狭义创新"，是新生产方式的发明、创造和率先运用；另一阶段则是跟随创新，即学习和模仿领先创新的成果。此类活动也属于广义创新的范畴，这是因为两个方面的原因。其一，这是创新推广的必要阶段，从全行业、全社会的角度来看，没有这个创新推广环节，生产力的提高十分有限，创新过程就是不完整的。其二，学习和模仿并不是纯粹原样照搬，引进技术涉及由时空差异而

---

[1]　参见威廉·鲍莫尔等：《好的资本主义，坏的资本主义，以及增长与繁荣的经济学》，中信出版社2008年版，第95—105页。

[2]　例如，很大一部分"金融创新"就属于这种类型。

导致的对新技术的调适要求，其中包含边际创新。进一步说，创新活动大多数本来就是在前人创新成果基础上的边际推进，累积的微量创新完全可能演变为新一轮领先创新，两者之间并没的绝对的界线 [①]。总之，政治经济学的创新概念与提高劳动生产力内在一致。创新是劳动生产率提升的手段，劳动生产率的提高必须通过创新来实现。因此，本章以创新为起点，以创新红利的分配作为社会主义积累规律考察的起点。

二、创新红利空间与利益分割点

有创新就会有创新红利。在劳动价值论基础上如何理解创新红利？接下来，以图 11.1 说明这一问题。图 11.1 给定社会劳动总量不变（同等长度的线段表示相同劳动时间），以不变价为标尺刻度社会总产出（实物量），用以考察社会劳动生产率不同的前后两个时期（T_0 与 T_1）社会产出的分配。

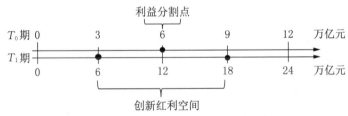

图 11.1　创新红利空间与利益分割点

如图 11.1 所示，T_0 期社会总产出为 12 万亿元，到 T_1 期劳动生产率提高了一倍，运用同样的社会总劳动所生产的产品实物量增长了一倍。用 T_0 期的不变价计量，12 万亿元的总产出增加到 24 万亿元。T_0 期劳动生产率较低，社会产品有一半（即 6 万亿元）必须用于劳动者个人及其家庭消费，劳动者个人与社会的收益分割点在 6 万亿元处，那么，这个社会总体的剩余价值率（剩余劳动占必要劳动的比例）就是 100%。这是一个比较穷的社会，因为只有 6 万亿元的物质产品可以用于公共消费和积累。假定非生产劳动部门耗费加公共消费占国民收入的 35%，积累率（积累占国民收入的比例）最多只能达到 15%。随着社会劳动生产率的提高，按不变价计算的产品实物量会不断增加。假定劳动生产率翻番，运用同样的社会总劳动能够生产出 24 万亿元的物质产品。

---

① 斯蒂格利茨：《增长的方法——学习型社会与经济增长的新引擎》，中信出版集团 2017 年版，第 38 页。

也就是说，社会总产出实物量增加了 12 万亿元，这增加的 12 万亿元就是创新红利。

为了更加直观地说明问题，再假定从线段左端向右延伸为劳动者个人所得，从线段右端向左延伸为包括资本积累在内的社会公共所得，两者交汇处为收益分割点；那么，创新的红利分享空间就是在线段 T_1 上 6 万亿元到 18 万亿元之间，利益分割点可以在这个空间内的任意一处。这个空间的物质产品是由创新提供的，总共 12 万亿元的产品是它的增加量，可以在劳动者个人与社会之间进行分配。在极端情况下，以线段上 6 万亿元处为收益分割点，它意味着劳动者个人及其家庭消费生活水平不提高，全部创新红利归社会所有，剩余价值率为 300%，剩余价值占国民收入的 75%，扣除非生产劳动部门耗费加公共消费之外，可以有很大的比例用于投资扩大再生产。假定非生产劳动部门耗费加公共消费仍占国民收入的 35%，则积累率可以推高到 35%。另一个极端是，假定社会所得不变，仍然为 6 万亿元实物量，收益分割点落在 T_1 线段的 18 万亿元处，这样，劳动者的消费生活水平提高到之前的三倍，从原来的 6 万亿元的增加到 18 万亿元。但是，公共收益物质量不变，积累率很难有所提高，因而增长也难以加速。这是两个极端情况，实际的分配应该在两个极端之间。这就是本章所说的创新红利分享空间。当然，这是从一个劳动者社会的角度来看的。劳动者社会的生产目的就是物质财富增长，劳动者个人与劳动者社会在这个根本问题上完全一致。中国特色社会主义的生产目的就是提高人民群众的物质和文化生活，或者说满足人民群众的美好生活需要。

但是，在资本主义制度下这样理解创新红利就有问题，资本主义的创新红利分配其实就是劳资之间的利益分配，这是两个阶级之间的关系，而这两个阶级关于生产目的或者各自利益的理解是不一样的。劳动者希望改善物质生活，要求增加工资可以购买的消费品实物量。而资本家并不这样理解，他追求的是剩余价值，他是从价值形态去理解这个生产目的的。对他来说，原来剩余价值率是 100%，通过创新他必须将收益分割点往左移动，从而提高剩余价值率，理想的情况是把分割点移动到 T_1 线段的 6 万亿元处，这样剩余价值率会提高到 300%，则全部创新红利都由资本家占有。这是马克思那个年代比较典型的情况，当时工人的生活水平在一个很长时间没有得到提高。经济有没有增长？应该是有增长的，但是增长的红利哪里去了？全部让资本家拿去了。

在这种情况下，资本主义的剩余价值率会迅速提高，以比劳动生产率提高更快的速度提高。对资产阶级而言，创新红利的分割点只能左移，那是可以接受的。如果你把这个分割点往右移，比如说移动到 T_1 线段 15 万亿元这个地方，资本家的物质财富增长了没有？增长了，由 6 万亿元增加到 9 万亿元，增长了 50%，他的物质享受可以增长 50%，但是这个增长对他而言没有意义，因为他追求的不是使用价值，而是商品价值、剩余价值，他追求的是社会劳动的支配权，追求剩余价值率。从这个意义上讲，他的所得反而降低了。比如，在 15 万亿元这个点上，剩余价值率只有 60%，而不是 100%。所以说，利益分割点右移在资本主义制度下是不可能发生的。资本主义社会的创新红利分享空间只能在 T_1 线段的 6 万亿元到 12 万亿元之间，这就是数百年来资本主义经济的现实。有人批评说，马克思认为在整个资本主义条件下工人的实物工资是不变，这不符合事实。其实不是马克思的观点，马克思承认工人生活水平可能会随着生产力的发展而有所提高，但他强调，资本主义不可能改变工人阶级相对贫困化的命运，因为资本主义的创新红利分配总是对劳动者不利，剩余价值率只会提高不会降低。这是资本主义的再生产规律。

我们区分了两种不同社会制度下创新红利分享空间的差异。以图 11.1 的数据为例，劳动者社会的红利分享空间在 T_1 的 6 万亿元到 18 万亿元之间，它更宽；资本主义的红利分享空间在 6 万亿元到 12 万亿元之间，它较窄。6 万亿元是工人的底线，如果再下降他就不能维持劳动力商品再生产了；12 万亿元是资本家的底线，如果再往右移动资本家就不干了，因为剩余价值率会下降。

三、创新红利分割方式与经济增长动态路径

静态地看，从一次性的创新红利分配来讲，劳动者社会的红利分享空间在图 11.1 的 T_1 期轴上 6 万亿元到 18 万亿元之间，这中间的任意一点作为新的利益分割点都是可以接受的，它无非就是个体与整体如何进行利益分配的问题，比如，个人少分一点，则社会福利可以增加一点。但是如果考虑到经济增长过程是一个连续的动态过程，那么红利分配行为就不是一次性分割那么简单了，它变成一个连续不断的过程，会形成持续性后果。我们把这种情况称作动态路径。以下先考察两种情况：一种是利益分割

点右移，另一种是利益分割点左移。

（一）利益分割点右移

图 11.1 中 T_0 期轴上的利益分割点在正中间的 6 万亿元处，然而经济增长了，不管增长多少总会在原来利益分割点的两边出现一个或大或小的红利分享空间，总归要重新确定一个利益分割点。利益分割点右移是什么概念？它代表个人收入实物量增加快于劳动生产率提高。如果经济增长的利益始终按此方式分配，劳动者个人所得份额就会越来越大，社会总剩余价值率就会越来越小。这对劳动者及其家庭的当前消费生活来说显然是利好。

这种情况在中国改革开放之初曾经出现过。1978 年以后的二十年里，中国的社会剩余价值率在波动中下行，原因是改革使收入分配向劳动者倾斜。一方面，"大包干"和粮食购销政策的调整极大释放了亿万农民的生产积极性，农民纯收入连续多年以两位数增长。另一方面，企业扩权改革导致工资奖金制度松动。城乡劳动者的劳动报酬增速超过 GDP 增速，社会剩余价值率连年下降。值得一提的是，其中农村改革特别具有爆发性，它使得社会剩余价值率从 1978 年的 172% 迅速下降到 1983 年的 104% 和 1984 年的 109%。这是自 1952 年以来中国社会剩余价值率走势的最低点。此后，随着工业化进程快速推进，企业改革对社会剩余价值率的影响越来越大。按照齐昊的计算，企业单位的剩余价值率从 1978 年的 250% 一路下降到 1998 年的 150%。[1]1988 年，戴园晨等人[2] 对这一情形作了精彩描述：一方面，职工工资总额增长幅度远超过国民收入增长幅度；另一方面，职工平均工资增长扣除物价因素后仍超过劳动生产率提高幅度。造成这一现象的原因是改革初期国有企业放权让利改革强调利益刺激，使得企业留利在利润总额中的比率不断攀升，从 1979 年的 12.3% 提高到 1985 年的 39%，1986 年以后实现企业承包经营责任制，企业留利占实现利益的比例持续提高。据统计，1979—1991 年中国居民消费水平平均每年提高 6.5%，超过社会劳动生产率平均每年提高 5.2% 的幅度[3]。企业职工的工资攀比

---

[1] 齐昊：《剩余价值率动态与中国经济新常态：基于区分生产劳动与非生产劳动的方法》，载《政治经济学报》第 10 卷，经济科学出版社 2017 年版。

[2] 戴园晨等：《工资侵蚀利润：中国经济体制改革中的潜在危险》，《经济研究》1988 年第 6 期。

[3] 周荧：《积累与消费比例关系的再思考》，《北方经济》1993 年第 6 期。

和企业经营者的短期行为形成工资侵蚀利润的强劲合力，并成为市场化改革初期难以避免的趋势。

戴园晨等人的文章指出，职工之间以及企业之间的工资攀比不利于按劳分配原则的贯彻，并且可能引发成本推动型物价上涨，这是宏观经济面临的潜在风险。[①]因此该文建议，国家应加强对工资总额的宏观调控。现在来看，文章关于工资侵蚀利益危害的分析还是没有抓住问题的要害。文章发表之后的若干年里，随着工资侵蚀利润的持续发酵，它对国有企业市场竞争力的严重损害逐步显现。其实这是很容易理解的，在工资对利润年复一年的侵蚀中，企业能有多少利润去发展再生产、进行技术改造、引进新技术？除此之外，那段时间中国的乡镇企业、民营经济和外资企业都放开了，市场竞争的压力越来越大，国有企业经营行为短期化、投资能力弱化，大面积亏损不可避免。结果是国有企业不得不"减员增效"，国有经济不得不从小规模生产、小规模经营领域退出。当然，这也是国有经济自身优化布局的需要，但它同时也是微观主体行为扭曲的必然后果。总之，考虑到创新红利分配的长期动态后果，收益分割点右移的策略是不能持续的：一个企业坚持这种策略，它终将在市场竞争中被淘汰，一个国家坚持这种策略，则国家经济终将在国际竞争中被击垮。

（二）利益分割点左移

所幸的是，20 世纪 90 年代后期一系列国有企业改革措施产生了效果，国有企业的公司制改造和劳动用人制度改革基本扭转了企业内工资侵蚀利润的倾向，加上非公有制经济的迅猛发展，到 90 年代末期，中国工业经济中所有制结构已经是国有企业、民营企业、外资企业三分天下的局面，社会经济的微观基础发生了根本改变。企业追求工资最大化的行为逐步转变成追求利润最大化的行为。企业的投资和创新愿意回升，竞争力提高，市场经济更加活跃，使得中国经济在 2000 年以后进入加速发展期。

一种相反现象，即"利润侵蚀工资"逐渐在企业中抬头。郑志国 2008 年在《中国工业经济》发表文章，戏剧性地采用与戴园晨论文截然相反的标题："中国企业利润侵

---

① 戴园晨等：《工资侵蚀利润：中国经济体制改革中的潜在危险》，《经济研究》1988 年第 6 期。

蚀工资问题研究"[1]。文章指出：20 世纪 90 年代中期以来，中国企业利润侵蚀工资问题日益突出，其主要方式有企业"压低、克扣和拖欠工资"和"不交或欠交养老保险、失业保险和医疗保险等社会保险费"，工资构成中"不含或少含住房费"，以及用"大量裁减员工来减少工资支出以增加利润"，等等。由于利润长时间侵蚀工资，1995—2006 年中国工业增加值中工资占比从 22.49% 下降为 8.63%，下降 13.86 个百分点；在此期间，企业税前利润和税后利润占增加值的比例有所波动，但是总体呈上升趋势。物质生产部门受此影响更大，其人均工资明显低于全国平均工资，且差距逐年扩大。文章认为，造成这一现象的原因有三个。（1）企业管理者掌握着分配决定权（这里不仅指私营企业，而且也包括实行公司制的国有及国有控股企业），他们的利益与利润挂钩，这种激励机制是驱动利润侵蚀工资的内在动因。（2）农村数以亿计的剩余劳动力向城镇转移，形成激烈的城镇就业竞争，这是工资受利润侵蚀的社会原因。（3）一些地方政府过度追求经济增长与财政收入，更多地维护企业投资者利益，对普通劳动者利益缺乏保护。

放到图 11.1 的 T_l 轴线上，这就是利益分割点左移，个人收入实物量有所增加，但其增速慢于劳动生产率提高速度。按此方式分配创新红利，劳动者报酬占国民收入的份额会越来越小，社会总体的剩余价值率就会越来越大。值得注意的是，改革已经造成所有制结构的多元化，非公有制经济在工业经济中的比重已经超过三分之二。与利润侵蚀工资相伴随的社会现象是企业关系紧张、劳资矛盾突出，劳资关系受到普遍关注。全社会收入分配差距拉开，反映收入分配公平程度的居民收入基尼系数在 90 年代末突破 0.4，并且继续上升到 2008 年的 0.491；此后，基尼系数虽有回落，但仍然在 0.47 上下徘徊。[2]

与此相关的另一个重要后果是剩余价值的实现困难。美国学者巴兰在研究现代资本主义经济时提出一个很重要的概念，叫作经济剩余；他认为垄断资本主义条件下的经济剩余吸收困难是其制度内在矛盾的必然结果，只能依靠浪费性消费，包括巨额军

---

[1]　郑志国：《中国企业利润侵蚀工资问题研究》，《中国工业经济》2008 年第 1 期。
[2]　根据国家统计局公布的数据计算得出。

费，以及非生产劳动部门的过度发展，如商业广告、金融泡沫等来消耗。[①] 由于中国国内消费需求不足，剩余价值的实现问题也开始显露。（1）按照《中国统计年鉴》的数字，这一阶段资本形成率达到 45% 的高水平，结合资本产出比的升高以及产能过剩等现象，这一高积累显然已经不单是经济发展所需，而且是剩余价值实现困难的被动应对。（2）外贸出口成为最初阶段解决剩余价值实现的权宜之计。90 年代中后期，中国的货物和服务净出口比重一直在 2% 以上，2003 年以后进一步升高，2007 年甚至高达9.3%。如人们所理解的那样，这部分国内生产总值其实就是国内储蓄，但并未形成国内投资，而是形成国际债权了。（3）剩余价值吸收的另一个渠道是"非生产劳动部门抽取"。1997 年之前，在中国国民总产值中非生产劳动部门增加值占比大致在 20% 的水平，此后逐步提高到 2007 年的 30%。2008 年以后，工业产品的国外需求市场萎缩，净出口逐年回落。剩余价值吸收的出路集中到国内消费上，非生产劳动部门增加值占国民总产值的比例进一步提高到 2015 年的 43%。[②] 这样，依靠非生产劳动部门加快发展、加大抽取剩余价值的方式，占国民生产总值 20% 的剩余价值得到额外吸收。那么，这种情况能不能持续呢？从国际比较来看，中国当前国民收入中非生产劳动部门对剩余价值的抽取仍然占比较低，与美国等发达经济体相比还有较大差距。但是，收益分配点持续向左移动总是有限度的，非生产劳动部门特别是虚拟经济部门的占比继续大幅提高，对社会经济的负面影响已经受到越来越多的关注。

由于收入分配差距和剩余价值实现等现实问题的积累，可以肯定，收益分配点不断向左移动，使得社会剩余价值率不断提高，这种情况是不能持续的。

我们的结论是，劳动者社会的确存在更宽的创新红利分享空间，但是红利分享方式，进而经济增加动态路径，从长期来看却是受限制的。两种典型的分配模式——利益分割点右移模式和收益分割点左移模式，都不可持续。社会主义的创新红利分配方式到底应该是怎样的？我们是不是能得出结论：收益分割点在经济增长中应当始终保持稳定？这是否劳动者利益所必须？现实中有没有实现的可能？为进一步推进研究，

---

① 巴兰：《增长的政治经济学》，商务印书馆 2000 年版。
② 非生产劳动部门增加值占国民生产总值比例＝（非生产部门增加值－固定资本折旧）/（国民生产总值－固定资本折旧）。数据来源：《中国统计年鉴》历年投入产出基本流量表。非生产劳动部门包括：批发和零售业、住宿和餐饮业、房地产业、租赁和商务服务业、金融业以及其他服务业。

有必要全面回顾新中国社会主义经济发展的七十多年历程，看看实践的运动能不能对理论有所启迪。

第三节 向左，向右，向着同一个目标

一、实践发展三个阶段

由于相关数据的缺失，国内少有人研究七十多年经济发展中剩余价值率变动的总体情况，但少数研究还是给出了比较清晰的图景。齐昊的一篇论文[①] 按照马克思关于企业剩余价值率的定义，计算了全社会生产劳动部门企业单位的平均剩余价值率，并给出如图 11.2 所示的趋势图。大体上说，这是一条先上行，再下行，再上行的 N 形曲线。

为了讨论宏观经济中剩余价值的生产和分配对积累率的影响，本章提出社会剩余

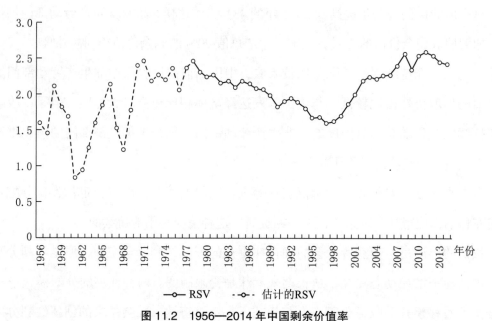

图 11.2　1956—2014 年中国剩余价值率

注：按照 Hao Qi（2017）的说明，改革开放前三十年没有完整数据，只能给出大致估计，因此图中用虚线表示这一时期的剩余价值率情况。

资料来源：Hao Qi, 2017, "Dynamics of the Rate of Surplus Value and the 'New Normal' of the Chinese Economy", *Research in Political Economy*, 32: 105—128.

[①] Hao Qi, 2017, "Dynamics of the Rate of Surplus Value and the 'New Normal' of the Chinese Economy", *Research in Political Economy*, 32: 105—128.

价值率这一概念。齐昊的计算没有包括农民和其他个体劳动者在非企业单位中劳动所创造的剩余价值（剩余劳动）及其比率，对于说明社会主义经济中积累与消费的总体格局，特别是讨论社会主义原始积累问题，有一定的局限性。首先，在工业化初期，农民在人口总数中占绝对多数，农业增加值在国民生产总值中占多数。社会主义的原始积累不得不依靠农业税和"工农业产品价格剪刀差"等手段，集中农民提供的剩余劳动以增加工业投入。工业生产中显示的剩余价值有很大一部分是通过低价农产品转移到工业利润中的农业剩余。既然剩余价值率的分子计量包含（也无法剔除）这部分农业剩余，其分母计量就应该包含生产了农业剩余的全体农业劳动者。其次，本章关注的是社会范围的积累与消费的关系，从生产部门企业单位剩余价值率不能直接推算出剩余价值占国民收入的比重，这会对以下讨论造成诸多不便。这里以社会主义经济中全部生产劳动部门（包括农业）剩余价值率，或者说剩余劳动与必要劳动的比例来定义社会剩余价值率。按照公式：社会剩余价值率＝（国民收入−生产劳动部门劳动报酬）/生产劳动部门劳动报酬，计算1952年以来部分年份的社会剩余价值率，结果如表11.1所示。由于分部门劳动报酬数据的限制，一些年份的数据只具有估计的性质。

表 11.1 1952—2015 年部分年份社会剩余（价值）率

年份	社会剩余（价值）率 1*（%）	社会剩余（价值）率 2**（%）	社会剩余（价值）率 3***（%）
1952	121.1		
1957	120.7		
1964	112.9		
1965	135.4		
1977	177.8		
1978	178.5	172.0	
1979	162.2	157.0	
1980	141.8	137.3	
1981	128.6	123.6	
1982	111.0	106.7	
1983	107.4	104.0	
1984	109.8	109.4	
1985		127.7	

（续表）

年份	社会剩余（价值）率 1*（%）	社会剩余（价值）率 2**（%）	社会剩余（价值）率 3***（%）
1986		131.5	
1987		147.4	
1988		159.7	
1989		159.6	
1990		148.9	147.3
1991		168.0	
1992		184.4	196.8
1995			173.0
1997			133.9
2000			146.2
2002			212.1
2005			245.3
2007			239.6
2010			227.1
2012			224.5
2015			247.8

注：* 劳动报酬利用行业职工人数与职工平均工资的乘积计算；非公有制经济的职工平均工资数据缺失，按集体所有制职工平均工资计算；农业劳动报酬按农民纯收入乘 70% 反推。** 劳动报酬利用分行业工资总额计算，农业劳动报酬按农民纯收入乘 70% 反推。*** 劳动报酬根据投入产出表数据。

由于分母包含农民劳动报酬，我们计算的社会剩余（价值）率比齐昊计算的企业单位剩余价值率数字要小。但两者所反映的七十多年中国剩余价值率变动趋势却基本一致。根据社会剩余价值率数据，并参考企业单位剩余价值率，我们将七十多年的社会剩余价值率变动区分为三个阶段。（1）20 世纪 50 年代初到 70 年代末为剩余价值率上升阶段，也就是利益分割点左移阶段。这一阶段社会剩余价值率在震荡中上升，从一开始的大约 120% 上升到 1978 年的将近 180%。（2）70 年代末到 90 年代末为剩余价值率下降阶段，也就是利益分割点向右移动阶段。这一阶段社会剩余价值率在波动中趋于下降，从 1978 年的 178.5% 逐步下降到 1997 年的 133.9%（其中 1983 年最低下探到 104%）。（3）自 90 年代末开始为第二个上升阶段，社会剩余价值率在不到十年时间里从大约 140% 快速上升到 245% 以上，近年来社会剩余价值率保持高位震荡，是否会出现第二个下降阶段，还有待进一步观察。总之，在七十多年经济发展中社会剩余价值率并没有形成稳定的均衡点，也不是在一个狭窄区间波动，而是出现多次不同方向的大幅度变化，剩余价值率高至240%，低到110%，上下相差130个百分点。其中有什么规律可循呢？

二、为提高积累率而将利益分割点向左移动

先看20世纪50年代初到70年代末的第一个剩余价值率上升期，虽然波动很大，但总的趋势是一路向上。这是一个社会主义原始积累阶段，剩余价值率上升的目的在于提高积累率，冲破"低水平循环陷阱"。那个时期国家比较穷困，老百姓温饱问题亟待解决，没有多余钱用于投资建设。低水平循环的意思是：在很低的生产力水平上剩余价值率也低，积累率很难提高。最低限度的劳动力再生产费用要消耗很大比例的国民收入，其剩余部分一定较少。这种情况下，剩余价值中能用于投资的份额很少。剩余价值用于投资之前必须扣除必要的社会公共消费和非生产劳动部门消耗（商业、金融等），即使有投资，首先还要满足人口增长的需要，由于人口增长与经济增长相互抵消，创新红利空间很小，劳动者物质文化生活的提升空间很小，提高剩余价值率的空间也很小，因此投资率也不可能有增长。投资率不高，增长就不可能快，贫困就难以摆脱。这种情况就叫作"低水平循环陷阱"。在新中国成立之初的1950年，中国人均GDP只有439国际元[1]，仅为世界平均水平的四分之一。彼时中国既没有多余的钱搞建设，也没有获得足够的外部力量来快速启动工业化。"低水平循环陷阱"是非常现实的危险。50年代初的社会剩余价值率大约只有120%，剩余价值占国民收入的比重只有55%，扣除非生产劳动部门消耗和公共消费之后，可用于新增投资的剩余价值占国民收入的17%。[2]按照5.1的资本产出比，这个积累率只能支撑三点几个百分点的经济增长，别说是经济赶超，就是跟上人口增长都很勉强。[3]

---

[1]　麦迪森：《世界经济千年史》，北京大学出版社2003年版，第302页。
[2]　本书此处根据麦迪森修正过的数据计算得出。参见麦迪森：《中国经济的长期表现：公元960—2030年》，上海人民出版社2008年版，第162页。
[3]　1952—1978年中国人口年均复合增长率为2.02%。参见麦迪森：《中国经济的长期表现：公元960—2030年》，上海人民出版社2008年版，第106页。

中国是靠什么跳出陷阱的呢？根本措施是用计划经济体制最大限度地将有限的剩余价值集中起来搞建设，在经济增长中逐步提高剩余价值率，再挤出更多的钱来搞建设。计划经济体制为什么能够有效提高积累率？因为它能集中全部社会力量来办大事，把全部剩余价值都集中到国家手里。在扣除劳动者个人及其家庭消费后，工人与农民创造的全部剩余劳动集中到国家手里，主要用于投资，其中主要是工业投资。为了适应积累率的迅速提高，国家采取重工业优先的逆序进程，反市场逻辑地强制启动工业化。[①] 计划经济不依靠经济刺激来调动劳动者的生产积极性，而是用连续不断的政治动员来保持劳动者的工作热情。共产党人发挥模范带头作用，与广大人民群众同甘共苦，从而创造经济增长奇迹。从提高剩余价值率，进而提高积累率的目标来看，这个模式是很成功的。中国用三十年时间把社会剩余（价值）率从120%提高到近180%，把积累率从大约不到20%提高到30%以上。事实上，到70年代初，中国经济的积累率已经达到30%这个全世界范围的高水平，并且在整个70年代保持稳定。这是前三十年经济的最大成绩，为以后的高速增长准备了必要条件。需要强调的是，这不仅是社会积累率提高的单纯总量问题，而且是与高积累率相匹配的结构调整问题。在提高积累率的过程中，工业比重逐步提高，重工业比重增加更快，产业结构为了适应积累率提高而相应提升，一个完整的工业体系大体形成。所有这些在改革开放前三十年已经基本实现，为此后四十多年的高速增长奠定了重要的物质基础。

总之，这一阶段剩余价值率的总体上扬是突破低水平循环陷阱的内在要求，是从劳动者社会整体利益角度考虑所作出的战略选择，它虽然削弱了中国在最初三十年提高劳动者消费生活水平、解决当前温饱问题的能力，却提供了经济更快增长的必要条件，保障了劳动者阶级的长远利益。

三、体制转轨使利益分割点向右移动

1978年以后的利益分割点右移，剩余价值率下降，是改革开放引致的结果。

那么，为什么要进行改革开放？因为计划经济体制效率较低，不能满足劳动者社

---

① 文一：《伟大的中国工业革命：发展政治经济学一般原理批判纲要》，清华大学出版社2016年版。

会积累与消费协调发展的需要；在前三十年里高积累形成的增长潜能得不到充分发挥，劳动者社会的消费生活水平没有显著提高。按照麦迪森的计算，到 1978 年，中国人均 GDP 仍然只有世界平均水平的四分之一，中国 GDP 总量占世界的比重甚至比 1952 年的 5.2% 还低了 0.3 个百分点。[①] 实践表明，虽然高积累率是实现社会经济高增长的必要条件，却并非充分条件，中国经济必须尽快找到提高效率的适当途径。改革开放就是从这一现实问题出发作出的战略性选择，目的是扩大前三十年经济建设的成就，努力给老百姓带来更多实惠。改革采取放开搞活的政策，将藏富于民的宏观政策与加强激励的微观制度相结合，极大调动了人民群众劳动致富的积极性。经过改革，中国的经济增长加快，效率提升明显。由于高积累与高效率结合，经济增长速度明显加快。改革开放四十多年来，中国的 GDP 总量平均年增幅为 9.7%，其中全劳动生产率对增长的贡献率达到 65%。劳动生产率的提高又可以分解为一二三次产业之间资源重新配置的结构效应和各产业内部效率提高的技术效应，总体而言，这四十多年的结构效应的贡献率大约为 40% 多，技术效应的贡献率为 50% 多[②]。而在改革开放初期则是结构效应的贡献更大，因为迅速的工业化将高生产率产业部门的份额扩大，从而显著提高全社会生产力。[③] 到 1998 年，按不变价计算的人均 GDP 比 1978 年提高了 400%。[④] 相应地，1978—1987 年的资本产出比是 3.383，1988—1997 年的资本产出比是 3.897，两者都比前三十年的资本产出比（平均 5 以上）有明显改善。[⑤] 经济效率提高与高积累率结合保证中国经济高增长，进而保证人民生活水平有明显提高。实践证明市场化改革的决策是正确的。

改革开放怎么会造成社会剩余价值率近二十年持续下降？这里有前三十年消费滞后的因素，也有渐进式改革造成的过渡性体制特征等因素。改革首先在大一统计划体制内部实施"放权让利"的措施，经济增长的利益大幅度向老百姓倾斜，致使人民

① 参见安格斯·麦迪森：《中国经济的长期表现：公元 960—2030 年》，上海人民出版社 2008 年版，第 109 页。
② 参见蔡昉：《国外经济学家对中国奇迹的误读最典型的观点有三种》，《北京日报》2018 年 1 月 29 日。
③ 刘伟、张辉：《中国经济增长中的产业结构变迁和技术进步》，《经济研究》2008 年第 11 期。
④ 《2018 年中国统计年鉴》，中国统计出版社 2018 年版。
⑤ 史正富：《超常增长：1979—2049 年的中国经济》，上海人民出版社 2013 年版，第 25 页。

消费生活明显改善。1952—1977 年全国居民消费水平指数提高 71.7%（以 1952 年为 100%），而 1978—1998 年这个指数却提高了 317.5%（以 1978 年为 100%）。[①] 但是，消费急速上升并不完全是政府有意而为的结果。一方面，家庭联产承包责任制及乡镇企业异军突起，使农民收入大幅度增加；另一方面，在渐进式改革中公有制企业的内部人控制造成经营行为短期化，形成自下而上推动工资侵蚀利润的强劲趋势。这种"上下配合"的格局突出表现在国有企业经营承包责任制的实践中，政府主管部门与企业签订的承包合同以工资奖金为第一激励因素，导致社会剩余价值率在波动中下降。

这个过程造成双重后果：一方面，经济增长的利益更多向老百姓倾斜；另一方面，政府财政收入减少，将财政预算用于投资的能力极大削弱。这就带来市场改革必然的投融资机制转换：在全社会固定资本来源中，居民储蓄大幅增加，政府预算大幅下降，社会积累率继续保持高水平。也就是说，一部分劳动者报酬作为储蓄存款转化为投资，宏观经济中积累与消费的比例没有出现所预期的波动。整个 20 世纪 80 年代和 90 年代，社会资本形成率（投资率）始终保持在 30% 以上，多数年份高于 35%。[②] 在剩余价值率连续下降的过程中，基本实现了积累与消费协调发展的目标。

四、利益分割点再次左移：竞争、创新与"后发优势"

20 世纪 90 年代末期，利益分割点时隔二十年之后再次左移。社会剩余价值率由降转升，从 1998 年的低点 130% 上升到 2005 年的高点 245%，剩余价值占国民收入的比重从 57% 一路上冲到 71%。毫无疑问，此次转变的推动者仍然是作为劳动者整体利益代表的政党—国家。坚持公有制为主体、多种所有制经济共同发展的社会主义基本经济制度是改革开放以来中国共产党的一贯方针。在毫不动摇地巩固和发展公有制经济的同时，毫不动摇地鼓励、支持、引导非公有制经济发展，推动各种所有制取长补短、相互促进、共同发展。这推动了不同所有制企业的市场竞争，强化了竞争参与者利润导向的经营行为。市场化改革进行到深处，自然会引发剩余价值率的向上运动。

问题是，对于变革的推动者而言，此次转向是否与前两次具有相同的目标取向？

---

① 数据来源：《新中国六十年统计资料汇编》，中国统计出版社 2010 年版。
② 数据来源：《1999 年中国统计年鉴》，中国统计出版社 1999 年版。

是否仍然坚持提高人民福祉、满足人民群众日益增长的美好生活需要的初心？

　　答案是肯定的。首先，创新红利分享空间的不断产生始终是劳动者消费生活改善的基础性前提。市场经济的高效率特别体现在它的创新激励机制上，这个机制以企业追求超额利润为特点。超额利润是市场竞争对创新者数额巨大的奖励，它刺激企业家冒险精神，在生产经营中领先运用先进技术、先进管理。与此同时，众多市场竞争者在巨额利润诱导下模仿跟进、分享创新利益，从而形成创新成果推广浪潮。最终创新成果的普及使得超额利润消失，下一个创新过程重新开始。这个在竞争中追逐超额利润的创新机制永不停息，社会劳动生产率在领先创新与跟进创新的交替中不断提高，这个机制是市场经济创新激励的最有效机制。马克思在对资本主义经济的研究中发现，劳动生产力的普遍提高会降低劳动力商品价值，给资本带来丰厚的相对剩余价值，因此也可以称作相对剩余价值生产机制。结合以上关于劳动者社会再生产过程的讨论，我们知道，这个机制也会给劳动者社会带来创新红利分享空间，为劳动者个人利益与整体利益的协调、为劳动者长远利益的最优化带来机会，我们把它称作创新红利分享机制。创新进而提高劳动生产率是满足劳动者日益增长的美好生活需要的前提，我们没有理由拒绝市场经济的这一馈赠。尽管在多种经济成分并存条件下，创新红利的分配会涉及不同阶层的利益，但是分好蛋糕的前提是把蛋糕做大。因此，我们主动建立了多种所有制经济以利润为目标的平等竞争的微观基础，在此基础上发展起充满活力的社会主义市场经济体制。

　　其次，充分利用生产力落后的后发优势是加快创新步伐、加快经济增长、最大限度提升人民福祉的重要手段。前三十年的封闭环境是外力强加给我们的。虽然外边有现成的先进技术和先进管理可以借鉴，却苦于渠道不通而难以获益。改革开放以来对外开放的大门逐步打开，发挥落后经济后发优势的条件逐渐形成，但国际竞争的压力也随之而来。企业的盈利能力是提高市场竞争力和自我发展能力的必要前提，这一点不仅在国内市场竞争中具有"一票否决"的意义，而且在国际竞争中更加生死攸关。改革与开放是不可分割地联系在一起的。中国特色社会主义发展道路要借力技术创新的后发优势，这意味着中国与发达国家巨大的技术差距既是竞争压力，又是赶超机遇。借鉴别人的成果节约自身创新成本是后发优势的重要特征，其前提是对外开放，利用一切可能的机会引进和吸收先进技术与先进管理。因此，中国的企业必须学会面对来自国外企业的竞争，学会在国际市场的竞争中生存和发展、学习与创新。这就迫使我们按市场竞争规律来推进企业改革，建立市场秩序，积极参与世界贸易组织（WTO）的国际贸易秩序之中，包括充分利于低成本劳动力优势扩大出口、赚取外汇。事实证明，中国的策略是正确的。勤劳智慧勇敢的中国人民有能力在国际竞争的劣势环境下突围，实现自己的发展利益。在开始阶段，中国的创新发展主要是在模仿跟进中实现的。中国在技术引进中消化吸收，在对先进技术的边际改良中积累经验、锻炼队伍，逐步形成学习型国家的活跃氛围。在开放竞争中落后者当然要付出更多代价，但同时也会得到应有回报。中国经济以持续四十多年的高速增长缩短了与发达国家的经济差距和技术差距。与改革开放之初相比，中国全员劳动生产率[①]已提高 7 倍多。其中 1996—2015 年，中国的劳动生产率年平均增速为 8.6%，比世界平均水平高出 7.3 个百分点，明显高于美国 1.6% 的水平。中国与世界平均水平及发达国家的差距在不断缩小，1996 年中国单位劳动产出只相当于世界平均水平的 10.6%，2015 年已达到 40%，中国单位劳动产出相当于美国的比重也从 2.1% 提升到 7.4%。[②] 尽管中国离世界先进水平还有很大距离，但是，正在以极快的速度追赶，因此我们才能够以很快的速度提高全中国人民的生活水平。

可见，在实践中利益分割点无论是向左移动还是向右移动，中国的社会主义再生产都向着同一个目标前进，那就是提高人民福祉，满足人民群众日益增长的美好生活需要。

第四节　社会主义积累的现状与前景

一、"中国特色资本主义论"为什么是错误的

中国经济凭借七十多年的增长成就与辉煌历程，尤其是改革开放四十多年的高速增长，被誉为"中国增长奇迹"。在改革开放的四十多年里中国的实际 GDP 总量增长了 30 倍，人均实际 GDP 增长了 24 倍。由于经济规模巨大，这一增长成就更具有令人

---

① 指不变价 GDP 与就业人口之比。
② 数据来源：《统计局：国际比较表明中国劳动生产率增长较快》，网易财经，2016 年 9 月 1 日。

震撼的力量。2018 年中国 GDP 超过 90 万亿元，按平均汇率折算，经济总量达到 13.6 万亿美元，稳居世界第二位[①]，其经济总量占全球经济份额从 1978 年的不到 1/20 上升到 2018 年的 1/6。在经济高速增长的同时，中国也极大提高了人民群众的生活水平：2017 年社会消费总额为 1978 年的 30 倍；居民人均消费支出为 18 322 元，扣除价格因素，比 1978 年实际增长了 18 倍，年均增长率达 7.8%。[②] 必须记住，这一成就的取得离不开前三十年的努力。如果说中国增长奇迹的成功经验是高积累加上劳动生产率的持续提高，那么，改革开放前三十年冲破低水平循环陷阱所形成的高积累则功不可没。

高积累加上持续提高劳动生产率是经济高增长的原因，这与马克思主义政治经济学教科书的观点完全一致，并无神秘之处；真正的问题在于，利用市场经济来实现高积累与高效率的结合，是否能够避免市场经济两极分化的自发趋势？近二十年来，中国经济中收入分配差距拉开，剩余价值实现困难有所显现，这些现象与资本主义市场经济有相似之处。因此，一部分批评者认为，市场经济的内在逻辑已经将中国特色社会主义演变成为"中国特色资本主义"，从根本上损害了劳动者利益。这些批评者例举一系列统计数据以支撑自己的观点。譬如：收入分配差距拉大，基尼系数跨越不平等界限，企业劳资纠纷案件数和当事人数增加，环境污染和生态破坏，贪污腐败加剧以及群体事件频发，等等。

回答此类质疑，我们要说三句话：第一，尽管中国经济中收入差距有所拉开，但最广大民众的生活取得持续大幅度改善却是基本事实；第二，新时代以来情况已经发生变化；第三，情况还会继续发生更大变化。总之，要发展地动态地看待中国事实。

首先，改革开放以来，在收入分配拉开差距的同时，最大多数人民群众的收入水平持续大幅提高。皮凯蒂（Piketty）等人近期研究了 1978—2015 年中国收入和财富不平等问题，[③] 给出一幅有趣的图景：相同时间内中国、美国、法国三国的收入不平等程

---

① 数据来源：《2018 年中国国内生产总值超过 90 万亿元　经济总量达 13.6 万亿美元》，新华社，2019 年 1 月 21 日。

② 数据来源：《国家统计局：改革开放 40 年全国居民人均消费支出增长 18 倍　年均增长 7.8%》，中国经济网，2018 年 8 月 31 日。

③ Piketty, T., Yang, L. and Zucman, G., 2017, "Capital Accumulation, Private Property and Rising Inequality in China, 1978—2015", *CEPR Discussion Papers*. 转自《城读 | 皮凯蒂论中国收入和财富的不平等，1978—2015》，搜狐网，2018 年 11 月 9 日。

度都有扩大，但是中国经济增长要快得多；相应地，老百姓的收入增长也快得多。在四十多年时间里，中国人口中 50% 的中低收入群体享受了年均 4.5% 的收入增长，40% 的中高收入群体的年均收入增长率更是高达 6.0%。这样的收入增长速度超出美国、法国两国不同收入层次的几乎所有人（只有占美国人口十万分之一的超级富人除外）。相应地，在四十多年发展中中国有 7 亿多人口脱贫，脱贫人数占同期全球脱贫人数的 70%。

其次，情况正在发生变化，这是每一个客观的观察者都看得见的。联系七十多年经济发展的历史，理解导致情况发生变化的制度原因，是正确理解中国道路的前提。

按照齐昊的计算，中国企业单位的剩余价值率在 2008 年达到历史峰值，之后一直在 230% 到 250% 的区间内徘徊，虽然未见明显回落，却也改变了一路上扬的趋势。我们按照社会剩余价值率口径计算，峰值应该也出现在 2005—2007 年，此后的社会剩余价值率在 225% 到 245% 的区间内波动，表现出大体稳定的走势。之所以出现这一变化有两个方面原因。其一是劳动力市场供求关系的变化。由于连续数十年高速工业化，农村剩余人口逐步消化，而新增劳动人口也由于人口增长趋缓而减少。劳动力市场供过于求的局面正在改变，劳动者的议价能力有所提高，大规模使用农民工快速推进低成本工业化的发展模式已经走到尽头。其二是宏观决策者的主动调整。包括 2007 年出台、2012 年修订《中华人民共和国劳动合同法》，劳动者权益保护加强，最低工资制度等相关举措逐步落实，以公平为目标的社会福利制度向高水平、全覆盖的方向演进，以及一系列乡村振兴、城乡统筹从而改变二元经济结构的政策效果显现，等等。2017 年非私营单位职工平均工资相当于 2007 年的 3 倍，2017 年私营单位职工工资与 2009 年相比也增长了 1.5 倍，与同期名义 GDP 增幅相比基本持平[1]，这应该是社会总剩余价值率保持稳定的基本原因。

决策者为什么要作此政策调整？又为什么能够作此政策调整？联系七十多年经济发展的历史，其中的制度原因不难理解。中国共产党的决策中心始终围绕提高人民福祉这一目标。为此就必须发展生产力，寻找国家经济增长的最优动态路径，实现劳动

---

[1]　数据来源：《2018 年中国统计年鉴》，中国统计出版社 2018 年版。

者利益最大化。中国共产党在一个贫穷落后的发展中大国推进工业化，之前没有成功的经验，不得不"摸着石头过河"。但中国共产党在实践中始终不忘初心、牢记使命，根据环境与形势的变化调整战略与策略，以实现既定目标，这已经被七十多年的历史所充分显示。社会利益分割点的左移对于资本主义经济制度来说，是与其制度性质不可分割的一般规律；对于社会主义经济制度而言，则只是发展的特定阶段实现特定目标的手段。可以在必要时启动它（为了提高企业竞争能力和创新能力），也可以在情势变化时调整它、限制它，或者改变它。例如，当收入分配差距过大、剩余价值实现困难时；当积累率高过产业升级和技术创新的需要，以至于资本边际产出持续下降从而严重影响宏观经济效率时。因为不受资本利益的捆绑，所以在政策上作出调整以改变利益分割点左移走势是顺理成章的事。

正如马克思所明确指出的那样：所谓工资铁律是根本不存在的。经济发展的规律是资本有机构成随着劳动生产率的提高而不断提高，这在资本主义条件下造成劳动相对于资本需求量不断缩小，产生相对过剩人口，最终导致工人阶级贫困化。资本主义财富的积累伴随劳动者贫困的积累，"这就是资本主义积累的绝对的一般的规律"[①]。但是，这绝不是市场经济的"自然规律"。马克思强调，资本主义社会生产力的高度发展已经为解决这一矛盾准备了物质前提："如果明天把劳动普遍限制在合理的程度，并且把工人阶级的各个阶层再按年龄和性别进行适当安排，那么，要依照现有的规模继续进行国民生产，目前的工人人口是绝对不够的。目前'非生产'工人的大多数都不得不转化为'生产'工人。"[②]在明天更加合理的制度下，资本积累与劳动节约的利益应该属于全体劳动者，劳动生产率的提高可以带来工作日的普遍缩短，而不会是失业人口的不断增加；它可以实现劳动与资本的共享发展，而不是劳动者的普遍贫困化。社会主义经济制度应当能够实现这一理想。

中国所建立的社会主义制度包括共产党领导和公有制为主体两个基本构件，进而中国共产党在选择和掌控中国经济增长的动态路径时具有最完备和最有效的手段。生产资料的公有制在全部社会经济中占主体地位，特别是国有资本在大规模生产、大规

---

① 《马克思恩格斯文集》第5卷，人民出版社2009年版，第742页。
② 《马克思恩格斯文集》第5卷，人民出版社2009年版，第734页。

模经营领域的主导性，如"普照之光"，奠定了中国经济基础的底色。它不仅是国家加快经济发展、熨平经济波动、保障经济安全的重要抓手，而且对企业劳资和谐、分配公平具有决定性影响力，是执政党在社会经济关系的发展中掌握主导权、保证社会发展方向的镇山法宝。在市场经济中劳动与资本的关系始终存在零和博弈的一面，私人资本与企业劳动者的关系是阶级与阶级的关系，而且资本在企业中具有主导地位，可以无偿占有工人的剩余劳动，处理不好就有可能成为对抗性矛盾。一个私有制为主体的市场经济一定是资产阶级主导的经济，少数人对多数人的压迫不可避免地具有对抗性。社会主义市场经济以公有制为主体，国有资本在企业中代表劳动者的整体利益和长远利益，在这里"劳资关系"是劳动者自身当前利益与长远利益的关系，更容易形成劳资和谐关系，并且对非公有制经济产生"示范效应"。因此，社会经济整体而言会更加协调，创新发展与共享发展协同推进的可能性会更大。执政党在事关社会利益的重大决策中没有任何特殊利益，因此其对社会政策的选择空间更大，利益分割点无论左移还是右移，都在可以选择的范围之内。由于国有资本在全部社会经济中的关键地位和主导性质，作为劳动者整体利益代表的执政党才有可能在生产力与生产关系两个方面对国家经济走向形成控制力，能够按照自己对历史发展方向和最广大人民群众根本利益的理解，去引导与调节经济发展的动态路径。中国经济七十多年增长的历史表明，执政者具备实现承诺的意志和能力。由于两大基本制度构件的作用，中国为实现目标可使用的手段比其他市场经济国家更加多样，必要时调整的速度更快，实施的措施也更加有力。两极分化是可以避免的。中国七十多年经济增长的动态路径已经初步显示，在经济增长中改善人民生活、提高劳动者能力，是社会主义经济增长的一般规律。

二、公平与效率必须兼顾

中国当前的事情比理论要更加复杂。中国在全球资本主义发达国家的包围中独立建设社会主义，要突围必须利用后发优势，要利用后发优势又必须开放发展；对中国而言，生产力落后既是机遇又是挑战。社会主义市场经济是必然选择，而市场经济要求多种经济成分平等竞争。这些既是中国七十多年发展的经验总结，也是中国当前策略选择的约束条件。中国选择利用市场经济的优点，也就不得不正面应对市场经济固有的矛盾。必须承认，在与全球市场接轨中中国经济可能会出现一些不和谐、不协调现象，而且它在短期内无法得到根本解决；但中国已经取得成绩，它还在学习中，学会管理市场经济需要一个过程。

当前的问题是，创新红利分配策略面临两难选择。在中国经济增长已经从主要利用模仿创新向更多依靠领先创新转折的历史关头，创新发展的重要性更加凸显，这种两难选择的问题显得更加突出。表面来看，这似乎是市场经济普遍存在的效率与公平之间的矛盾。效率要求生产要素按所谓边际产出率定价，分配往往偏向资本而降低劳动收入份额，收入分配的两极分化因此被认为是不可避免的。以上关于 20 世纪 90 年代末以来第二次利益分割点左移的必要性和不可持续性的分析，已经概括中国经济所面临矛盾的两个方面。现在的问题是，尽管社会总剩余价值率暂时被控制在 225% 到 245% 的区间内。但是，公平与效率两个方面的问题都没有得到真正解决。收入分配的基尼系数仍然在 0.4 以上的高位，而企业成本压力并未解除，利润率下降因为失去了剩余价值率升高的缓冲而变得更加难以应对。

未来情况又会怎样？下一步中国应该怎样做？

首先，协调劳动报酬与劳动生产率同步提高，努力实现居民收入增速与经济发展速度同步，应当是今后一个相当长时间里的稳定政策。这是稳定社会总剩余价值率的题中应有之义，理论不需要多作解释。但是在实践中必须防止一种倾向，即将这一宏观经济的调控目标错误地理解为对企业的限制性要求。之所以说这是错误的，是因为这样做不符合创新发展的基本规律。企业的效率提高，即使是最优秀企业的效率提高，也只是一个在波动中前进的过程。成功创新可以带来超额利润，但超额利润会在竞争中逐步稀释，因此企业利润一定会有较大波动。劳动报酬总体上具有刚性，如果在企业利润扩张期盲目给员工加薪，很可能将企业经营推向危险境地。因此，劳动报酬增长与劳动生产率提高同步应该是一个宏观调控目标，应当由政府在全社会创新发展中统筹协调。对于各类所有制企业而言，其基本的要求只能是工资与效益挂钩，应慎用"同步"二字。

其次，在多举措帮助企业降低成本、化解劳动报酬提高的利润压力、提高市场竞争力等方面，政府的政策空间很大，应当大有可为。

（1）深化市场改革，努力建设平等竞争的市场环境。首先是作为市场管理者的政府机构要保持风清气正，努力提高自身作为市场"裁判员"的素质。反腐倡廉只是基础性工作，下一步还应该在"两个毫不动摇"方针的指导下，按照"竞争中性"原则加强并完善市场管理。为此，国有经济需要按市场规律进一步深化改革，在与其他经济成分的平等竞争中实现自己的经营目标和社会责任。多种经济成分并存的混合经济在平等的市场竞争中将不断提高竞争能力，不断推进技术和管理创新，在开放的全球经济中显现出中国经济的强大生命力。在市场秩序营造中有一个问题需要特别强调：中国特色社会主义的市场经济必须鼓励"生产性企业家活动"，抑制"非生产性企业家活动"。要将更多的企业资源，进而更多企业劳动者的努力引导到生产性创新的伟大实践中，更加强有力地推进实体经济发展，将亿万人民群众的勤劳和智慧最大限度地引导到做大制造业蛋糕、提升制造业质量的战略制高点上去。

（2）多种方式降低企业成本。企业要减税，政府要节支；但是必要的公共财政支出还是要增加的，因此降低企业税率必须与增强税收征管相结合，这也与优化市场竞争环境的要求相一致。经济脱实向虚的倾向必须纠正，自我服务型金融的膨胀必须加以抑制，降低企业融资成本是当前实体经济发展的突出问题。因此，依赖金融业发展抽取过量剩余价值的办法不宜过度使用，这甚至有可能产生适得其反的效果。可以适当增加基础设施投资，改善企业流通环境，降低企业流通成本；控制基础性资源价格上涨，等等，这些都是政府当前应当采取也能够采取的举措。

（3）大力发展教育事业，加快推进医疗制度改革和社会保障制度改革，实现劳动能力发展的机会平等，提高劳动者素质，在劳动报酬与劳动生产率同步提高的过程中降低企业单位产出的劳动成本，增强企业人力资源质量的竞争优势。

最后，加快推进科技进步、产业升级，完善创新型国家的体制和机制，在国际科技竞争中发挥社会主义市场经济的制度优势，捍卫发展中大国的发展利益，从生产力落后的陷阱中强势突围。中国经济已经走到动力转换和新质生产力跃升的关键节点，会不可避免地面临来自科技霸权国家的打压和限制。自主创新的重要性日益凸显，强势突围是必然选择。毕竟社会主义生产目的的实现需要持续不断的内涵扩大再生产，而创新是提高劳动生产率的唯一途径。没有人能够阻挡中国人民依靠自己的勤劳与智慧进行创新发展的脚步。自主创新当然不是闭门造车，要积极参与国际贸易和国际竞争，在世界各国科技进步的相互学习、相互借鉴中竞争合作，共赢共享是最佳路径。以中国人民与世界人民的福祉为出发点和落脚点，中国愿意在一个更加自由开放的国际环境中与各国一起进步。

同时做好以上三个方面的工作，中国经济会有可持续的发展空间，对于创新红利分配也会有更多的选择，以协调公平与效率的矛盾，从而满足人民群众美好生活的需要。面向未来而言，中国的劳动生产率会持续提高，而利益分割点即使不会再次右移，至少总剩余价值率应当维持在相对稳定的水平上，最终会形成一条有利于劳动者整体利益与长远利益的经济增长动态路径。

三、生产力质变与本来意义的社会主义

尽管如此，市场经济下公平与效率的矛盾仍然没有最终解决，这使得创新红利分割的决策空间变得狭窄。假如工资只影响消费，生产只为资本积累所推动，那么增加工资对积累（利润转化为投资）就一定有负面影响。这种关系是与资本主义的技术进步路径相关联的。解决公平与效率的矛盾有待于技术进步路径发生转变，而这在短期内是无法实现的。

马克思在《资本论》的一个手稿《直接生产过程的结果》中，提出"本来意义上的资本主义生产方式"[①]这一概念。马克思认为资本主义的发展可以分为两个阶段。在第一阶段它以工场手工业技术为基础，从生产资料所有制角度来看，它的确是资本主义生产方式，资本家通过劳动力商品买卖实现对劳动的支配。但这还不是本来意义上的资本主义生产方式，因为这个生产方式仍然依靠工人的手工技能，技术工人仍然对生产过程有影响力。只有当资本主义最终实现大机器生产的生产方式时，整个生产过程完全依靠机器系统的科技性能，工人成为机器系统的附庸，其生产技能对生产过程不再具有影响力，本来意义上的资本主义生产方式才真正形成。这时候，资本对劳动

[①]《马克思恩格斯全集》第49卷，人民出版社1982年版，第87页。

的控制才从单纯所有制形式上的控制，上升为以技术属性为根据的实质上的控制，劳动对资本的从属也才深入生产方式的骨髓里。这种本来意义上的资本主义生产方式，是一种完全依靠机器系统发展生产力的制度；为了强化对工人的控制，资本支配的生产技术进路总是向机器系统倾斜，倾向于采用由低技能工人操作的生产流水线，造成劳动者"去技能化"的一般趋势。这个生产方式阻碍人的能力的全面发展。这是本来意义上的资本主义，因为它的技术特点和它的生产关系完全一致。

中国当前工业生产技术总体上还处于与资本主义发达国家接近的水平上，中国的技术总体上还是从发达资本主义国家引进或者在此基础上更新改造的，它仍然是一个以机器系统为中心的劳动依附于机器的技术。因此，虽然在公有制经济中，生产关系已经实现劳动者（整体）对机器的占有和支配，但生产技术仍然具有劳动依附于机器系统的特征。从这个意义上说，中国今天的生产方式还不是"本来意义上的社会主义生产方式"。一方面，中国经济以公有制为主体，公有制经济的生产资料归劳动者自己的国家所有，公有资本在形式上隶属于平等劳动。但是，另一方面，当今世界的先进技术都是在资本主义生产方式中形成和发展起来的，这些引进技术总体上偏向于资本，即它总体上是一种"去技能化"的大机器生产系统，偏向于使用低技能的操作工人，劳动者总体素质的提高与这个机器系统的效率没有必然联系。这原本是为了便于资本主义经济中资本对劳动的控制，而生产力落后的社会主义国家引进此类技术，也有助于以加快自身技术进步，缩短追赶路程。由于生产技术没有反映资本从属于劳动的社会主义特征，因此这样的生产方式还不是"完全意义上的社会主义生产方式"，它只能是社会主义初级阶段的生产方式。

与社会主义生产关系相匹配的技术应该是怎样的呢？我们把它称作"中性技术"，但这里所说的中性技术既不是哈罗德中性，也不是希克斯中性，它不要求生产的物质要素和人的要素等比例进步、资本有机构成保持不变。这些要求过于苛刻，且与经济发展的实际情况并不符合，几乎不可能实现。现实情况可能是资本有机构成还会提高，但在机器的科技含量提高的同时，对工人的科学技术素质的要求也会提高，两种生产要素的科技含量即要素质量会协同演进；也就是说，在机器系统质量提升的同时，操作机器系统的工人的技能及其劳动复杂程度也要相应提高。这种对技术的社会选择不存在资本主义技术进步中的那种制约，不会像资本主义企业那样，对有利于工人控制生产过程的技术一票否决。这样，社会主义的技术进步路径就更宽阔，更加有可能实现理想中的技术进步最佳路径。当然，前提是中国追赶到世界技术发展的前沿位置，靠自主创新来开拓和引领中性技术进步的新路径。目前中国正在全力追赶中。

这么说是不是有点过于理想化？笔者认为这种理想状态并不是没有根据的。新一轮科技革命正在向人类展示这样一种可能性，而且以智能化、自动化技术为标志的新质生产力对工人科技素养的要求越来越高，也是基本事实。未来的曙光已经展露，虽然这个变革过程会有许多问题，比如，低技能工人被淘汰，等等，但这恰好从反面透露出未来的趋势。就业矛盾和财富分配问题正是过渡时期出现的阵痛。从长远来看，新质生产力所要求的机器和工人之间的关系可能就是两者的协同演进；否则，被机器控制、被机器奴役的就不单是工人，而是整个人类。说将来的智能化机器系统不需要技术工人，未经教育培训的人也能上岗，这不太可能。能上岗的工人一定是受过严格科学训练的高技能工人。当然，他们的主要工作并不在生产流水线上。因为直接生产过程中一切都是自动化的，不需要人工参与其间。劳动者主要是在直接生产过程之外，作为它的监督者和调控者发挥作用。这就是当前生产力发展正在呈现的趋势。在这个过程中，企业会越来越愿意给高技术素养的员工支付高工资，因为工人的人力资本投资越多、科技能力越强，其对企业生产效率的提升作用越大，也就成为企业的核心竞争力。这就是本章所谓中性技术进步的结论。

一段时间内网上有一种议论：某高科技公司专注研发投入，其员工普遍持股，创造了很多"百万富翁"和"千万富翁"；某物流企业大量使用快递员，这些快递员不仅工资很低，而且随时有被解雇的危险。似乎待遇差异问题出在两家公司的管理层身上。笔者以为这里的关键是企业生产力的质态，前者是高新科技密集型企业，而后者是劳动密集型企业，企业的发展路径和分配制度因此而分道扬镳。生产力最终是起决定作用的。现在大家关注华为，为什么？因为华为代表新质生产力发展的方向。不同技术类型的企业不可能照搬华为模式。华为是民营企业，但它事实上有劳动者合作经济的因素，这是从技术发展的要求中自然生成的。华为模式值得深入研究，关键是人的全面能力发展成为经济增长的主导因素，进而劳动报酬提高、人力资本积累成为企业经营良性循环的抓手。

四、社会主义经济增长一般规律

什么是社会主义经济增长的一般规律？创新促进经济增长，使得人民群众消费增长，劳动者利益与权利逐步提升；其能力发展机会平等、创新潜能充分发挥，反过来推动更多创新、更快发展——这种创新发展和共享发展统一，生产力提高与人的能力发展相互促进，就是社会主义经济增长（也就是社会主义积累）的一般规律。

经济增长保证劳动者收入提高、生活改善。劳动者生活水平的提高不仅是生产过程的结果，而且家庭消费作为劳动力再生产的主要方式还是整个生产过程的起点，对社会劳动大军总体质量的全面提升具有决定性作用。城乡居民消费结构、恩格尔系数随着收入水平的提高而改善是最能说明问题的指标；而且，在中国人的传统消费中，教育费用在消费结构中的比例提高与收入水平提高是正相关关系，国家在公共教育与医疗卫生方面的巨大投资使这一效应进一步强化。中国人今天的平均受教育年限不算很高，但其提高速度很快。随着工业化的持续发展，这一指标的进一步提高是可以预期的。更重要的是，在共享的平等劳动下，劳动者工作与闲暇的关系也将得到相应调整，不仅工人工作日会缩短，而且额外加班现象也会逐步减少。精神生活与物质生活持续交替向上，劳动者素质的全面提升指日可待。社会经济的发展必须从以数量为主的阶段转换到以高质量为主的阶段。除此之外，工业化进程中生产的人的要素与物的要素的互动发展有其自身规律。在社会主义市场经济下，劳动者经济的持续发育要求技术进步路径逐步向劳动倾斜，至少是保持两大生产要素在技术进步中的大体平衡。就社会整体而言，平衡是最佳的技术进步路线，也与社会主义经济制度的本质更加统一。可以预期，在创新发展与共享发展的结合中，社会生产力提高与劳动者素质提高的要求会更加趋于一致，劳动者个人能力的发展将成为社会生产力进步的最重要推动力。随着企业劳资关系的不断改善，公私混合经济中的劳动者工作环境也将逐步改善，公有经济的示范作用会日益突出，劳动者在工作过程中的主体意识会逐步加强，企业劳动民主会不断发展，在一个劳资和谐的环境下，这一切都有利于工作效率的提高，并有利于社会生产力的持续发展。

经济增长与人的发展结合起来、统一起来，就是社会主义的经济增长。如果有越来越多的企业做到这一点，那就会形成本来意义上的社会主义生产方式，人们对社会主义经济制度优越性的认识会更上一层楼。这是一个长期目标，不是短期内可以实现的。从中国经济七十多年的实践中，人们已经看到这个目标是有可能实现的，从经济学理论层面，从生产的物质基础和制度保障层面，从劳动者社会经济增长的动态路径层面，人们看到希望。一代接着一代中国人将为达成这一目标而持续努力。

第十二章　社会主义原始积累与中国增长奇迹

经济增长是规模扩大的再生产，规模扩大的再生产以资本积累，即剩余价值的资本化为前提。本章着重讨论中国经济增长的前三十年，认为这一时期的中国经济围绕突破低水平循环陷阱展开，其基本手段是提高积累率，其历史成就也是提高积累率。以积累率为支点突破低水平循环陷阱是改革开放前三十年中国故事的政治经济学内涵，它为改革开放之后中国经济的高增长准备了必要条件，而市场改革带来的效率提升激活了高积累的潜在动能，方才为高积累与消费高增长的长期并行创造出充分条件。正如习近平总书记所言："我们党领导人民进行社会主义建设，有改革开放前和改革开放后两个历史时期，这是两个相互联系又有重大区别的时期，但本质上都是我们党领导人民进行社会主义建设的实践探索。中国特色社会主义是在改革开放历史新时期开创的，但也是在新中国已经建立起社会主义基本制度并进行了二十多年建设的基础上开创的。"[1]虽然这两个历史时期在进行社会主义建设的思想指导、方针政策、实际工作上有差别，但两者决不是彼此割裂的，更不是根本对立的；相反，它们是前后衔接，向着同一目标梯次推进的。

第一节　积累率最大化的增长路径

可以将国民收入从使用的角度划分为积累基金和消费基金两部分。这里的消费基金涵盖社会公共消费和劳动者个人及其家庭生活消费，这里的积累基金则涵盖（非住宅）固定资本形成和存货增加，即全部生产资料的增加额。这样定义的积累概念虽然与马克思资本积累（包括可变资本积累）概念有些差别，但有利于简化分析，在本章

---

[1] 《正确认识改革开放前和改革开放后两个历史时期》，载《论中国共产党历史》，中央文献出版社2021年版。

当前讨论的范围（不涉及社会再生产中两大部类的平衡）内还不至造成什么问题。

静态地看（给定国民收入总量），积累基金与消费基金之间存在此消彼长的零和关系，积累越多消费就越少，消费越多积累就越少。动态地看，积累与消费则有互为前提、相互促进的关系。保持必要的消费是社会维持简单再生产，进而实现扩大再生产的前提；而由积累推动的规模扩大的再生产，则是保证社会纯产品（即国民收入实物量）增长、社会消费品实物量增长的前提。两者的相互关系其实是一个社会消费的时间配置问题。消费是当前消费，而积累则是未来更多消费。按照新古典理论，积累与消费的选择取决于特定社会的"时间偏好"，看重当前利益的社会决策偏向于消费，看重长远利益的社会决策偏向于积累。从社会利益出发，积累与消费的最优比例应该是在长期中能保证消费基金实物量最大可能地增长的比例。以此为标准，在保证当前必要消费的前提下选择积累最大化，从经济上讲是合理的。但是，这以一定限度内牺牲当前消费利益为代价。这个一定限度的底线是保证社会正常运转的公共消费，以及保证劳动力简单再生产的个人消费。

从理论上说，一个劳动者阶级占有全部生产资料的社会经济应当能够实现这一最优增长路径，因为劳动者主导的社会决策可以统筹社会总产出中积累与消费的比例，按照最优积累率准则安排社会经济规划，实现劳动者整体利益与长远利益的最大化。工人国家实现社会最优路径的可能性，源于其积累与消费的关系摆脱了阶级利益冲突的纠缠。假定工人阶级完全占有生产资料的所有权，对社会经济实行统一的计划管理；那么，从工人阶级的全社会利益出发，积累与消费的关系就变成纯粹的全体工人当前利益与长远利益的权衡，工人阶级的时间配置将更多倾向于未来，工人国家有充分理由为了社会消费利益的更快增长而暂时牺牲一些眼前利益。工人阶级的社会决策会将自己的当前消费限制在尽可能的低水平上，以换取长期中消费品实物量最大可能的增长。显而易见，这样的经济决策将带来社会经济的持续高速增长。但是，劳动者经济的适度剩余价值率总归是有限度的，它以经济增长最优为基准而确定积累率，以及与这个积累率相适应的剩余价值率。假定国家初始决策选择的高积累率在整个高增长过程中保持不变，即使整个社会积累与消费的比例始终不变，工人阶级的消费水平在经历了期初短暂的受抑制之后，必然进入与社会经济同步的高速增长状态。也就是说，从动态视角来看，高积累将推动经济高增长，并带来消费高增长，以此保证劳动者阶级长远利益的最大化。

第二节　冲破低水平循环陷阱

现实情况要复杂得多。马克思主义的社会资本再生产二部类模型告诉我们：积累率的提高不是单纯国民收入支出构成的数量调整，或者剩余价值分割比例问题，不像"切蛋糕"那么简单。一方面，既有的消费总量是不能够随意压缩的，无论劳动者个人消费还是社会公共消费都有很强的刚性，因此，社会积累率的调整只能主要靠增量调整；另一方面，按照马克思的社会资本再生产理论，积累率的调整本质上是产业结构的调整，社会必须对投资品生产部门进行提前布局，对消费品生产部门与生产资料生产部门的结构进行提前调整，以保证新增加的积累基金在市场上能够购买到所需要的投资品，而这又必然涉及再上一年度产业结构的提前布局，等等。[1]考虑到生产资料生产的投资周期较长，这个单纯数量的调整过程其实不大可能大幅度推进。社会资本积累率较大幅度的提高只能逐年进行，在保持社会经济综合平衡的前提下，通过连续多年方向明确的微调来实现。因此，积累率的提高不可能一蹴而就，视其所提高幅度可能需要几年甚至几十年来实现，在此期间，不仅保持宏观经济综合平衡的难度较高，而且人民群众的消费利益也会受到很大影响，劳动报酬在一段时间内少增长甚至不增长是有可能的。

这就涉及劳动者阶级本身个人利益与整体利益的矛盾。笔者在其他文章中已经多次讨论过社会主义公有制经济的内在矛盾，[2]这个矛盾当然与私有制经济中两个阶级的对立有根本区别，但从根源上说仍然是社会生产力当代特征不可避免的后果：劳动仅仅是谋生手段，因而劳动者个人不愿意超出满足个人及家庭消费所需的必要劳动之外提供剩余劳动，这与工业化进程中社会生产力发展的根本要求相抵触。社会主义公有制不能够消灭劳动者个人利益与社会利益的基本矛盾，因此在公有制经济内部，劳动

---

[1]　"剩余价值所以能够转化为资本，只是因为剩余产品（它的价值是剩余价值）已经包含了新资本的物质组成部分。"（马克思：《资本论》第 1 卷，人民出版社 2004 年版，第 670 页）

[2]　荣兆梓：《论公有产权的内在矛盾》，《经济研究》1996 年第 9 期，第 16—23 页；荣兆梓：《社会主义政治经济学体系中的平等劳动范畴》，《理论与现代化》2018 年第 5 期，第 42—51 页。

的计量和监督、管理劳动与操作劳动的分工、公有产权代理人制度的建立、科层等级制与官僚主义现象的出现等，都具有内在的必然性。劳动者阶级长远利益所要求的高积累发展模式短期内（几年甚至几十年）会加剧劳动者个人利益与社会利益的矛盾，这就更加需要有效的协调机制来保证发展顺利实现。

除此之外，一个现实问题是：对任何社会形态而言，所谓资本化率（积累占全部剩余价值的比例）都不可能等于1。剩余价值在用于积累之前，首先要扣除一部分社会公共消费，包括现代社会中越来越重要的教育和公共卫生费用，不具备劳动能力者的抚养、赡养费用，以及公共管理费用（其中还包括公共安全费用）等。此外，剩余价值还需要满足少数资本所有者的消费之用，这部分人数虽少，其消费却不成比例地较大。最后剩余价值还因为特定社会所必需的非生产劳动部门的运转而被大量抽取，特别是商业和金融部门，它们虽然不创造价值和剩余价值，但其所占用的资本，包括非生产劳动部门的劳动者工资、资本利润，都要从生产劳动部门创造的剩余价值中抽取，这里所消耗的剩余价值有时甚至会占全部剩余价值的绝大部分[①]。中国改革开放前已经消灭生产资料私有制，剩余价值中资本家个人消费部分可以忽略不计；但公共消费与非生产劳动部门的抽取却是不可避免的。要在短期内提高社会资本积累率，通过压缩这两块费用以提高资本化率是重要选项。

特别需要强调的是，高积累率形成的基础是剩余劳动与必要劳动相比的较高比例，即较高的剩余价值率。积累是剩余价值转化为资本的过程，没有较高的剩余价值率，提高积累率就成为空话。现实中社会主义国家在工业化起步时的社会劳动生产率较低，其剩余价值率就不可能很高，很有可能陷入纳尔逊（Nelson）所谓的低水平循环陷阱[②]。低水平循环陷阱，是指劳动生产率水平极低的贫穷国家消费占国民收入的比例较高，剩余价值占国民收入的比例很低，可用于积累的剩余价值更少，不足支撑其经济高速增长，甚至连满足人口增长的消费需要都不够，因此而陷入低水平简单再生产

---

① 有研究认为，美国近几十年来非生产劳动部门抽取的剩余价值都占全部剩余价值的80%以上。（邱海平、姬旭辉：《论非生产劳动与经济增长——以中国1995—2009年为例》，载《马克思主义研究》2016年第3期，第91—92页）

② Nelson, R. R., 1956, "A Theory of the Low-level Equilibrium Trap in Underdeveloped Economies", *The American Economic Review*, 46(5): 894—908.

循环而无法摆脱。假设社会剩余价值率[①]为100%，即剩余价值占全部国民收入的50%，假定非生产劳动部门的物质消耗、劳动成本和利润加上公共消费及其他非劳动者消费，总共消耗35%，则可用于新增投资的社会积累基金只剩下15%，也就是说，积累率最多只能是15%。如果资本产出比在5%以上，这个积累率只能支撑不足三个百分点的经济增长，如果人口增长较快（例如，年增长率为2%以上），别说实现经济赶超，跟上人口增长都很勉强，国民经济自然陷入低水平循环陷阱。如果社会剩余价值率能够提高到175%，剩余价值在国民收入中的比重提高到64%，那么在其他条件不变的情况下，积累率就可以提高到29%。在这样的高积累水平上，应当能够突破低水平循环陷阱。当然，也可以通过压缩国民收入中其他开支的方式提高积累率，但以上假设的35%在实践中其实已经是低限了，进一步压缩的空间很小。因此，在工业化起步的最初一段时间，随着劳动生产率的提高而将剩余价值率逐步调整到一个适当高度，可能是那个经济发展阶段提高积累率的唯一有效方式，因此也应当是有利于社会长期利益的必要选择。公有制条件下的社会剩余价值率是调节劳动者整体利益与个人利益矛盾的基本变量。提高社会剩余价值率即提高整体利益的份额，短期内会抑制劳动者的消费利益，由此导致整体利益与个人利益的矛盾，但从长远来看，只要将剩余价值的更大部分用于积累（投资），它就有利于劳动者未来消费的提升。

总之，对于一个走社会主义道路的发展中大国而言，将社会剩余价值率进而积累率提高到较高水平是摆脱低水平循环陷阱的必要。但这又是一个艰难而且漫长的过程，其中劳动者的整体利益和个人利益、局部利益之间的矛盾与冲突很难避免。

第三节　社会主义原始积累的艰难历程

在中国社会主义建设最初三十年里，国民收入中积累基金比例从20世纪50年代初的大约20%快速提高，经过多次大幅震荡，到70年代末提高到大约30%。根

[①] 保罗·巴兰的研究更多关注剩余价值在国民收入分配中的运用，"剩余增长规律表现的重要作用实际就是影响着分配的国民收入份额问题"（保罗·巴兰：《增长的政治经济学》，商务印书馆2000年版）。他主张用经济剩余概念替代剩余价值概念。笔者以为，对于发达的资本主义市场经济而言，此处直接使用社会剩余价值率概念应该没有任何问题。社会剩余价值率＝（国民收入－生产劳动部门劳动报酬）/生产劳动部门劳动报酬。反而是农业人口占多数的发展中国家，社会剩余概念更有其理论意义。

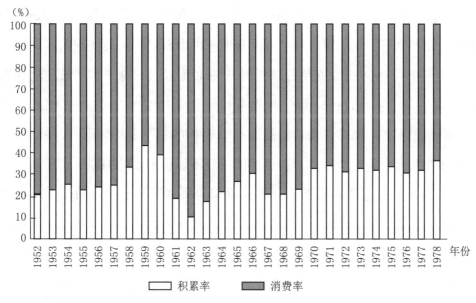

图 12.1　1952—1978 年中国消费率与积累率

资料来源：《1992 年中国统计年鉴》，中国统计出版社 1992 年版。

据《1992 年中国统计年鉴》的数据，"一五"时期（1953—1957 年）的平均积累率是 24.2%，其中积累率最低的一年为 22.9%；到 1977—1978 年，年均积累率达到 34.6%，与"一五"时期相比提高了约 10 个百分点（图 12.1）。

但上述数字受到学者质疑，多数学者认为这一数字对积累率的估计过高。[1]麦迪森等人以军事投资和设备维修费用不应当计入投资为由，将官方固定资本投资数据下调 10%，进而重新估计 1952—2003 年"非住宅投资"和"存货增加"，按照麦迪森的数据计算，1952—1953 年中国投资（"非住宅投资"加"存货增加"）占 GDP 的比重大约为 19%，而到 1978—1979 年，相应数字提高到 29%。两者相差也是 10 个百分点。[2]笔者以为这个数字应该比官方数字更接近事实。

全社会积累率从不到 20% 提高到 30%，这是一个很大的幅度，需要国民经济在全

---

[1] 例如，郭树清等（1991）指出，由于固定资本折旧提取不足等原因，中国的积累率被普遍高估，进而对 1981—1989 年这十年的统计积累率作出调整，调整额都在 5 个百分点以上，最多一年（1988 年）的调整额达到 18 个百分点；朱天等（2016）指出，由于中国支出法 GDP 核算中对最终消费的估计严重偏低，导致对投资率的高估，进而对 2004—2011 年的相应数据作出调整，年调整额均超过 10 个百分点。

[2] 麦迪森等：《中国经济的长期表现：公元 960—2030 年》，上海人民出版社 2008 年版，第 162 页。

新的结构上建立新的平衡。这对于幅员辽阔、人口众多的大国而言，无疑是惊天动地的大事情，没有坚持不懈的努力和产业间长时间的磨合是不可能实现的。尽管在实践中中国的积累率在 1958—1959 年曾快速提升到 30% 以上（官方数字最高达到 43%），但 1961 年以后快速下跌，1962 年的积累率甚至低到 10%。[①]。这一次积累率过山车般的大震荡给国家和人民带来深刻的教训：积累率的提高意味着国民经济结构的根本转型，必须按照社会再生产规律，在保持国民经济综合平衡的前提下逐年微调，在一个较长时间内小步逼近调整目标；一步到位式的调整无异于拔苗助长，打乱了宏观平衡，反而会延迟目标实现时间。中国在工业化起步阶段定下提高积累率的目标，经历了"大跃进"和"文化大革命"两次震荡，一直到 70 年代积累率才逐步趋于稳定。1970—1976 年，年平均积累率在 28% 上下波动（官方数字是 32.6%，而且最高年份与最低年份差距仅为 3.2 个百分点 [②]）。历史事实证明，国民经济这一基本结构调整的确非同小可，没有艰巨的努力和充分的耐心是不可能达成的。

　　更大的困难还在于协调人民群众的当前利益与长期利益。中国是在极其贫困的状态下快速推进工业化的，工业化起步时（1952 年）的人均国民生产总值仅有 119 元（以人民币计，下同），扣除 20% 的积累基金，再扣除 35% 的非生产劳动部门耗费和公共消费（政府消费），居民人均年消费额仅为 60 元，月消费额约 5 元。到 1978 年，人均国内生产总值为 379 元，扣除 30% 的积累基金和 35% 的非生产劳动部门耗费加政府消费，居民人均年消费额接近 152 元，月消费额不到 13 元。但这都是按照当年价计算的。实际的消费水平如何呢？一个数字也许可以说明问题：1978 年中国城市居民人均居住面积 3.6 平方米 [③]。平均而言，一个三口之家的居住面积是 10.8 平方米。请注意，这里不是指困难户，更不是指特困户。20 世纪 80 年代初的城市调查表明，当时在上海这样的大都市里，一家三代人挤在一个 10 平方米的"亭子间"绝非个案。除此之外，由于消费资料短缺，彼时城市居民的大部分生活必需品都要凭票限量供应。城市生活

---

① 1962 年在"调整、巩固、充实、提高"方针的指引下，本着压缩基本建设战线，按照"保一批、停一批"的原则，"精简 2 000 万职工，加强农业战线，大量城市人口返回农村"（陶宏、郭三化：《我国城市化滞后的原因分析》，《兰州大学学报》2005 年第 6 期）。

② 根据《1992 年中国统计年鉴》的数据计算得到。

③ 根据《1999 年中国统计年鉴》中人民生活子表 10-1 的数据计算得到。

尚且如此，农村生活的艰难就更不用说了。按照麦迪森的估计，50 年代初中国的人均 GDP 在世界最贫穷的亚洲大陆 56 个国家（地区）中排最末几位，还不到世界平均水平的四分之一。到 1978 年，中国人均 GDP 比 1952 年增加了 82%，仍然不到世界平均水平的四分之一。[①] 在这样的经济发展水平上，要求尚未解决自身温饱的几亿普通老百姓在数十年时间里节衣缩食支持国家建设，将国民收入的积累比例从不足 20%（接近世界平均水平）提高到 30%（几乎是全世界最高水平），中国是怎么做到的？回头看，有哪些历史经验值得总结？

其一，中国学习苏联经验，建立了一个高度集权的计划经济体制，以此集中经济决策，自上而下地强制推行国家工业化。这是一个覆盖全部社会经济的大科层体制，不仅包含整个工业领域、全部城市经济，而且这个"国家辛迪加"还进一步延伸到整个农业，渗透到全部穷困乡村。通过这样的经济体制，把包括农民在内的几亿生产劳动者集中到统一的剩余价值生产和积累系统中。这是一个集政治权力与经济权力于一身的超大型行政等级机构。全部经济单位都是政府的行政附属物，都是政府行政指挥链上的环节。经济信息自下而上地集中到中央政府，全部决策出自一个中央计划中心，全部资源集中由中央政府调度，经济活动的动力来源于自上而下的行政推动。国民经济计划以增长率为目标，推动投资增长成为积累率提高的发动机。这样的集权体制不仅有利于集中有限的经济剩余强力来提高国民经济积累率，同时也能够最大限度地减少由个人利益、局部利益与整体利益的矛盾而导致的经济摩擦和社会冲突。

其二，计划经济体制所推动的工业化具有"强制工业化"的特征。这一阶段工业化启动模式是从优先发展重工业开始的，这偏离了市场发育的内在逻辑，势必扭曲市场供求的内在平衡。历史经验表明，无论是三十年代的苏联，还是五十年代中国的工业化启动，都是在农业生产力尚未取得突破性进展的情况下进行的，"粮食过关"、粮食安全，一直是工业化进程绕不过的瓶颈。苏联理论家发明的"社会主义原始积累"[②] 概念有其客观依据。在这样的农业基础上，快速工业化所需的资本投入、工业原材料

---

① 麦迪森等：《中国经济的长期表现：公元 960—2030 年》，上海人民出版社 2008 年版，第 108 页。
② 普列奥布拉任斯基：《新经济学》，中文马克思主义文库—普列奥布拉任斯基—《新经济》（1926 年），https://www.marxists.org/chinese/preobrazhensky/the-new-economics.htm。

以及产品市场都难以满足。轻工业生产的市场规模受限制，为其提供生产资料的重工业发展自然也受阻碍，国家工业化不可能遵循"先轻工，后重工"的秩序顺利推进，一种依靠国家强力优先发展重工业的逆序进程成为必然选择。[①] 这当然是极其艰难的抉择，但是也只有在这样的工业化模式下，高积累所要求的产业结构调整才能迅速启动，宏观经济新的平衡才能逐步到位。为了集中更多剩余价值用于投资，国家对国民经济中比重最高的农业经济实施粮食税加工农业产品价格剪刀差的政策，使得占人口大多数的农民群众为国家工业化提供剩余劳动；在城市，国家压缩并限制非生产劳动部门的发展，商业和金融业因为计划经济体制而放慢发展，整个城市生活服务业也因为国家限制个体经济和私营经济发展而受到严重影响；最后，在工业化进程中国家限制城市化进程，通过户籍制度等限制农村人口向城市转移，也从根本上阻滞了城市第三产业的发展。在 20 世纪 70 年代，工业在国民生产总值中的比重从 1970 年的 40% 逐步上升，到 1978 年已达 48.2%，在此期间，第三产业的比重始终在 25% 以下，1979 年后连续多年这个比重均低于 22%。[②] 这样一种产业结构与其他市场经济国家（无论是发展中国家还是中等发达国家）相比，都有极大的差异。

其三，这个经济体制的激励机制是非经济的，具有所谓"动员经济"的特征。这一阶段的经济没有市场竞争，经济单位之间缺乏优胜劣汰的激励机制；劳动者的劳动报酬很低，内部分配无法拉开差距以实现对劳动者个人的物质刺激。社会主义按劳分配原则在这个发展阶段还没有真正实行。国民经济计划的落实主要靠意识形态的鼓动和行政手段的强制。计划指标被层层分解、强制推行，各级基层单位通过政治动员来落实计划指标。"抓革命，促生产"在一般意义上成为这个体制不可或缺的固有特征。总的来说，这种机制一方面保证了劳动者在低工资、低消费下的生产积极性；另一方面又保持了收入分配的高度均等，从而缓解了社会矛盾。由于劳动报酬增长慢于劳动生产率提高，剩余价值率持续提高。按照齐昊估算，中国生产劳动部门企业单位的总剩余价值率在 20 世纪 50 年代初为 150%，到 70 年代末上升到 250%。[③] 生产劳动部门

---

① 林毅夫、蔡昉、李周：《中国的奇迹：发展战略与经济改革》，格致出版社 1999 年版，第 20—27 页。

② 根据《2018 年中国统计年鉴》的数据计算得到。

③ 齐昊：《剩余价值率动态与中国经济新常态：基于区分生产劳动与非生产劳动的方法》，《政治经济学报》2018 年第 10 期，第 9 页。

企业单位剩余价值率没有包括农业部门以及其他非企业部门（如个体生产者）的剩余劳动比例，因此不适合用以讨论全社会范围内积累比例的变动情况。特别是中国工业化初期农业在国民收入中所占比重极高，"社会主义原始积累"不能不高度依赖于农民剩余劳动的积累。因此需要一个社会剩余价值率的范畴，来计量包括农民在内的全体劳动者所作出的贡献。给定社会剩余价值率等于生产劳动部门创造的全部社会剩余与生产劳动部门劳动报酬总和之比，此处的生产劳动部门包括农业部门，而全部社会剩余则是国民收入（按照劳动价值论，它完全是由生产部门的劳动者创造的）与生产部门劳动报酬总和之间的差额。尽管计算所需要的数据不完整（例如，在1978年以前的国民经济统计资料中没有找到分部门的劳动报酬数据），笔者还是尽可能估计了前三十年几个重要时间节点上的社会剩余价值率：1952年的社会剩余价值率最多不超过120%[①]；1957年仍然为120%；二十年以后的1977年已达177%；1978年为178.5%。[②]社会剩余价值率从50年代前期的120%上升到70年代后期的178%，相应地，剩余价值在国民收入中的比重也从54%提高到64%，上升了10个百分点。在物质生活极端贫乏的特殊年代，动员经济也许是劳动者社会持续提高社会剩余价值率，进而保证积累率大幅提高的唯一有效方式。

其四，社会主义的平等劳动基本经济关系是这个体制能够有效运转的根本保证。这个高度动员、开足马力的工业化机器是怎样顺利运转的？单纯依靠强制与纪律、命令与服从肯定行不通。中国的强制工业化过程首先得益于社会制度的根本变革，得益于消除阶级对立，建立了生产资料公有制的社会主义基本经济制。基本的生产关系已经不再是地主、资本家与劳动者之间的对立，而是劳动者阶级内部建立在根本利益一致基础上的平等劳动关系。管理者和生产者的社会身份是平等的，他们为美好生活努力奋斗的愿景是共同的；其劳动收入虽然有差别，但差别很小；社会福利水平虽然不

---

① 1952年的统计资料只有各行业全民所有制职工的工资总额，找不到公私合营、私营和个体经济的从业人员劳动报酬数据，因此这里用这部门从业人员人数乘以集体所有制职工平均工资作出大概估计。这个数字可能比实际的劳动报酬数要高些，据此计算的社会剩余价值率也可能偏高。

② 根据国家统计局的《新中国六十年统计资料汇编》《中国劳劳动工资年鉴》等相关资料估算。由于在1992年以前的统计资料中，商业与餐饮服务业等在一个"大商业"类中无法分解，这里只好将这个大类作非生产劳动部门处理。因此，计算结果可能低估了生产劳动部门劳动报酬，高估了社会剩余价值率。好在前后口径一致，估计结果应该可以反映社会剩余价值率变动大致趋势。

高，但能覆盖城乡。中国共产党在掌握政权之后不忘初心，坚持为人民服务的宗旨，将马克思主义理论与中国实践相结合，从人民群众的长远利益与根本利益出发选择了社会主义道路。成千上万的共产党人在社会主义建设事业中率先垂范、无私奉献，让亿万中国人民从共产党身上看到希望，从而相信党、拥护党，万众一心地投身到为子孙后代谋幸福的事业中，成就了人类历史上规模空前的民族自强奇迹。这不仅是信仰的力量、组织的力量，而且是文化的力量、道德的力量。马克思主义中国化将五千年中华文明中勤劳与坚忍的传统凝聚成无坚不摧的力量，使中国完成了社会主义原始积累这一最艰苦的使命。

经济学的语言是枯燥的，只不过是两组简单的数据——剩余价值占国民收入的比重提高了 10 个百分点，进而社会积累率提高了 10 个百分点；然而，这却是工业化起飞的中国故事中最令人震撼的聚光点。

第四节　高积累加高效率才是增长奇迹的原因

经过近二十年的不懈努力，到 20 世纪 70 年代初，中国宏观经济的积累率已经从 20% 提高到 30%，并且在整个 70 年代趋于稳定，表明宏观经济的供给结构已经与高投资低消费的需求结构形成新的平衡。劳动者社会福利最优化所要求的在低工资率（高剩余价值率）、高积累率条件下实现最优动态路径的阶段性目标已经基本达成。按理说，往后去只需要耐心等待经济快速增长，就会收获长期消费利益的最大化。然而，实际结果并不如预期的那样美好。即使在近 30% 的高积累率保持基本稳定的整个 70 年代，中国的国民经济增长速度仍然不能令人满意，人均产出的增长更是不太理想。1978 年，中国人均 GDP 仍然只有世界平均水平的四分之一，相当于除中国和印度两个大国之外全部亚洲国家平均数的 40%，只有世界富裕国家平均值的 5.2%。1978 年，中国的 GDP 总量占世界 GDP 的比重为 4.9%，甚至比 1952 年还低了 0.3 个百分点。[1] 问题出在哪里呢？为什么我们付出超乎寻常的努力，却没有得到应得的回报？

问题主要出在生产要素的效率上。中国经济前三十年的资本产出比始终不

---

[1]　麦迪森等：《中国经济的长期表现：公元 960—2030 年》，上海人民出版社 2008 年版，第 109 页。

高。根据国家统计局的数据，1953—1978年，中国全社会增量资本产出比平均为5.1，也就是说，每投资5.1元才能带来1元国民收入，而美国在1965—1974年的增量资本产出率（ICOR）平均为4.1，1975—1984年ICOR为3.7。即使是宏观经济趋于平衡的20世纪70年代，中国资本产出率仍然有两年为负值（1976年、1979年），其余年份的增量资本产出率平均大约为5.3。以这样的资本产出效率，再多投资也难以实现经济赶超。另外一个可反映经济增长效率的指标是人均GDP。人均GDP按全人口计算的产出量，将人均GDP除以就业/人口比，就能得到按就业人口计算的生产率，即社会劳动生产率。假定就业/人口比不变，人均GDP的变动幅度将与劳动生产率的变动幅度完全一致。按照麦迪森的估算，中国1952—1978年人均GDP的年均复合增长率为2.33%，这个增长率既低于全球富裕国家增长率的总平均值3.34%，也低于全世界人均GDP年均复合增长率2.61%。可见，劳动生产率增长缓慢是问题的根源，没有更快的劳动生产率增长率，中国就无法突破贫困陷阱，积累率再高也无济于事。

那么低效率的原因何在？一种观点认为，人口过快增长是根本问题。中国在20世纪50年代初的总人口为5.5亿，到70年代末增至9.7亿，三十年间人口增长了76%，经济总量的增长大部分被新增人口稀释。因此，人均产出相对于世界平均水平几乎没有增长。[1] 还有一种观点认为，低效率都是高投资惹的祸。如果把投资率调低些，效率自然就上去了。以上两个因素的确与效率有一定关系，但是用来解释计划经济前期的低效率却难以令人信服。譬如人口增长，这是人民生活改善的必然结果，本身应该是好事，后来的人口爆炸对人均产出的影响固然很大，但与增量资本产出率却没有直接联系；相反，按照新古典增长理论，劳动人口的无限供给可以延缓资本边际产出递减，对于资本产出比应该是一个有利因素。事实证明，只要劳动生产率提速，人口增长就不是一个大问题。再如投资增长，这属于全劳动生产率的分母项，假如减少投资总量，优选投资项目，确保每一个投资项目的盈利水平，当然会有利于提高投资效率。但是面对快速增长的人口总量，减少投资这个选项一定是不可取的。因为不提高资本积累

---

[1]　麦迪森等：《中国经济的长期表现：公元960—2030年》，上海人民出版社2008年版。

率，新增劳动人口怎么办？况且高积累率在此后四十多年的经济增长过程中从来没有成为效率提升的障碍。占国民收入 30% 以上的积累率很长时间内与中国经济的宏观环境相适应，说高投资影响效率提高的观点显然与历史事实不符。正如国内外许多研究已经证明的那样，中国增长奇迹，甚至整个东亚增长奇迹，都与高投资有不可分割的联系。事实上，投资虽然不是技术进步的充分条件，却始终是技术进步不可或缺的必要条件。积累的比例越高，通过投资推进技术进步的机会与空间就越大。中国在社会主义建设前三十年里，花大力气将社会积累率提高到 30% 的高度，对于此后数十年的经济赶超具有决定性影响作用。说前三十年社会主义建设的功绩是"建立了一个完整的工业化体系"并不完整，完整的说法应该是：中国在社会主义建设前三十年里建立了一个与每年高达 30% 的积累率相适应的产业体系，农业、轻工业、重工业的供给侧结构逐步调整到位，为后续高速增长准备了必要条件。

计划经济的效率之所以低下，有两个最关键原因。其一是它利于"集中力量办大事"，却不精于"分散力量办小事"，在社会资源动员方面是"跛脚巨人"。单一公有制只能用大科层体制自上而下地编织起硕大而稀疏的行政网络，只能靠牺牲"细支末节"来谋求社会经济的综合平衡，蕴藏在人民群众中的潜智潜能无法得到适当利用。其二是对企业创新激励不足，企业之间没有以超额利润为目的的市场竞争，也缺乏永不衰竭的创新冲动，因此生产过程中科技进步缓慢，生产要素的经济效率得不到有效提升。总之，计划经济的动力来自上层，它过度依赖国家层面的积极性，而不是最大限度地调动千百万劳动人民通过自己的劳动创造幸福生活的自下而上的积极性。这是计划经济整体效率低下的根本原因。经济学更多强调市场经济的资源配置效率，笔者以为这其实并没有抓住要害。像中国这样的发展中大国实施经济赶超战略，关键不是给定生产可能性边界以内的帕累托改进，而是通过不断的技术革新与制度创新将生产可能性边界向外推移。拓展生产的可能性边界是第一位的，技术革新与制度创新是第一位的。而正是在这个关键环节，市场经济的竞争机制，企业竞争中追求超额剩余价值的强烈冲动和持续努力，以及由亿万人积极参与的学习型国家、创新型国家建设的历史运动，才是创造中国增长奇迹的根本原因。

总之，高积累是高增长的必要条件，但不是充分条件。生产要素效率提高才是改革开放四十多年来经济高速增长的主要原因，这一点应当成为经济学界的共识。多数经济学家用西方经济学的全要素生产率测算方法测算中国改革前后的增长效率，得出几乎一致的结论，即前三十年全要素生产率增长为负，而 1978 年以来的中国经济全要素生产率虽然有所提高，但对经济增长的贡献率只有 15%—25%。[①] 这种增长核算引申的结论是：中国经济增长总体是低效率的，它始终完全依赖于要素投入的增长，特别是依赖于畸高的投资率；高投资带动了中国经济的高增长，因此这个增长没有可持续性。[②] 此类观点回避了两个难题。其一，为什么前三十年的高积累没有带动高增长，而后四十年的高积累却伴随高增长，这中间差异何在，变化是如何发生的？其二，说高积累增长模式没有可持续性，但中国的高积累和高速增长或者中高速增长已经持续四十多年，创造了世界奇迹，这是什么原因？用马克思主义经济学的全劳动生产率指标测算中国经济增长中全部生产要素的综合效率，发现现有全要素生产率的计算结果严重低估了要素效率提高对经济增长的作用。在中国经济 1978 年以来四十多年的高增长中，全劳动生产率的贡献率达到 65%，而包括活劳动投入与物化劳动投入在内的要素投入则贡献了增长的 35%，其中物化劳动投入的贡献率为 20%，活劳动投入的贡献率 15%。[③] 长时间持续的全劳动生产率提高是中国增长奇迹的主要原因。而且动态地看，近十余年全劳动生产率的贡献率还在提高，要素投入对增长的贡献率还在趋于缩小。

第五节　中国道路的优势在于社会主义市场经济

以邓小平同志为核心的党的第二代中央领导集体在历史转折的重要关头带领全党深刻反思，最终选择改革开放，大幅度地修改了之前三十年学习苏联经验形成的发展模式。1978 年 11 月党的十一届三中全会召开以后，中国开始走上社会主义市场经济道路。改革开放唤醒了国民经济的活力，市场经济使得整个社会的资本产出率和劳动生产率跃上新台阶。统计数字是可以说明问题的。史正富计算了 1978—2010 年中国资

---

① 罗思义：《一盘大棋：中国新命运解析》，江苏凤凰文艺出版社 2016 年版。
② 克鲁格曼：《萧条经济学的回归》，中国人民大学出版社 1999 年版。
③ 荣兆梓、李亚平：《全劳动生产率与马克思主义基本增长方程》，《上海经济研究》2021 年第 1 期。

本产出比每十年的情况 [①]：1978—1987 年，资本产出比为 3.383；1988—1997 年，资本产出比为 3.897；1998—2007 年，资本产出比为 3.989；2001—2010 年，资本产出比为 4.097。1978—2010 年的总资本产出比是 3.921，明显好于同一时期美国的资本产出比 5.290。与此同时，中国劳动生产率也开始加速提升，从 1978 年的 0.16 万元 / 人，持续提升到 2017 年的 10.208 万元 / 人。相应地，中国人均 GDP 也从 1978 年的 373 元，上升到 2017 年的 5.65 万元 [②]；以 1978 年不变价计算，2017 年为 1978 年的 24 倍，年均增幅为 8.5%。

改革是如何将生产效率提上新台阶的？

首先，通过自上而下的放权改革，集权式计划经济体制逐步松动，经济决策权力从中央到地方、从政府到企业逐步放开。企业在完成国家计划任务之后，被允许自主决策，"找米下锅"来满足市场需求，市场经济与计划经济双轨并存，并不断扩大，一直到完全取代计划指令；农村的家庭联产承包责任制把生产的决策权力赋予农民家庭，奠定了此后四十多年以家庭经营为主的农业发展道路。国家在传统体制之外，允许老百姓自主创业，不仅催生了一批异军突起的乡镇企业，而且引致了个体经济的活跃和民营经济的崛起。

其次，通过自上而下的让利改革，经济激励的强度日益加大。邓小平"允许一部分地区，一部分人先富起来"的理论，为市场取向的改革注入动力。在农村，"缴足国家的，留够集体的，剩下都是自己的"，对提高农民生产积极性形成强烈刺激；在工厂，奖金制度逐步放开，成为改革开放初期调动劳动者积极性的重要抓手；在企业，企业经营承包责任制把利润留成作为分配制度改革的核心，使得企业之间的收入分配逐步拉开差距，初步形成竞争格局。

再次，竞争的平等劳动关系在改革中形成。放权让利改革是执政者自上而下主动引致的市场化改革策略，它很快就催生市场机制自下而上地发育起来。在"大包干"中生产力得到极大解放的农民，很快就将经济剩余大幅度投向回报更高的非农产业，乡镇企业异军突起，大大超出决策者的预料。随着计划经济体制的松动，越来越多的

① 史正富：《超常增长：1979—2049 年的中国经济》，上海人民出版社 2016 年版，第 25 页。
② 根据《2018 年中国统计年鉴》的数据计算得到。

城乡劳动者开始自主创业，从个体经济发展到私营经济。与此同时，国家通过特区建设逐步打开国门并引进外资。一个市场经济的多种所有制经济并存和竞争的格局开始形成，计划经济时代科层制的平等劳动逐步演化为市场经济下竞争的平等劳动。竞争强调优胜劣汰，通过竞争拉开收入分配差距；按劳分配，多劳多得的原则得到强化。

最后，市场经济对经济发展方式产生了深刻影响，强制的工业化在市场经济发育中逐步演变为内生的工业化。政府的推动作用不再是中国工业化的唯一动力，市场以其固有的逻辑推动了工业经济的内生增长。按照文一的观点，[①] 这个内生增长路径与全世界几乎所有发达国家的工业化启动期的路径基本一致。首先，是面向消费品市场的轻工业，在某些产业领域，譬如纺织业、食品加工业等的发展。由于工业生产强大的生产率，其产品市场不断扩大、生产规模不断扩大，催生了面向工业生产资料市场的重工业，特别是机器制造、金属冶炼和能源生产的发展。然后，在重化工业发展到一定阶段之后，以工业自动化、智能化为目标，高新产业的市场才会发展，其发展步伐也会加快。这是一个有市场力量内生的、逐步升级的产业发展过程，不完全依据国家的经济社会发展规划，更不需要依靠国家逆市场的强制操作。从这个意义上说，这个工业化进程变得越来越自动、自为和自然，因此可称作"内生的工业化"。

事实上，中国的内生工业化进程有它明显区别于多数发达国家工业化初期的特点。之前，中国经济已经用较短时间完成社会主义原始积累，将全社会的资本积累率提高到接近30%的水平，并且初步建立与高积累率相适应的重工业先行的工业体系。因此，在内生工业化启动时，整个过程是急热型的，而不是慢热型的。轻纺工业的爆炸式发展是以"万事俱备，只欠东风"为前提，人民群众对轻纺产品的潜在需求因为收入分配制度的改革而快速释放，并转变为现实的购买力。整个20世纪80年代，群众消费升级一波接着一波，家用电器制造业的快速发展就是一个最典型的案例。在此过程中，先期形成的工业体系又为供给的迅速扩张准备了条件。轻工业发展很快又回过头来拉动生产资料的市场需求，于是重化工业便如沐春风从而迅速回暖。也就是说，由于中国式的内生工业化进程有前三十年的充分准备，因而其快速发展特别具有爆发力，甚

---

① 文一：《伟大的中国工业革命——"发展政治经济学一般原理批判纲要"》，清华大学出版社2016年版。

至颇具戏剧性。

市场改革带来的最重要的宏观经济特征是，国民经济的高积累与消费的高速增长始终相伴而行。由于国民生产总量的增长速度远快于人口增长，人均国民生产总值在改革开放以来的四十多年里始终保持很快的增长势头。到 2017 年，按 1978 年不变价计算的国内生产总值达到 1978 年的 34.52 倍，平均年增长率为 9.7%；人均国内生产总值达到 1978 年的 23.8 倍，平均年增长率为 8.5%。与此相对应，这一时期全体居民的消费水平也从 1978 年的人均 184 元，上升到 2017 年的人均 22 902 元。扣除物价因素，2017 年的居民消费水平比 1978 年增长了 18 倍，年均增长率达到 7.8%。[①] 这样的高增长率保持了四十多年，在人类经济史上极为少见。在此过程中，中国老百姓的消费生活经历了翻天覆地的变化，短缺经济时代一去不复返；1978—2018 年 7 亿多农村贫困人口摆脱贫困，底部 50% 人口的收入从 1978 年到 2015 年翻了五倍多[②]；2020 年，中国全面建成小康社会；2021 年，中国脱贫攻坚战取得全面胜利，完成消除绝对贫困的艰巨任务。

与此同时，国民经济的积累率并没有因为消费的快速增长而受到丝毫影响。按照官方统计，1978 年以来，中国的积累率始终在 30%—40% 的范围内保持高位波动，2003 年以后几年甚至突破 40% 的平台上升到 50% 左右的水平。毫无疑问，这是一个高积累率与消费高增长四十多年长期共存的真实故事，它是在 14 亿人口的巨大规模上实现的，绝对可以称作世界奇迹。它在实践中再现了本章第一节提出的劳动者社会最优增长路径的理论预期，在社会可能的最高积累率下推进消费品实物量的最大增长，实现劳动者社会长期福利的最优。回过头来看，能使高积累与消费高增长长期并存的根本原因是经济的高效率（反映在资本产出比和全劳动生产率等指标上）。一些理论将四十多年高速增长的中国经济界定为低效率粗放式增长经济，显然与上述基本事实不相符合。

长期以来，有关转型经济学的一个重要理论问题一直存在争议：应当如何解释体

---

① 根据《2018 年中国统计年鉴》的数据计算得到。
② 参见《城读 | 皮凯蒂论中国收入和财富的不平等，1978—2015》，搜狐网，2018 年 11 月 9 日。根据皮凯蒂的计算得到。

制转轨期中国经济表现出来的效率提升和增长加速，这一现象产生的原因究竟是什么？一种观点认为市场化改革是提高增速的唯一原因，前三十年的作用完全是负面的。另一种观点认为，这一时期中国经济表现良好的原因与这一段的过渡性体制特征直接相关，正是这种半计划半市场的体制成就了中国经济的高增长。按照前一种观点，前三十年完全是不必要的弯路，它与后四十年的关系，可以截然割断；按照后一种观点，改革应当锁定在这个过渡性时空上，进一步深化改革不仅没有必要，而且可能有负效应。显然，两种观点都具有片面性。笔者主张将成功的经验概括为三条。其一，在当今世界经济的大背景下，落后国家的赶超之路必须以自力更生、艰苦奋斗为前提，尽快集中全社会力量形成高速增长所需要的较高积累率，以及与之相适应的产业结构和工业体系。其二，仅仅高积累还不足以保障国民经济的提速增效，市场经济体制是现代生产力条件下充分利用劳动力资源、有效提高投资效率的最佳选择，而改革释放了中国经济的潜在生产力。市场经济有其内在逻辑，改革一旦启动就不可能也不应当半途而废。其三，在社会主义基本经济制度下，平等劳动的经济关系贯穿工业化进程的全过程，这不仅是前三十年艰难突围的制度保障，而且也是在社会主义市场经济体制发育中快速推进工业化，直至实现赶超目标的根本保障。中国特色社会主义发展道路的特殊优势并不在于它的体制转轨特征，而在于市场经济体制与社会主义经济制度的结合。理解这一点，在当前国内国际形势下具有特别重要的现实意义。

参考文献

［1］《马克思恩格斯全集》第46卷上，人民出版社1979年版。

［2］《马克思恩格斯全集》第46卷下，人民出版社1980年版。

［3］《马克思恩格斯全集》第49卷，人民出版社1982年版。

［4］《马克思恩格斯文集》第2卷，人民出版社2009年版。

［5］《马克思恩格斯文集》第3卷，人民出版社2009年版。

［6］《马克思恩格斯文集》第5卷，人民出版社2009年版。

［7］《马克思恩格斯文集》第6卷，人民出版社2009年版。

［8］《马克思恩格斯文集》第7卷，人民出版社2009年版。

［9］《列宁选集》第1卷，人民出版社1995年版。

［10］《列宁选集》第3卷，人民出版社1995年版。

［11］《列宁选集》第4卷，人民出版社1995年版。

［12］《毛泽东文集》第8卷，人民出版社1999年版。

［13］《毛泽东读社会主义政治经济学批注和谈话》，中华人民共和国国史学会，1998年1月。

［14］《邓小平文选》第3卷，人民出版社1993年版。

［15］《习近平谈治国理政》第3卷，外文出版社2020年版。

［16］习近平：《关于坚持和发展中国特色社会主义的几个问题》，《求是》2019年第7期。

［17］习近平：《坚持和完善中国特色社会主义制度推进国家治理体系和治理能力现代化》，《求是》2020年第1期。

［18］习近平：《依法规范和引导我国资本健康发展发挥资本作为重要生产要素的积极作用》，《人民日报》2022年5月1日。

［19］习近平：《在经济社会领域专家座谈会上的讲话》，《人民日报》2020年8月25日。

［20］《加快改革开放和现代化建设步伐，夺取有中国特色社会主义事业的更大胜利》，中国政府网，2007年8月29日。

［21］《中共中央关于坚持和完善中国特色社会主义制度　推进国家治理体系和治理能力现代化若干重大问题的决定》，《人民日报》2019年11月6日。

［22］C.弗里曼、F.卢桑：《光阴似箭——从工业革命到信息革命》，中国人民大学出版社2007年版。

［23］白永秀、傅泽平：《公有制与商品经济兼容的理论与实践——兼评公有制与商品经济排斥论》，《当代财经》1989年第12期。

［24］保罗·巴兰、保罗·斯威齐：《垄断资本：论美国的经济和社会秩序》，商务印书馆1977年版。

［25］保罗·巴兰：《增长的政治经济学》，商务印书馆2000年版。

［26］鲍莫尔等：《好的资本主义坏的资本主义》，中信出版社2008年版。

［27］常修泽：《中国企业产权界定》，南开大学出版社1998年版。

［28］陈佳贵：《国有企业公司化改造产权关系重组、政企分开和减轻企业负担》，《中国工业经济》1995年第1期。

［29］陈清泰：《深化国有资产管理体制改革的几个问题》，《管理世界》2003年第6期。

［30］陈小洪：《建立国有资本管理新体制》，《管理世界》1998年第1期。

［31］陈甬军：《公有制与市场若干基本关系分析》，《当代经济研究》1996年第4期。

［32］程必定：《从社会主义公有制的内涵看企业产权制度的改革》，《学术界》1994年第5期。

［33］程承坪：《公有制与社会主义公有制之辨——兼论国有企业改革》，《中共宁波市委党校学报》2012年第2期。

［34］戴道传：《股份合作制并非是建立在　个人所有制基础上的公有制》，《管理世界》1997年第3期。

［35］戴园晨、黎汉明：《工资侵蚀利润：中国经济体制改革中的潜在危险》，《经济研究》1988年第6期。

［36］樊纲等：《公有制宏观经济理论大纲》，三联书店1994年版。

［37］方恭温：《论社会主义公有制与商品经济的结合》，《中国社会科学》1991年第3期。

［38］高峰：《论生产方式》，《政治经济学评论》2012年第4期。

［39］高海燕：《经济发展与公有制的变革及演化》，中国人民大学出版社 1993 年版。

［40］高尚全：《新时期的国有经济调整和国有企业改革》，《中国工业经济》1999 年第 10 期。

［41］古克武、倪学鑫、荣兆梓：《社会主义劳动力所有制与劳动者和生产资料的结合》，《学习与探索》1982 年第 10 期。

［42］顾海良：《马克思"资本一般"和"许多资本"理论与中国资本问题研究》，《马克思主义理论学科研究》2022 年第 8 期。

［43］顾海良：《社会主义市场经济的实践创新和理论创新》，《经济学动态》2020 年第 1 期。

［44］顾海良：《社会主义市场经济体制是如何上升为基本制度的？》，《红旗文稿》2020 年 1 月 19 日。

［45］顾海良等：《百年争论——20 世纪西方经济学者马克思经济学研究述要》，经济科学出版社 2015 年版。

［46］郭树清、韩文秀、臧跃茹：《积累、积累率和适度投资规模的确定》，《中国工业经济研究》1991 年第 7 期。

［47］韩立新：《关于"个人所有制"解释的几个问题》，《马克思主义与现实》2009 年第 2 期。

［48］洪虎：《关于公有制实现形式的认识》，《中国工业经济》1998 年第 1 期。

［49］洪银兴：《非劳动生产要素参与收入分配的理论辨析》，《经济学家》2015 年第 4 期。

［50］胡改蓉：《构建本土化的国有资产经营公司》，《法学》2008 年第 6 期。

［51］黄焕章：《股份制——社会主义全民所有制的好形式》，《经济研究》1989 年第 4 期。

［52］黄吉平：《复杂系统中基于场与结构耦合效应的一些涌现特性及其物理机制》，《上海理工大学学报》2011 年第 5 期。

［53］黄群慧、余菁：《国有企业改革的进程、效率与未来方向》，《南京大学学报》2019 年第 1 期。

［54］黄群慧：《国有企业分类改革论》，《经济研究》2022 年第 4 期。

［55］黄少安：《产权经济学导论》，山东人民出版社 1995 年版。

［56］黄宗智：《长江三角洲小农家庭与乡村发展》，中华书局 1992 年版。

［57］加尔布雷思：《经济学和公共目标》，商务印书馆 1980 年版。

［58］简新华、余江：《社会主义市场经济的资本理论》，《经济研究》2022 年第 9 期。

［59］简新华、余江：《市场经济只能建立在私有制基础上吗？——兼评公有制与市场经济不相容论》，《经济研究》2016 年第 12 期。

［60］蒋学模：《社会主义经济中的资本范畴和剩余价值范畴》，《经济研究》1994 年第 10 期。

［61］蒋学模：《实现全民所有制经济同市场经济的融合》，《学术月刊》1994 年第 3 期。

［62］蒋一苇：《企业本位论》，《中国社会科学》1980 年第 1 期。

［63］金碚：《论国有资产管理体制改革》，《中国工业经济》2000 年第 3 期。

［64］金士尧、任传俊、黄红兵：《复杂系统涌现与基于整体论的多智能体分析》，《计算机工程与科学》2010 年第 3 期。

［65］李惠斌：《对马克思关于"私有制""公有制"以及"个人所有制"问题的重新解读》，《当代世界与社会主义》2008 年第 3 期。

［66］李济广：《论所有制结构量化评估方法——兼与裴长洪研究员商榷》，《当代经济研究》2017 年第 7 期。

［67］李艳芬、荣兆梓：《虚拟经济自增长机制及适度规模边界——基于劳动价值论视角》，《财经科学》2022 年第 10 期。

［68］厉以宁：《中国经济双重转型之路》，中国人民大学出版社 2013 年版。

［69］林岗：《社会主义全民所有制研究——对一种生产关系和经济过程的分析》，求实出版社 1987 年版。

［70］林毅夫、蔡昉、李周：《中国的奇迹：发展战略与经济改革（增订版）》，格致出版社 2014 年版。

［71］刘鹤：《坚持和完善社会主义基本经济制度》，《人民日报》2019 年 11 月 22 日。

［72］刘纪鹏：《论国有资产管理体系的建立与完善》，《中国工业经济》2003 年第 4 期。

［73］刘戒骄：《国有企业高管薪酬制度改革分析》，《中共中央党校学报（第 18 卷）》2014 年第 1 期。

［74］刘诗白：《主体产权论》，经济科学出版社 1998 年版。

［75］刘世锦：《公有制经济内在矛盾及其解决方式比较》，《经济研究》1991 年第 1 期。

［76］刘伟、张辉：《中国经济增长中的产业结构变迁和技术进——经济研究》2008 年第 11 期。

［77］刘伟：《所有权的经济性质、形式及权能结构》，《经济研究》1991 年第 5 期。

［78］刘伟：《在马克思主义与中国实践结合中发展中国特色社会主义政治经济学》，《经济研究》2016 年第 5 期。

［79］刘永佶：《公有制经济新论：主体、性质、目的、原则、机制》，《中国特色社会主义研究》2004 年第 3 期。

［80］刘元春：《国有企业的"效率悖论"及其深层次的解释》，《中国工业经济》2001 年第 7 期。

［81］罗杰·弗朗茨：《X 效率：理论、论据和应用》，上海译文出版社 1993 年版。

［82］马家驹、蔺子荣：《生产方式和政治经济学的研究对象》，《中国社会科学》1981 年第 6 期。

［83］麦迪森：《世界经济千年史》，北京大学出版社 2003 年版。

［84］麦迪森：《中国经济的长期表现：公元 960—2030 年》，上海人民出版社 2008 年版。

［85］孟捷：《历史唯物论与马克思主义经济学》，社会科学文献出版社 2016 年版。

［86］莫伊舍·普殊同：《时间、劳动与社会统治——马克思的批判理论再阐释》，北京大学出版社 2019 年版。

［87］倪学鑫、陈华东、荣兆梓：《对〈劳动力所有制论质疑〉的回答》，《经济研究》1982 年第 10 期。

［88］倪学鑫：《谈谈公有制商品经济的几个认识问题——兼驳私有化主张》，《江淮论坛》1990 年第 1 期。

［89］宁向东：《国有资产管理与公司治理》，企业管理出版社 2003 年版。

［90］皮凯蒂：《21 世纪资本论》，中信出版社 2014 年版。

［91］齐昊：《剩余价值率动态与中国经济新常态：基于区分生产劳动与非生产劳动的方法》，《政治经济学报》2018 年第 10 期。

［92］乔万里·阿里吉：《亚当·斯密在北京》，社会科学文献出版社 2019 年版。

［93］邱海平、姬旭辉：《论非生产劳动与经济增长——以中国 1995—2009 年为例》，《马克思主义研究》2016 年第 3 期。

［94］荣兆梓、陈旸：《价值转形 C 体系》，社会科学文献出版社 2022 年版。

［95］荣兆梓、杨积勇：《公司制改革面临的深层次问题与解决方案》，《改革》2001 年第 2 期。

［96］荣兆梓:《公有制实现形式多样化通论》,经济科学出版社 2000 年版。

［97］荣兆梓:《公有资本与资本一般》,《教学与研究》2004 年第 10 期。

［98］荣兆梓:《国有经济需要新一轮产权制度改革》,《学术界》2016 年第 4 期。

［99］荣兆梓:《国有资产管理体制进一步改革的总体思路》,《中国工业经济》2012 年第 1 期。

［100］荣兆梓:《劳动平等及其在社会主义市场经济下的实现》,《教学与研究》2013 年第 2 期。

［101］荣兆梓:《理想与现实的撞击:列宁模式及其理论启示》,《政治经济学评论》2012 年第 1 期。

［102］荣兆梓:《论公司法人财产权的性质》,《江汉论坛》1994 年第 7 期。

［103］荣兆梓:《论公有产权的内在矛盾》,《经济研究》1996 年第 9 期。

［104］荣兆梓:《论市场平等与劳动平等之关系》,《马克思主义研究》2014 年第 8 期。

［105］荣兆梓:《论以公有制为主体的市场经济》,《政治经济学评论》2010 年第 3 期。

［106］荣兆梓:《企业性质研究的两个层面——科思的企业理论与马克思的企业理论》,《经济研究》1995 年第 5 期。

［107］荣兆梓:《企业制度:平等与效率》,社会科学文献出版社 2014 年版。

［108］荣兆梓:《生产力、公有资本与中国特色社会主义——兼评资本与公有制不相容论》,《经济研究》2017 年第 4 期。

［109］荣兆梓:《相对剩余价值长期趋势与劳动力价值决定》,《马克思主义研究》2009 年第 7 期。

［110］荣兆梓:《总要素生产率还是总劳动生产率》,《财贸研究》1992 年第 3 期。

［111］荣兆梓等:《公有制实现形式多样化通论》,经济科学出版社 2001 年版。

［112］荣兆梓等:《劳动平等论——完善社会主义基本经济制度研究》,社会科学文献出版社 2013 年版。

［113］邵宁:《国有企业将实施分类改革》,《中国证券报》2014 年 3 月 3 日。

［114］史正富、刘昶:《看不见的所有者:现代企业产权革命》,格致出版社 2012 年版。

［115］史正富、荣兆梓:《当代中国政治经济学:实践与创新》,社会科学文献出版社 2016 年版。

［116］史正富:《超常增长:1978—2049 年的中国经济》,上海人民出版社 2013 年版。

［117］斯蒂格利茨：《社会主义向何处去——经济体制转型的理论与论据》，吉林人民出版社 1998 年版。

［118］斯蒂格利茨：《增长的方法——学习型社会与经济增长的新引擎》，中信出版集团 2017 年版。

［119］苏联科学院经济研究所：《政治经济学教科书》（下册），人民出版社 1959 年版。

［120］孙冶方：《论作为政治经济学研究对象的生产关系》，《经济研究》1979 年第 8 期。

［121］陶宏、郭三化：《我国城市化滞后的原因分析》，《兰州大学学报》2005 年第 6 期。

［122］王成稼：《关于生产资料公有制理论与公有制概念翻译问题》，《当代经济研究》2006 年第 1 期。

［123］王珏：《究竟什么是社会主义公有制》，《当代财经》1998 年第 10 期。

［124］文魁：《从社会主义本质认识和把握公有制》，《邓小平理论研究》2000 年第 5 期。

［125］文一：《伟大的中国工业革命："发展政治经济学"一般原理批判纲要》，清华大学出版社 2016 年版。

［126］吴家骏：《完善公司治理结构与企业制度创新》，《中国工业经济》2002 年第 1 期。

［127］吴宣恭：《对马克思"重建个人所有制"的再理解》，《马克思主义研究》2015 年第 2 期。

［128］吴宣恭：《公有制实现形式及其多样化》，《中国经济问题》1998 年第 2 期。

［129］吴宣恭：《所有制理论与社会主义政治经济学创新》，《东南学术》1999 年第 2 期。

［130］吴易风：《社会主义市场经济重大理论与实践问题》，《学术研究》2017 年第 4 期。

［131］晓亮：《改革就是探索公有制的多种实现形式》，《马克思主义与现实》1997 年第 6 期。

［132］谢富胜：《人类文明新形态与中国特色社会主义》，《中国人民大学学报》2022 年第 5 期。

［133］薛暮桥：《中国社会主义经济问题研究》，人民出版社 1983 年版。

［134］杨承训：《公有制实现形式的实践和理论创新》，《马克思主义研究》2021 年第 2 期。

［135］杨承训：《理论创新：确立公有资本范畴》，《经济学动态》1997 年第 11 期。

［136］杨承训：《社会主义经济三位一体的公式》，《中共郑州市委党校学报》2002 年第 2 期。

［137］杨红英、童露：《论混合所有制改革下的国有企业公司治理》，《宏观经济研究》2015 年第 1 期。

［138］杨瑞龙：《国有企业股份制改造的理论思考》，《经济研究》1995 年第 2 期。

［139］余文烈等：《市场社会主义：历史、理论与模式》，经济日报出版社 2008 年版。

［140］张春霖：《国有企业改革：效率与公平的视角》，《经济社会体系比较》2008 第 4 期。

［141］张春霖：《国有企业改革的新阶段：调整改革思路和政策的若干建议》，《比较》2003 年第 8 期。

［142］张维达：《论国有企业战略性重组》，《经济学家》1998 年第 1 期。

［143］张燕喜：《马克思"重建个人所有制"论断与我国公有制多种实现形式探讨》，《当代经济研究》2000 年第 10 期。

［144］张宇：《论公有制与市场经济的有机结合》，《经济研究》2016 年第 6 期。

［145］郑海航等：《国有资产管理体制与国有控股公司研究》，经济管理出版社 2010 年版。

［146］郑志国：《中国企业利润侵蚀工资问题研究》，《中国工业经济》2008 年第 1 期。

［147］智效和：《"过渡时期的公有制"与"社会主义社会的公有制"》，《经济纵横》2009 年第 4 期。

［148］中国社会科学院工业经济研究所课题组：《论新时期全面深化国有经济改革重大任务》，《中国工业经济》2014 年第 9 期。

［149］周丹：《社会主义市场经济条件下的资本价值》，《中国社会科学》2021 年第 4 期。

［150］周放生：《逼出来的"改制分流"》，《中国改革》2010 年第 11 期。

［151］周叔莲、吴敬琏、汪海波：《价值规律和社会主义企业的自动调节》，载《商品生产价值规律与扩大企业权限》，中国社会科学出版社 1980 年版。

［152］周叔莲：《非公有制经济是不是社会主义经济的重要组成部分》，《当代经济研究》2000 年第 4 期。

［153］周为民、陆宁：《按劳分配与按要素分配——从马克思的逻辑来看》，《中国社会科学》2002 年第 4 期。

［154］周荭：《积累与消费比例关系的再思考》，《北方经济》1993 年第 6 期。

后　记

　　作者关于本书主题的思考已经历四十余年的漫长岁月。但是，一开始的思考是零星的、专题性的。比如 20 世纪 80 年代初关于劳动力个人所有制的讨论，90 年代关于公有制内在矛盾与公有制有效实现形式的研究，21 世纪前十年关于社会主义市场经济中的劳动关系和平等劳动范畴的讨论，等等。比较全面地思考中国特色社会主义政治经济学的学理化体系化问题，则是最近十年之内的事情。本书的全部文字形成于 2018—2023 年，大部分内容已经在各种学术期刊上公开发表过，列示如下：

　　《公有资本与平等劳动——中国特色社会主义政治经济学的主线》，《上海经济研究》2018 年第 11 期；《公有制为主体的基本经济制度：基于中国特色社会主义实践的理论诠释》，《人文杂志》2019 年第 3 期；《社会主义积累规律研究：基于中国经济增长 70 年》（与李艳芬合作），《教学与研究》2019 年第 9 期；《积累率政治经济学：改革开放前三十年的中国故事》（与李艳芬合作），《政治经济学报》2019 年第 9 期；《社会主义基本经济制度新概括的学理逻辑研究》，《经济学家》2020 年第 5 期；《马克思主义政治经济学要有生命力就必须与时俱进》，《上海经济研究》2020 年第 10 期；《工业化阶段的生产力特征和社会主义市场经济体制》，《经济纵横》2021 年第 6 期；《增加价值生产的两种方法与社会主义创新激励的两重来源》（与王亚玄合作），《当代经济研究》2021 年第 8 期；《论社会主义公有资本的资本形态：国有资本和集体资本》，《人文杂志》2023 年第 6 期；《社会主义政治经济学的资本范畴及资本作用两面性》，《中国经济问题》2023 年第 7 期；《按劳分配与按要素分配关系的进一步探讨》（与王亚玄、李艳芬合作），《教学与研究》2024 年第 1 期；《国有企业改革与中国特色社会主义政治经济学——一个历史的回顾》，《当代经济研究》2024 年第 4 期。

　　由于写作的时间跨度较长，各篇的写作顺序在逻辑上也是跳跃的。因此，这些文字并不连贯，且存在许多重复。好在这些论文学理的关联性十分密切，将它们按统一的逻辑编撰到一起并不困难。全书的统稿完成于 2023 年夏，在原有文稿的基础上作了较大幅度修改。感谢上海人民出版社的钱敏和格致出版社的责编李月对本书的编辑出版所做的细致工作。感谢论文的合作者李艳芬、王亚玄在共同的理论探讨中所作的贡献。也感谢安徽大学经济学院政治经济学团队在长期的合作研究中给予的支持、鼓励与帮助。

荣兆梓

2024 年 4 月

图书在版编目(CIP)数据

平等劳动、公有资本与社会主义/荣兆梓著.—上海:格致出版社:上海人民出版社,2024.8
ISBN 978-7-5432-3571-7

Ⅰ.①平… Ⅱ.①荣… Ⅲ.①社会主义经济-经济制度-研究-中国 Ⅳ.①F120.2

中国国家版本馆 CIP 数据核字(2024)第 091908 号

责任编辑 李　月
装帧设计 路　静

平等劳动、公有资本与社会主义
荣兆梓　著

出　版	格致出版社	
	上海人民出版社	
	(201101　上海市闵行区号景路 159 弄 C 座)	
发　行	上海人民出版社发行中心	
印　刷	上海盛通时代印刷有限公司	
开　本	787×1092　1/16	
印　张	18	
插　页	2	
字　数	282,000	
版　次	2024 年 8 月第 1 版	
印　次	2024 年 8 月第 1 次印刷	

ISBN 978-7-5432-3571-7/F·1575

定　价　85.00 元